我在中财大听讲座

马海涛　主编

中国财经出版传媒集团
中国财政经济出版社
·北京·

图书在版编目（CIP）数据

我在中财大听讲座 / 马海涛主编. -- 北京：中国财政经济出版社，2025. 1. -- ISBN 978 - 7 - 5223 - 3612 - 1

Ⅰ. C53

中国国家版本馆 CIP 数据核字第 2025KH2892 号

责任编辑：孙　琛　　　　责任校对：胡永立
封面设计：王　颖　　　　责任印制：党　辉

我在中财大听讲座
WOZAI ZHONGCAIDA TINGJIANGZUO

中国财政经济出版社 出版

URL：http：//www. cfeph. cn
E - mail：cfeph@ cfeph. cn

社址：北京市海淀区阜成路甲 28 号　邮政编码：100142
营销中心电话：010 - 88191522
天猫网店：中国财政经济出版社旗舰店
网址：https：//zgczjjcbs. tmall. com
涿州汇美亿浓印刷有限公司印刷　各地新华书店经销
成品尺寸：185mm×260mm　16 开　20.5 印张　366 000 字
2025 年 1 月第 1 版　2025 年 1 月河北第 1 次印刷
定价：78.00 元
ISBN 978 - 7 - 5223 - 3612 - 1
（图书出现印装问题，本社负责调换，电话：010 - 88190548）
本社图书质量投诉电话：010 - 88190744
打击盗版举报热线：010 - 88191661　QQ：2242791300

本书编委会

主　编：马海涛

成　员：李　涛　白彦锋　肖土盛　祝维龙

白　丹　刘明旭　刘　莹

目　录

第一部分
名家篇

第二部分 学术篇

第三部分
实务篇

第一部分　名家篇

第一讲　百年未有之大变局下新结构经济学的自主理论创新

林毅夫*

针对国家倡导的社会科学自主理论创新，我想与各位探讨党的二十大强调的“百年未有之大变局加速演进”这一重要论断。党的二十大报告指出，面对可能随时出现的风险挑战，我们必须增强忧患意识。怎样来应对百年未有之大变局带来的挑战，我觉得非常重要的是要知道百年未有之大变局为什么会发生、为什么要加速演进、我们怎样来驾驭它才能够维持我们前进的方向、继续推动中华民族的伟大复兴。

当前，推动社会科学知识理论创新是我们的重要任务，它帮助我们更好地认识与改造世界。尽管国外理论成熟，但尚无发展中国家能借此完全实现发展目标，其政策常被视为与主流理论相悖。因此，面对大变局，我们必须构建自己的理论体系。2016年哲学社会科学工作座谈会上，习近平总书记强调哲学社会科学研究要体现中国特色、中国风格、中国气派，核心在于构建自主知识体系，新结构经济学便是基于中国社会特色的经济学理论。借此机会，我将阐述新结构经济学的内涵、自主理论创新的意义，以及它如何助力我们更好地驾驭百年未有之大变局。

“百年未有之大变局”这一概念，最初由习近平总书记于2018年6月中央外事工作会议上提出。作为经济学家，我从全球经济格局变迁的角度来阐述这一概念。回溯至1900年，八国集团（英、美、法、德、意、俄、日、奥匈帝国）凭借其作为领先工业化国家的经济实力，占全球经济总量的一半以上（50.4%），并常以武力介入全球事务。至2000年，八国集团的经济占比略降至47%，仍近乎全球一半，通过年度会议影响世界决策，20世纪的和平与冲突很大程度上取决于这八国的关系稳定。然而，至2018年，八国集团经济占比骤减至34.7%，其全球事务主导力随

* 林毅夫，北京大学新结构经济学研究院教授、院长，北京大学南南合作与发展学院院长，北京大学国家发展研究院名誉院长。现任全国政协常委、经济委员会副主任。

之削弱，二十国集团逐渐成为新的全球治理核心。这一显著变化，尤其是21世纪以来18年间的12.3个百分点下滑，主要归因于中国改革开放后的迅猛增长。同期，中国经济占比从6.9%跃升至16.8%，对八国集团下滑的影响高达80%。此变革中，中国作为受益者，提升了生活水平和国际地位。

历史视角下，美国自1875年左右超越英国成为世界最大经济体，这一地位持续了整个20世纪。但进入21世纪，中国凭借改革开放的成果，在2014年按购买力平价计算成为全球最大经济体。此转变意味着美国在全球的话语权不再绝对，需与中国协商诸多国际事务，如2015年巴黎气候大会的共识即例证。美国对此心态复杂，采取了一系列措施试图遏制中国发展，包括重返亚太、发起贸易战、科技战及组建民主国家同盟等。但是我们知道，当前中国作为世界第一大贸易国，与多国建立了紧密的贸易联系，国际贸易本质上是互利共赢，但对小经济体的益处相对更大。中美之间的摩擦不仅关乎两国，也波及全球，增加了各国发展的不确定性。尽管如此，限制中国发展也已成为美国国内的广泛共识，而这便是当前百年未有之大变局的根源。

在大变局下，中国当然要继续发展。我们的目标是到2049年实现中华民族伟大复兴，将中国建设成为一个社会主义现代化强国。尽管经济规模超越美国，但按人均GDP计算，中国仅为美国的约十分之一，反映出美国在劳动生产率、产业技术、金融实力及国际话语权等方面的优势。因此，中国需持续发展，同时应对可能增强的美国反制措施。这恰是习近平总书记所强调的“百年未有之大变局”中，我们将面临的包括文化等多方面的打压，这种打压是风高浪急的。

在这种背景下，我们需要考虑世界什么时候会出现一个新的稳定格局。有两个可能的方向：第一个方向是依照日本的发展方向。在20世纪80年代末90年代初，日本经济总量达到美国的60%—70%，与中国现在与美国的相对规模接近，随后美国通过广场协议等手段迫使日元升值以降低产品出口竞争力，同时要日本放弃其高科技产业，最终导致日本经济规模大幅缩减，现在不到美国的20%。但我们能接受这样的结果吗？显然不能。第二个方向是，当中国人均GDP达到美国一半时，世界可能迎来新的稳定格局。这基于三个原因：第一，中国人口是美国的四倍，若人均GDP达到美国一半，经济规模将是美国的两倍，物质动员能力亦然。第二，中国经济存在地域差异，若平均占全国总区域一半的发达地区人均GDP与美国持平，我们的经济体量将略超美国，且在关键技术和产业上不再受制于人。第三，当中国经济体量倍增，美国从中国进口将促进其经济发展，同时中国作为全球最大市场，对美国高科技企业的利润和研发投入至关重要，有利于维持其全球竞争优势，促使美国与中国保持良好关系。要驾驭百年未有之大变局，我们必须认识到其根源在于经济格局的变化，经济格局的变化就会导致世界治理格局的变化，中国快速发展是这一变化的重要原因。若中国的人均 GDP 能达到美国的 50%，世界或将进入中美友好和平相处的新格局。

要实现这一目标，中国必须快速发展。尽管外界有悲观声音，但中国发展前景不应被外界论调左右。在对这个问题的分析上，我们要学会马克思主义分析问题的方式，要了解问题的本质及对于它的决定因素是什么。比如看一个国家经济会不会发展，就要看经济发展的本质，即生产力水平的不断提高。习近平总书记讲到新质生产力不断涌现，新质生产力又依赖于技术创新和产业升级。因此，要看一个国家的发展，最重要的是看这个国家有没有抓住技术创新、产业升级的机会，同时这个国家是否能够动员力量来抓住机遇推动经济发展，创造更多资源解决问题。

就中国而言，未来发展具有两个优势：一是过去 40 多年积累过来的优势，与发达国家在产业技术等方面的差距，给了我们引进、消化、吸收和再创新的可能性；二是在第四次工业革命中，我们在人工智能、大数据等领域具有弯道超车的优势。历史经验表明，如果发展中国家懂得利用后来者优势的话，其发展速度可以更快，这也是我国改革开放后 1978 年至 2023 年，平均经济增长速度达到 90% 的重要原因。尽管有人认为这种优势难以持久，但我认为未来取决于技术变化。至 2019 年，中国人均 GDP 相当于美国 22.6%，与德国、日本、韩国等历史发展阶段相似，预示着中国从 2019—2035 年仍有 8% 的增长潜力，可以发挥后来者优势。此外，在新科技革命下，我们和发达国家站在同一起跑线，新科技革命的一个特性是产品技术研发周期特别短，且主要是人力资本投入。而在人力资本方面，我们跟发达国家没有差距，而且有人口多、人才多的优势。同时，商品和技术进入国内市场，很快可以达到规模经济，生产成本降低，国际竞争力增强，在世界上有招商优势。那么从上述两点来看，我认为到 2035 年之前，我们有 8% 的增长潜力，并且有更高、更乐观的空间。

那么在百年未有之大变局和美国的技术封锁下，我们是否还能继续引进、消化、吸收技术？面对美国的技术封锁，中国在传统产业上未受限制，而在高科技领域虽面临挑战，但各国企业出于自身利益仍会与中国合作。因此，美国独家拥有的、不卖给中国的卡脖子技术是很少的技术，而中国发挥举国之力应该在未来 3—5 年也能攻关。

我相信至 2035 年，中国人均 GDP 有望实现 8% 增长，即便考虑美国制造的障碍，5%—6% 的增长也是可行的。考虑到我们对世界的承诺，如 2030 年前碳达峰、2060 年碳中和，以及国内地区差距、城乡差距等因素，这一目标切实可行。同理，至 2049 年，中国有望保持 6% 的增长潜力，在复杂国际环境下实现 3%—4% 的增长。若此，从 2019 年至 2049 年，中国人均 GDP 平均增长率可达 4.5%，最终有望达到美国的一半。届时，中国不仅将成为世界经济增长的主要贡献者，也将通过国内大循环撬动国际大循环，发达国家对中国市场的需要性就越来越强，最终成为一个社会主义现代化强国。

经济学的作用是帮助我们认识并改造世界。自工业革命以来，全球发展呈现巨大分化，多数国家工业化与现代化进程滞后。“二战”后，前殖民地国家纷纷追求自主发展，但八个早期工业化国家经济长期占据全球半壁江山，发展中国家尽管努力追赶，却常常陷入低收入与中等收入陷阱。其在政治上摆脱了殖民地半殖民地的地位，但经济上往往采取“西天取经”的做法，认为学习发达国家的经验就能使本国赶上。发展经济学兴起于此背景，旨在指导发展中国家的经济发展。早期结构主义主张政府主导资源配置，模仿发达国家产业模式，实施进口替代战略，但由于传统社会文化造成的资源动员不足，各国虽建立起一些现代产业，却因缺乏竞争力、依赖政府补贴而导致了社会经济停滞和各种危机。

到了20世纪70年代末，中国开始改革开放。当时普遍观念认为，发展中国家与发达国家的差距不断拉大，是因为发展中国家缺乏完善的市场制度，政府干预过多导致市场失灵。因此，许多发展中国家在新自由主义或新制度经济学的理论引导下，尝试建立与发达国家相似的市场制度。然而，这种转型通常导致经济增速更低、危机发生频率更高，与发达国家的差距进一步扩大。在此期间，部分亚洲国家并未完全遵循结构主义的路径，而是从小规模的传统加工业开始发展，取得了显著成效。这引发了对于现有理论的反思。同时在八九十年代的转型期，各国主张要建立完善的市场制度，即产权预期明确的、价格必须由市场配置的制度，政府的缴税就是负责维持宏观稳定，但实际效果并不理想。而中国采取的“双轨制”转型方式，在当时被认为是最糟糕的制度安排，却成为唯一能够维持稳定和发展的转型模式。

我们学习理论不仅是为了认识世界，更重要的是为了改造世界。如果现有理论不能指导我们改造好世界，就必须创新理论，需要回到马克思主义认识问题的本质，理解经济发展的决定因素。辩证唯物主义理论强调经济基础决定上层建筑。那么经济基础又是什么造成的？经济其实就是生产力与生产力所决定的生产关系组成的这个问题，而更根本的是生产力。那么生产力又是什么东西组成的？生产力取决于一个国家或社会所采用的产业和技术。发达国家高生产力源于先进产业与技术，而这一切基于其要素禀赋结构。所以从这样的角度来看，发展中国家追赶发达国家，其发展得最好的方式，就是按照在每个时点要素禀赋结构所决定的比较优势来发展。

进一步来讲，发展中国家要有相应的基础设施与各种制度安排，对上层建筑不断完善。我们知道，市场的竞争是总成本的竞争，其中包括交易费用，而交易费用的高低就决定于基础设施与制度的完善程度。从这样的角度来看，我们需要两个制度安排，一个是必须有效的市场，因为有效的市场能够反映各种要素的相对成本，可以引导企业家按照各种要素的相对成本来选择合适的产业与技术，同时在经济发展过程当中也必须不断完善的基础设施跟各种制度安排。归根结底，我们必须按照各个地方的资源禀赋的比较优势来发展。习近平总书记在重庆的讲话中提到各个地方按照比较优势，实现互补发展，这样经济就能够发展好。从这个角度来看，每个国家、每个地区都有发展的机会，因为每个地区都有比较优势，在有效市场和政府的共同作用下，比较优势会变成竞争优势。

综上所述，从新结构经济的角度可以把这些问题都看得很清楚，新结构经济学作为第三代发展经济学，是对现代经济学的一场革命。因为在不同发展程度、发展阶段的国家，需要有理论进入国家的实践中，进行结构革命。展望未来，到 2049 年新中国成立一百年的时候，中国实现了民族伟大复兴，经济规模是美国的两倍，同时中国是具有活力的经济体。这对于年轻的经济学者来说，是一个千载难逢的机遇。你们有望在这一时期成为引领世界经济学理论的大师，为全球经济发展贡献中国智慧和中国方案。因此，我们应该抓住这一时代机遇，积极投身于新结构经济学等前沿理论的研究和实践，为推动世界经济的持续健康发展贡献自己的力量。

对于如何看待宏观数据与微观感受之间的误差，我认为宏观数据与微观感受一般有一个特性，就是我们受到的困难的感受程度会比我们得到的好处的感受程度大得多。每个时代都有挑战，在这种状况之下，我们作为知识分子，必须有勇于面对问题、不能逃避的心态。我们要抓住发展的机遇，然后把它变成现实，创造更多的资源来解决现成的问题。在这个过程中我们会不断解决过去的问题，但新的问题也会不断涌现，我们只有不断地前进，所以发展是解决一切问题的基础与关键。对于这个问题，我们在人生观上必须有一个正确的方向，对于经济学拔尖创新人才培养，我提出了“道正、术高、业精、实求、事达”五大理念。第一层“道正”，就是必须有正确的世界观、人生观；第二层“术高”，即我们要将数学能力、计量能力，实验经济学等的能力通过教授提高；第三层“业精”，就是必须把现有的理论掌握好，但同时我们必须有能力来批判现有的理论；第四层“实求”，我们要解决实际问题，实事求是，必须以唯物的世界观来进行判断；第五层“事达”，我们的目的是将世界改造得更好。以上是我们的教育理念，我也把这五个词作为我的一点指导与希望送给各位在座的年轻朋友。

谢谢大家。

第二讲　阿罗不可能性定理的解决方法

埃里克·马斯金*

(Eric Maskin)

2024年7月10日，在中央财经大学创新发展学院的邀请下，2007年诺贝尔经济学奖得主、创新发展学院特聘教授Eric Maskin在我校举行了一场题为“阿罗不可能性定理的解决方法”的诺贝尔奖得主高端学术讲座。Eric Maskin教授是哈佛大学经济学系亚当斯大学教授，因其在机制设计理论方面的卓越贡献而闻名于世。本次讲座吸引了我校众多师生前来聆听，学术报告厅座无虚席。Maskin教授通过深入浅出的讲解，引导大家理解这一经典理论在现代经济学和社会选择中的重要性。讲座中，Maskin教授结合自己的研究和多个实际案例，深入探讨了阿罗不可能性定理的核心内容、局限性以及可能的解决方案，尤其是对Borda计数法的分析。本文内容系根据Eric Maskin教授学术讲座内容整理。

一、阿罗不可能性定理的核心内容

阿罗不可能性定理是社会选择理论的基石之一，其核心内容在于证明了在有三个或更多选项的情况下，无法找到一种社会福利函数（SWF），能够同时满足以下四个条件：

1. 全域定义（U）：SWF应适用于所有可能的个体偏好配置。

2. 帕累托原则（P）：如果每个人都偏好选项x而非y，则x在社会偏好中应高于y。

3. 非独裁性（ND）：没有任何个体的偏好可以决定社会偏好的结果。

---

* 埃里克·马斯金（Eric. Maskin），美国经济学家，诺贝尔经济学奖获得者，曾任世界计量经济学会会长。

4. 无关选择独立性（IIA）：社会偏好在 x 和 y 之间的排序仅依赖于个体在这两个选项之间的偏好，而与其他选项无关。

Maskin 教授强调，满足这些条件的社会福利函数几乎不存在，尤其是 IIA 条件在实际操作中难以实现。他引用了以下公式来描述这一理论的基本框架：

SWF：$P(x, y)$ if $P_i(x, y)$ for all i

在这一公式中，$P(x, y)$ 表示社会偏好，而 $P_i(x, y)$ 表示个体偏好。这一表述清晰地展示了个体偏好如何影响社会整体偏好。

二、IIA 条件的局限性

Maskin 教授进一步深入探讨了 IIA 条件的局限性，认为其过于严格，实际应用中难以满足。他通过对比不同的投票规则，指出大多数社会福利函数并不满足 IIA 条件。例如，在多数规则下，选项 x 如果得到多数支持，则被认为优于选项 y。然而，这种方法可能导致偏好不一致，出现如“康多塞悖论”的情况。

为进一步阐述这一观点，Maskin 教授引用了 2016 年美国总统选举的案例。由于第三方候选人的参与，选民的偏好被分散，最终导致多数规则无法真实反映大多数人的意愿。教授指出，应用无关选择独立性原则可以帮助消除这种分散的影响，但在实际中几乎无法满足。下图通过具体数值的例子阐释了该案例：在不同的选项和偏好配置下，投票规则导致不同的社会选择结果，显示了 IIA 条件的严格性及其在实际中的局限。

	40%	**25%**	**35%**
	Trump	Rubio	Kasich
Scenario 1	Kasich	Kasich	Trump
	Rubio	Trump	Rubio
	40%	**25%**	**35%**
	Trump	Kasich	Kasich
Scenario 2	Kasich	Trump	Trump
	Rubio	Rubio	Rubio

三、对 Borda 计数法的探索

Maskin 教授提出，修改后的 IIA 假设与 Borda 计数法结合，能够有效解决阿罗不可能性定理带来的挑战。Borda 计数法是一种排名投票方法，选民根据个人偏好对候选人进行排序，候选人按名次得分，最后得分最高者当选。教授介绍了 Borda 计数法的基本原理，并引用以下公式来描述其得分机制：

$$Borda\ Count: S = \sum_{i=1}^{n} (N - r_i)$$

在这个公式中，S 表示候选人的总得分，N 为总候选人数量，r_i 为第 i 位选手的排名。该方法通过考虑选民的排名，使每个候选人的得分不仅取决于首选，还考虑到所有选民的整体偏好。

为了更好地理解 Borda 计数法，Maskin 教授还介绍了另一种相关的公式，即用得分系统表示的社会偏好：

$$SWF = \sum_{j=1}^{m} P_j \cdot f_j$$

其中，P_j 是候选人的得票数，f_j 是相应的评分函数。这种表述显示了 Borda 计数法如何将选民的多重偏好整合为一个社会选择。

Maskin 教授强调，Borda 计数法相较于多数规则具有更好的灵活性和包容性，能够有效降低投票分裂的风险。他通过具体例子展示了 Borda 计数法在实际应用中的效果。在地方选举中，Borda 计数法的使用使更多的候选人能够在最后的结果中获得体现，从而更好地反映了选民的偏好。

Theorem: continuous SWF F satisfies U, MIIA, A, N, PR, and RC $\Leftrightarrow F =$ Borda count

- offers alternative characterization to Young (1974)
- because U, A, N, PR, and RC satisfied by nearly all SWFs of interest, Theorem singles out MIIA as condition that uniquely distinguishes Borda count from other SWFs

在讲座中，Maskin 教授还提到了一个重要的实例，来自 2008 年的美国总统选举。由于多位候选人的存在，选民们的选择极为分散，最终使主要候选人的支持率并未能真实反映选民的偏好。通过应用 Borda 计数法，研究表明，该方法能够使更广泛的选民意愿被纳入考量，避免了多数规则带来的偏好失真的问题，更加真实地反映了选民的意愿。

在讲座的最后，Maskin 教授总结：尽管阿罗不可能性定理揭示了集体决策中的内在矛盾，但通过适当的理论修改与方法创新，仍然可以寻求合理的解决方案。他强调 Borda 计数法的成功应用，不仅在理论上验证了对阿罗不可能性定理的挑战，也在实践中为复杂的社会选择问题提供了有效的工具。教授的演讲引发了与会者的热烈讨论，大家纷纷表达对社会选择理论和实际应用的深刻理解与思考。

问答环节中，许多师生提出了关于 Borda 计数法在不同领域的潜在应用的问题，以及如何进一步优化投票机制，以实现更高效的社会决策。

Maskin 教授的讲座不仅加深了大家对阿罗不可能性定理的理解，也为如何解决这一理论难题提供了崭新的思路。教授以其深厚的学术功底，赢得了全场热烈的掌声，讲座在大家的意犹未尽中圆满结束。本次讲座为全校师生提供了一次难得的学习机会，也为我校庆祝建校 75 周年的重要学术活动增添了浓墨重彩的一笔。

第三讲 “双碳”目标与碳捕集封存技术发展

李 阳*

今天报告的题目是：“双碳”目标与碳捕集封存技术发展，主要从三个方面展开：一是“双碳”推动 CCUS 发展；二是主要技术与工程进展；三是发展的展望与认识。

一、“双碳”推动 CCUS 发展

2020 年，习近平总书记在第七十五届联合国大会上庄严宣告，中国力争于 2030 年前实现碳达峰、2060 年前实现碳中和。目前，全球已有 150 多个国家制定了碳中和目标，所涉及国家人口占全球总人口的 88%，国内生产总值（GDP）占全球的 92%，碳排放量占全球的 88%。

人类社会正在向着绿色低碳的方向发展，我们已经历两次能源转型：第一次是从薪柴时代到煤炭时代，第二次是从煤炭时代到石油时代，现在正在向着低碳时代迈进。与此同时，人类文明也由着农耕文明向着工业文明和生态文明迈进。建设生态文明，能源转型是关键因素。从目前整个能源的消费情况来看，能源的转型将是一个长期的过程，同时在较长时期之内，能源将会是一个多元驱动的体系。这次能源转型与前两次相比具有速度快、稳定性差的特点，能源安全方面存在风险。因此，本次能源转型具有长期性、复杂性和不确定性的特点。

为确保能源转型的顺利推进，国际社会已形成共识，即 CCUS 技术是实现“双碳”目标的关键技术之一。CCUS 技术的定位也从过去单纯的二氧化碳减排辅助技术，变为支撑能源安全、经济发展和减碳的关键技术。国际机构对 CCUS 在实现净

* 李阳，中国工程院院士，油气田地质和开发专家，现任中国石化集团公司科学技术委员会资深委员。

零排放中的贡献进行了研究。联合国政府间气候变化专门委员会（IPCC）预测：到2050年，二氧化碳的封存量将达到每年36亿吨。国际能源署（IEA）也进行了评估，其结论是：到2070年实现净零排放，CCUS将贡献累计减排量的15%。从目前每年368亿吨的排放量来看，IEA预计CCUS的贡献量将超过IPCC的预测。在中国工程院咨询项目的支持下，我们团队也建立了CCUS贡献评价模型，研究结果显示，到2060年，我国CCUS技术的减排贡献量约为10亿吨。

从降低全球碳减排成本的角度来看，根据IPCC的评估报告，如果不采用CCUS技术，全球减排成本将成倍增加，增幅高达138%。对于电力行业来说，如果不进行CCUS投资，到2050年，其减排成本将至少增加2万亿美元。CCUS技术的大规模部署，可以避免大量基础设施建设的搁浅成本，对于我国而言，煤电机组是世界上最年轻的存量之一。2020年，我国煤电装机容量为12.5亿千瓦，机组平均服役年限仅为11.6年，其中，超临界、超超临界等先进机组占比超过55%。若选择提前退役这些煤电机组，将导致设备投资归零，造成巨大的经济损失，同时，还需要承担大量的拆迁费用和职工安置费用等。因此，我们可以通过CCUS实现煤电的减排，有效降低减排成本。

二、主要技术与工程进展

经过多年的研究和建设，我们开展了CCUS全技术链的研发，打造CCUS实验研发平台。一是试验测试平台建设，包括化学吸收法捕集、驱油、封存及监测，以及咸水层封存这些实验的平台。二是开展了一系列基础研究和技术研发，形成了捕集、管输、驱油、咸水层封存、优化平台等技术。三是建立了多专业一体化的研究团队，包括捕集、输送、地质利用与封存、化学转化、碳足迹研究等各方面的专业人才。

在成果方面，主要形成了六项创新成果，包括千吨级捕集技术中试测试平台，基于孪生的管道三维动态仿真系统，二氧化碳驱油封存协同技术，咸水层封存地质、工程、经济评价方法，二氧化碳驱油封存安全与环境监测及风险防控技术，CCUS的数字化平台。

在捕集技术方面，我们的研究方向既包括化石能源燃烧所产生的二氧化碳，也包括生产工艺过程当中所排放的二氧化碳，开展了化学吸收法、膜分离法、吸附法等不同吸收方法的研究工作。

在测试平台建设方面，建成了流程化、模块化、柔性化的碳捕集中试测试平台，这个平台可以对于多种溶剂性能指标、工艺流程进行评价，对关键设备进行验证，从而加快了溶剂的开发和工艺装备的研制。

在化学吸收法捕集技术方面，我们形成了三种主要排放源捕集技术，包括燃煤电厂烟气低浓度捕集技术，炼油化工厂尾气二氧化碳捕集技术，高碳天然气捕集技术。一是在燃煤电厂烟气捕集技术方面，我们研发了复合的吸收剂，吸收剂的性能指标达到了国际先进水平。二是研发了具有自主知识产权的二氧化碳捕集工艺和装备，形成了二氧化碳驱油封存协同技术。二氧化碳在驱油的过程当中可以实现有效的封存，不仅增加了原油产量，保障国家能源安全，还可以实现降碳减排，推动石油石化行业绿色低碳转型，兼顾了能源与环境两大主题。在研究过程中，为了实现驱油与封存的协同效应，我们形成了提高驱油效率，实现增油最大化和封存最大化的技术体系。三是开发了产出气的回收利用技术，通过这项技术可以实现全生命周期的碳封存。

在具体的驱油利用方面，我们形成了低渗透油藏的驱油封存技术。近年我国新增原油储量中，60% 以上为低渗透油田，目前低渗透油田分别占我国原油储量和产量的 23% 和 25% 。在注水开发存在“注不进，采不出”难题的情况下，由于二氧化碳分子小于水分子的特性，提高了二氧化碳的注入能力，有效补充了地层能量。在低渗透油藏驱油封存过程中，我们形成了“高压注入”、提高混相程度、扩大波及体积等技术，从而提高了低渗透油藏的动用率和采收率。通过现场应用表明，二氧化碳在低渗透油藏中的应用可以提高采收率 10% 至 20% 。

另一个应用领域是高含水油藏。我国东北油区经过 50 多年的开发，大多数油藏已进入高含水开发期。通过实例研究，超临界二氧化碳具有轻质性的属性，二氧化碳进入高含水油藏可以突破水膜进入剩余油当中，从而可以采出水区大空隙当中的剩余油，提高了高含水油藏的采收率，增加原油产量。经过实例研究和多年现场示范，目前已经形成了二氧化碳驱油与封存全流程的技术体系。该体系主要包括油藏筛选评价技术，即如何选择适用于二氧化碳驱油的油藏；数字模拟及实时跟踪调整技术，进一步提高二氧化碳驱的混相程度和波及体积；化学辅助技术，可以降低混相压力，增加二氧化碳的黏度；以及二氧化碳注入和采出工艺技术及防腐技术。在二氧化碳驱油的过程当中，往往会伴有二氧化碳的产出，对于这些二氧化碳的产出，我们也形成了产出期的回收利用技术。

在化工利用研究方面，我们各项技术也在快速发展，对于化工利用早期的定位为基础前瞻探索研究，目前正在进行工业化技术研究。这是目前的技术研究和发展情况，我们很多的技术已经进入中试这一种研发阶段，有些技术也已经进入商业的应用阶段。在二氧化碳矿化技术方面，我们研发形成了磷石膏的中试技术，主要是利用磷酸生产的固体废渣磷石膏与二氧化碳进行碳酸化反应，得到硫酸和硫酸钙来固存二氧化碳。这套中试装置是在2013年普光天然气净化厂建成，它的规模是每小时一百立方米，它的尾气来自普光天然气净化厂。二氧化碳通过直接矿化磷石膏，联产生产酸基复合肥，通过实验表明，尾气二氧化碳的浓度为15.2%，二氧化碳的吸收率达到了75%，磷石膏的转化率达到92%。

我们建成了我国首个百万吨级的捕集、输送、驱油、封存全流程工程。该工程于2021年7月5日开始建设，这是我国目前规模最大的CCUS全流程项目，也是石化零碳产业链构建的示范项目，该项目包括齐鲁石化捕集工程、齐鲁石化到胜利油田的出输管道工程，胜利油田驱油工程。目前，该工程已全面投产，标志着我国建成了首个规模化的枢纽工程。作为我国第一条二氧化碳长输管道，我们开发了二氧化碳管道工艺动态仿真软件，建立了基于压力控制的管输工艺数字孪生仿真平台，研发了低温增压泵、40兆帕级高压注入泵等首台套设备，实现了从二氧化碳捕集端到注入井口“泵到泵”连续注入工艺，极大提高了二氧化碳的输送和注入效率，以及压力能量的利用。在工程建设过程中，我们形成了封存安全评价及监测技术。对于二氧化碳驱油和封存项目而言，长期封存的安全性是影响项目的核心问题。我们建立了完善的监测体系，主要包括地质监测与评价，监测二氧化碳示范区的断层发育及封闭性情况；工程安全监测与评价，主要包括井筒完整性、应力变化、地面工程等。整个体系涵盖空中、地面、地下三个层次，监测的介质包括气体、液体和固体，监测的维度包括事前、事中和事后。从目前的监测情况来看，未发现任何泄漏等安全和环境问题，充分验证了技术的可靠性和安全性。关于产出气二氧化碳回收技术，在二氧化碳驱油封存过程中，随着原油的产出，会在不同阶段产生二氧化碳。我们针对不同阶段产出气的不同浓度，研发了变压吸附脱碳、低温液化精馏、直接增压回注等回收利用技术。将产出的二氧化碳全部地回收利用。目前，二氧化碳驱油工程已取得显著效果，预计可提高采收率11.6%。

三、发展的展望与认识

从CCUS目前的发展状况来看，各项技术正在快速发展。但在发展的过程当中也面临着两个问题。

首先，目前的捕集成本还是比较高，各项技术成熟度仍存在差距。要进一步加强CCUS关键技术的研究突破。具体来说，在捕集技术方面，针对能耗高、减排成本高问题，研发形成低能耗、低成本的捕集技术，特别是针对低浓度的排放源，要研发新一代的吸收剂和工艺技术。从目前中试技术来看，我们通过新的吸收剂研发，以及进一步优化工艺流程，可以将目前能耗的指标由2.4—2.7GJ降到2.0—2.2GJ，捕集成本也由350—400元降到250元左右。对于进一步低能耗捕集技术，我们目前也制定了研发的技术路线，在化石利用技术方面，我们也在研发捕集转化一体化技术。也就是在微观尺度上要实现碳捕集和碳转化的能量耦合，达到降低CCUS整体能耗的目的。为了构建工业行业零碳、负碳的产业链，我们也开展了产业融合技术的研究。我国工业产业直接排放占到全国的39%，加上间接排放占比就达到了60%、70%。因此，工业领域是减排的重要的领域，特别是煤电、钢铁、水泥、化工，这些难以脱碳的行业，要通过产业的融合，构建零碳、负碳的产业链，为双碳的目标提供支撑。

其次，研究建设源—汇优化的“驱油封存中心”，实现CCUS产业的规模化、集群化、经济化。一是含油气盆地驱油利用和封存中心建设，我国具有多个含油气盆地，在这些含油气盆地当中既有多个油气厂也有大量的咸水层，目前研究认为具有上亿吨的封存潜力。我国含油气盆地分布范围还是比较广的，这样就具有好的源—汇匹配性。在这些盆地可以先进行驱油后进行封存，这也是全球CCUS一个总的趋势。通过含油气盆地驱油利用和封存中心的建设，实现传统的油气业务低碳改造，来构建油气资源CCUS的产业链。二是海域咸水层封存，海域咸水层的封存其有效性和安全性已经得到了验证，挪威Slipner项目，在1996年便开始注入二氧化碳，到2020年底，已经成功安全封存二氧化碳1600余万吨。我们国家也正在研究在长三角建立千万吨级CCUS产业集群，中国海油也启动了大亚湾千万吨级CCUS产业集群的研究。三是地下可利用空间的地质封存，我们国家在地下可利用空间来说类型非常多，包括油田、煤层气，也包括煤矿的开采区、咸水层，等等。要以超临界封存为目标，建立二氧化碳封存选址的地质、工程、经济评价方法，优选二氧化碳地质利用和封存场所。

在CCUS整个项目过程当中，还要加强CCUS碳足迹的研究和核算，这样可以实现碳利用的价值化，同时进一步推进绿色技术的发展，提高我们在国际上的话语权及对外合作水平。

通过近年来的研究，对于CCUS的发展，我们有以下认识：一是CCUS作为一项工业技术，已发展成为多项技术的研发，目前的技术处于快速发展阶段，一些技术已具备工业化的条件。二是由于技术成本较高和大部分技术处于中试阶段，产业发展处于早期阶段，具有非常广阔的发展空间。三是目前技术和产业的发展需要国家在政策、金融和财政方面的支持。

第四讲　能源安全与能源转型

杜祥琬*

今天给大家汇报的题目是“能源安全与能源转型”。党的二十大报告明确指出：“立足我国能源资源禀赋，坚持先立后破。”我觉得这句话讲得非常好，清晰地表达出我国能源资源禀赋里有可“立”的，所以我先谈一下重新认识我国能源资源禀赋。

我国的能源资源禀赋常常听到“富煤、缺油、少气”，这是中国的能源资源禀赋，如果我们视野中的能源只是化石能源，这个认识也没错，但是现在这样的认识已经跟不上发展的形势。由于经济社会可持续发展需求，可再生能源快速增长，而技术能力提升、成本下降也使可再生能源从本世纪初微不足道，到了现在举足轻重，走向担当大任，这样一个趋势也是非常清楚的。特别需要指出，可再生能源的可持续性，也就是资源的可再生性，是伴随着太阳的存在而自然存在。而它的量值大小与开发技术、能力有关。

2023年的数据，我们的水、风、光、生物质发电装机规模都是世界第一，中国可再生能源装机达到15亿千瓦，占到全国发电总装机的51.9%，可再生能源发电量3亿万亿千瓦时，接近全社会用电量的1/3。丰富的可再生能源资源是我们国家能源资源禀赋的重要组成部分，我国能源资源禀赋随着地球存在、太阳存在。而我们已经开发的可再生能源不到技术可开发资源量的1/10。所以能源低碳转型，资源基础是丰厚的。

当然，尽管太阳能、风能这些可再生能源本身是可再生的，我们要用太阳能、风能，要把它们变成电，那就需要有相应的设备，相应的装备，比如太阳能电池、

---

* 杜祥琬，应用核物理、强激光技术和能源战略专家，中国工程院院士，中国工程物理研究院高级科学顾问，中国工程院原副院长。

风机等，而这些装备又需要一些材料，比如说一些矿物质，而这些材料并不是完全可再生的。所以要风、光可持续地被利用，就要做好风电和光电装备的绿色退役，要循环利用。

由于长期以来，社会对能源资源禀赋认识是“富煤、缺油、少气”，所以有一些能源负荷很重但是资源很缺的地区，所谓资源缺就是煤、油、气，因为那个时候大家认识就是化石能源，也没有认识到自己身边的太阳就是丰富的能源。这样有些地方形成对外来电、外来煤的依赖，这是影响能源政策和能源战略很实际的问题。能源转型和能源安全是并行不悖的，首先需要认识清楚这一点。因为可再生能源资源的利用，是我们国家自己可以掌控的，不受国际地缘政治变化的影响，有利于保障我国能源体系的独立性和安全性。准确认识我国能源资源禀赋，是正确认识本国国情的要素，也影响能源政策、能源战略，这是一个方向性、战略性的重要问题。

以煤为代表的化石能源从发现时起，由于经济性、便利性、稳定性，迅速成了人类能源的主角，推动了城市化。化石能源的发现和集中使用推动了城市化，并且使人类由农耕文明进入工业文明。化石能源的使用带来了巨大的社会进步。但由于200多年持续的大量化石能源的使用，带来了不少的环境问题和气候变化的问题。核心问题是分子物理问题，二氧化碳这样一类分子的辐射物理特性，二氧化碳分子对太阳来的白光是放过的，但是由于二氧化碳分子的结构对于红外光产生共振，吸收了很多从地球反射回去的红外光，成了升温的要素。所以二氧化碳分子在空气里面的浓度增加，这是现在气候变化科学的核心，现在气候变化科学的核心可以说是一个分子物理问题。21世纪初，英国首先提出了“低碳经济学”这个概念，大家对气候变化进行科学的研究以后，才有了碳中和的概念，才达成了应对气候变化的《巴黎协定》。2015年达成这个协定，也是在共性认识的基础上达成的。以我国为例，举个直观的例子，在新疆北部天山一号冰川，本来一号冰川的山顶上都是白皑皑的雪，现在只剩下两个山沟里的雪了，所以我说天山一号冰川碎片化了。大家看见剩下这点雪也很快化了。看完这个以后我们去了一号冰川研究所，他们说这个趋势如果再这么发展下去，雪量在同一个季节就会越来越少。

接下来，重点谈谈为什么要对二氧化碳做工作。在我们国家一次能源当中化石能源占据重要地位，其中煤炭是第一贡献者，我们国家的煤炭相对油、气还是比较丰富的。但是对于“富煤”，我们要有一个清醒的认识，中国的人均煤炭储量只是世界平均值的67%，有的人说是50%。煤炭的储采比，虽然储量也比较高，但是每年开采40多亿吨，所以储采比是40年左右。煤炭是富含碳元素的宝贵资源，是长期的财富，又是不可再生的。所以当代人要用好煤，同时也要为未来早做准备，因为毕竟是不可再生的。继续说一下煤炭的用途，首先是发电，世界上能效最高的燃煤发电厂在中国。十几年前发一度电要消耗400克标准煤，现在进步了，大约是300克标准煤能发一度电，能效最高的厂可以248克标准煤发一度电。如果全国的燃煤发电厂都进步到这个水平，用于发电的煤炭消耗量每年就可以减少10%以上。由这一点可以总结出这样一句话“煤炭是功臣，减煤是进步”。国际能源署有这样的估计，2030年全球电力行业的煤炭消费和二氧化碳排放量会比基准情景降低15%。继续说化石能源，各种化石能源都是碳和氢不同比例的化合物，利用化学和物理学的方法，基于氢和二氧化碳可以制造燃料，也可以作为化工原料。我们现在经常是作为燃料把它燃烧了，若作为化工的原料可以制造石油、甲醇、乙醇、烯烃这样一些东西。在这方面，比如煤炭的分质利用、煤炭的深层次气化，有很多创新的发展，就不详细说了。

丰富的可再生能源资源禀赋，才使我们有底气。《中共中央 国务院关于完整准确全面贯彻新发展理念做好碳达峰碳中和工作的意见》里面写了这样一句话“到2060年，非化石能源消费比重达到80%以上”，我们现在只剩三十几年了，现在非化石能源消费占比是20%多，到2060年要达到80%以上，之所以有底气写这句话，就是对我们国家能源资源禀赋的认识很有关系。一说起风、光这些可再生能源，就会想到它们的间歇性、波动性，于是中央及时提出了“构建新能源占比逐渐增加的新型电力系统”。这里面的关键是要把间歇性、波动性变成灵活性，关键是灵活发电、灵活用电，用电本来是灵活的，灵活发电就是要使得风和光不仅是绿色低碳的，而且是智慧的，智慧这个词在这里不只是一个形容词，所谓智慧能源就是把间歇性、波动性通过储能变成灵活性，人可以掌控的、可以操控的一种灵活性，而不仅仅是大自然带来的间歇性和波动性。这就要跟储能技术相结合。过去，一个能源系统既要安全可靠，又要经济可行，还要绿色低碳，这几乎是不可能的，所以过去有“不可能三角”的说法。在化石能源的年代，绿色低碳就是不可能的。现在我们要追求高质量的发展，能源系统就必须是安全可靠的、经济可行的、绿色低碳的，就必须把“不可能三角”变成“可能三角”。安全可靠是对能源系统的基本要求。经济可行的能源社会才会接受，绿色低碳是能源转型大方向。碳达峰、碳中和呼唤新型的能源系统，必须逐步做到满足这三个目标，使它成为“可能三角”，这样才是高质量的能源系统。

下面先说一下中国东部的能源，这里提一个观点，要提高东部能源的自给率，过去长时间有一个提法，叫作“西电东送”，最近在媒体上看到有这样的意见，要加强“西电东送”，我对这点有不同的意见。中国中东部是能源主要的消费区，东部能源首先要“身边取”，实在不够的地方再“远方来”，再“西电东送”。其中，首先“身边取”这个提法，我们是在河南抓点的时候提出来的，在兰考县，首先“身边取”，实在不够“远方来”，“身边取”就是非化石能源，提高能源的自给率。兰考县是河南省的一个县，也是中国中部一个很普通的县城，它的太阳能、风能并不是特别富足，试点以前，它的电主要是靠燃煤发电厂送电，从外部送来，这里没有燃煤发电厂。但是现在兰考的电 100% 靠自己，靠自己的可再生能源，风能、太阳能、垃圾等，这些东西都可以发电了。现在发的电量已经大于一个县的用电量，所以有一部分可以上网了，也可以赚钱了。我们在这提出来中国中东部的能源是可以做到“身边取”，虽然不是每个地方都像兰考县这样，但是可以首先“身边取”，实在不够的地方再通过“西电东送”做一点补充，而不是把“西电东送”做一个主要战略，这点供大家讨论。这里有一个前提就是经济性，我们在做这个课题的时候也请天津大学和华北电力大学的专家们分别计算得出，同样 1kWh 的电力，东部自发电的成本比“西电东送”的成本低，这个结论非常重要，低一点就可以推广了。也就是说能源生产和消费的方式要转变为中国要产生一大批产消者，既是消费者，又是生产者，像屋顶光伏就是这样的，既是消费者，又是生产者。自发自用，寓电于民也可以和集中式电网互动，就是一大批产消者产生，和过去消费、生产分离是不一样的。兰考县在这几个方面，多能互补，抓了八个方面。经过四年多的试点以后，兰考县实现了由燃煤发电送电来为主，变成了自己可再生能源。兰考县的智慧岛试验了农村从用电“远方来”到“身边取”这样的历史性转变，助力乡村振兴，打造了兰考农村能源革命“升级版”，续写兰考经验。兰考县在 2018 年被确定为首个农村能源革命试点县，主要的措施是培育风、光、储、电、氢等装备制造业，打造百亿级新能源产业集群。农户成了光伏扶贫项目的受益者，这个是关键，为什么在兰考县能够这么做下去，就是一户光伏发电，每年 2 万 kWh 自己是用不完的，这样可以有六七千元的收益，农户有了收益，自己又用了电，这个模式就能够持续下去。从开展农村能源革命试点至今，兰考县全面淘汰了薪柴和散烧煤，清洁能源普及率从 14% 提高到 99%。最后一条是农村人居环境明显改善，收入显著增加。有了这一条就有农民来支持往这个方向走。中东部能源像兰考这样的思路，符合国家提出来能源革命的方向，有利于电力发展的平衡、充分，有利于电力系统的经济性、安全性、灵活性，符合绿色、低碳、高效、智慧，现在是政府办电加上大企业办电的模式，比如发电厂，要转向“政府办电 + 大企业 + 人民办电”，一家一户都可以办电，都可以发电，这样的模式就变化了，有利于社会的进步。对于中国能源的供需安全、环境安全、气候变化都有很重要的意义。而西北部本来有丰富的可再生能源，西北部的可再生能源首先用来发展西部经济，通过政策引导将东部沿海的产业逐步迁移到西北这可能是未来发展的主要方向。比如说内蒙古也有西部正在改变传统“挖煤卖煤、发电卖电”的产业结构，建设零碳园区，迎来发展新时期。

我们现在经常讲碳达峰，什么是碳达峰，它就是一个拐点，是经济增长这条曲线与碳排放增长这两条增长曲线脱钩的进步拐点。无论是欧洲还是美国，在发展的初期曲线都是爬坡型的，中国也是在爬坡。但是到了一定时候，这个曲线就变平了，当然大家看得出来，美国人均的能耗和人均的排放是欧洲的一倍，这当然是一个差别，但是曲线到一定时候都变平了，即经济继续发展，二氧化碳排放不再增加，这就是产业结构调整的结果。我们认为有“两类”发达国家，经常有人一说发达国家就是美国，其实美国并不是典型的发达国家，美国是一个高耗能、高排放的发达国家，我们完全能以比美国低一半的人均排放、人均耗能达到发达国家的水平。高碳不是走向发达的必由之路，这一点也是这些国家不同的发展路径给我们的启示。碳达峰以后要走向碳中和，要开创一条兼具成本效益、经济效益和社会效益的路径，是实现国家第一个百年奋斗目标同步的经济社会低碳转型、深刻进步的里程碑。

能源转型同时要保证能源的安全，我主要强调一下供给安全。化石能源具有重要性、有限性、不可再生性的特点。目前是以化石能源为主，煤炭是第一贡献者。煤炭虽然储量很大，但是技术可开发资源量是1710亿吨，储采比就是40年左右。非化石能源，可再生能源加上核能，技术可开发资源量大，特别生物质能可以多种用途，既可以发电又可以供暖。2023年新能源和可再生能源装机已经大于15亿kW，超过了火电。2023年全球新增可再生能源装机5.1亿kW，其中中国是3亿kW。中国建立了完善的制造业体系，欧美这些国家光伏供应链的成本大概是年产能1GW要5.6亿美元，而中国年产能1GW仅要1.45亿美元，是欧美的1/4。这个跟技术创新有关，比如2023年光伏组件每千瓦都小于1000块钱，比2010年下降了90%，这是光伏。风、光度电成本都比火电低，锂电池从每瓦4块钱下降到了0.4块钱。中国有了出口的新三样，新能源汽车、光伏产品、锂电池，咱们新能源汽车每年产销均大于900万辆。过去十年风和光的度电成本下降了60%—80%，中国对全球可再生能源发电碳排放的减少贡献达41%。到2030年全球新能源车需求量约4500万辆，是2023年全球产量的3倍，是2023年中国产量的5倍。全球动力电池需求是35亿kWh，是2023年全球出货量的4倍，是2023年中国出货量的5倍多。国际能源署估计到2030年全球光伏需求54亿kWh，是2023年全球装机的4倍，是2023年中国装机的9倍。发展是很清楚的，但是发展的瓶颈是什么，就是材料，不管是风还是光，都需要很多矿物质，当然还有基础设施，所以发展还是有瓶颈，需要解决刚才说的循环利用问题。

逐步、稳步由以煤为主转向以可再生能源为主，是长远的能源安全之策，也是走向碳中和的必由之路。现在靠什么保证能源安全，就是先立后破，新房子没盖好别动老房子，等到能动老房子了，有序转型。长期的能源安全就是实现“双碳”目标，实现了“双碳”目标，长期能源就是安全的。能源转型是做加法，而不是减法，先立后破具有长期性、艰巨性，但是方向清晰，是国家目标、全球大势。上述讲的几个方面，可以说引领能源革命的几个方面，共同成就我们国家能源的新常态、高质量、新体系。实现“双碳”目标是复杂的系统工程，是一个长达几十年科学的转型过程，它呼唤深度的管理创新、科技创新、金融支持和企业参与。正像今天会议开始主持人说到，需要金融的支持、企业参与，政策性很强，需要把握好节奏，积极稳妥进行，既要防止一刀切简单化，又要防止转型不力带来落后和无效投资。总而言之，先立后破，把好事办好，深刻推动经济、社会的变革和进步。

2060 年碳中和是一个重要的里程碑，但它也只是一个里程碑，不是终点。2060 年的中国也好，世界也好，人类社会都要发展，人类社会要靠未来能源的支撑。从未来能源的角度回头看，现在人民努力实现双碳的意义和历史地位就非常清晰。但是不只是实现双碳就够了，还要走向未来能源。

第五讲　如何发展以绿色为深层底色的新质生产力

高培勇*

ESG对我们来说，并非新概念，围绕其展开的讨论也已持续多年。我想强调的是，在今天的中国，无论是以ESG赋能企业绿色转型还是将ESG与经济高质量发展有机结合，都可以用一句话加以集中表述，那就是发展以绿色为深层底色的新质生产力。新质生产力是传统生产力的对称，两者之间有质的区别，可以说是对传统生产方式的颠覆性变革，从中可归纳出若干点，但其中特别重要的是与今天的论坛主题高度相关的一点，那就是新质生产力与绿色为其深层底色。

习近平总书记指出，绿色发展是高质量发展的底色，新质生产力本身就是绿色生产力，必须加快发展方式的绿色转型，助力碳达峰、碳中和，牢固树立和践行绿水青山就是金山银山的理念，坚定不移走生态优先、绿色发展之路。我们都知道，作为传统生产力，新质生产力质优，必须以发展方式的创新，推进全面绿色转型，坚决扼制高耗能、高排放、低水平项目盲目发展。作为统领发展的"指挥棒"和"红绿灯"，习近平总书记早在2015年10月党的十八届五中全会上就正式提出了创新、协调、绿色、开放、共享的新发展理念。在推进当中，我们也逐步地认识到这五大发展理念中的每一条都对应着中国经济发展的短板和弱项，围绕着发展动力问题、发展不平衡问题、和谐共生问题、发展内外联动问题以及社会公平正义问题等我国经济发展中的重要着力点一一展开。

其中绿色着重解决的是人与自然的和谐共生问题，我们必须推动绿色低碳转型，实现经济社会发展和生态环境保护协同共进，为人民创造良好的生态环境。从作为发展新质生产力的位置到作为新发展理念之一的绿色，习近平总书记不仅为我们因

---

* 高培勇，经济学博士，教授，博士生导师，中国社会科学院学部委员、原副院长，十三届全国政协经济委员会委员。

地制宜发展新质生产力，而且为推动企业和经济的绿色转型、绿色发展，指明了方向。由此，从中可以提出的一个关键且重要的问题——生产关系必须与生产力发展相适应，发展新质生产力必须进一步全面深化改革，通过进一步全面深化改革来形成与之相适应的新型生产关系。在习近平总书记提出新发展理念近 9 年时间的新的历史起点上，在将发展新质生产力作为经济发展主攻方向的历史背景下，我们该如何发展以绿色为深层底色的新质生产力，并进一步落地、落实、落细这一工作。现实当中，有没有有效且可行的具体路径和方法可供选择？对此，我们可以拉出一个长长的清单，其中既包括对策，也包括政策。当然，还会包括其他的方面。但无论如何，可以肯定的一点是，要发展新质生产力，推动全面绿色转型，肯定要靠制度建设，而且靠得住的也肯定是制度建设。需要注意，立足于制度建设，不止步于满足提高战略和提高认识层面。结合整理出来的清单，最后发现，将成本效应分析纳入推动绿色发展、推动绿色低碳转型的制度建设系列，是一个最基本、最深刻、最适用的路径和方法。

什么是成本效益分析，对于从事经济学教学研究的各位专家来讲，并非什么新的概念。成本效益分析，是比较项目全部成本和效益来评估项目价值的一种方法。作为一种经济决策的方法，将成本效益分析应用于政府或企业部门的投资决策之中，实现在投资决策上以最小的成本获得最大的效益，其中就包括环境的效益和环境的成本。

我们知道任何活动，尤其是任何经济活动，都是成本和效益并存的，都需在成本效益分析的基础上坚持增效益、降成本，或者努力实现最大化效益，或者努力实现最小化成本。既要增效益，又要降成本，是经济学的基本原理，是普通百姓的生活常识。作为经济活动的重要内容之一，社会发展和政府企业的投资项目当然也不例外。在理论上，我们常用效率来作为衡量资源配置效益的重要标尺。其中改革效率的准则强调的就是经济活动上的任何措施，都应当使得者所得小于失者所失，或者宏观政策所得大于宏观上所失，这既是现代经济学的基本原理，又是涉及发展的政府和企业投资的基本常识。无论是政府投资还是企业投资，总要付出相应代价去实现发展目标。放眼全球，不计局部得失，应以局部的损失，换取全局目标实现，这固然是宏观经济学的基本原则。但是无论如何都必须在此基础上进一步深刻认识到这一基本原则所隐含的前提条件是，至少就全局而言，项目效益终归要大于项目的成本，只有得大于失才能干。

然而，在今天成本效益分析恰恰是我们在经济发展领域面临的一个突出的短板、漏项。结合我们现如今在诸多场合上所了解的涉及效应可持续分析相关的言论、信息，就会发现国家的主题至少在一定程度上带有普遍性。比如，人们在可行性报告的编制或论证过程当中，通常关注论证的主要项目的效益，围绕该发展什么样的项目或投资于该项目的资金计量应该有多大而展开。但是我们往往很少去关注项目的成本，或者说为了使项目可以得到认可、通过，会更多地去谈论项目的效益，较少地谈论项目的成本，抑或偶尔谈及不得不谈及，甚者不是将其作为与项目的效益并行，放在同一层面加以对称分析的因素。近些年来，虽然对于环境气候问题的关注度有所提升，甚至在不少地方，对于环境气候的危害已经成为一条红线而实行一票否决制。但是无论如何全面且指出计量环境的气候成本，并将之纳入项目的评估进程，还是无法从根本上得到解决。至少尚未将包括环境气候成本在内的成本效益分析，正式纳入制度体系。

之所以出现如此问题，在于很多短板无法及时补上。倘若这一漏项不及时填充，环境气候成本可能被漏计、少计，致使政府投资项目的可行性分析不全面、不充分、不准确，甚至资源配置失当。对此，我建议在今天的中国，在围绕 ESG 而展开的对于经济发展问题思考中，我们应该强调，无论是政府投资还是企业投资的项目可行性分析，所有经济活动的决策都应当明确通过制度建设，添加一道工序，那就是做成本效益分析。在反映投资项目的可行性分析都要强调要把所有的成本效益计入，不能只讲效益不讲成本，或者只论证因此取得的效益，而不论证因此所导致的成本。需要注意，这里所说的成本和效益，是全面的，所有的效益和成本既包括直接成本和效益，也包括间接成本和效益；既包括使用的成本和效益，也包括货币的成本和效益；既包括客观的成本和效益，也包括主观的成本和效益；既包括有形的成本和效益，也包括无形的成本和效益。在这里，我想最值得强调和最应当强调的是环境气候的成本和效益。

从统筹发展和安全的角度出发，环境、气候、成本的红线就是环境、气候、安全，也就是环境气候安全底线。无论是什么样的发展领域，什么样的投资项目，无论是政府还是企业的投资项目，都不能以牺牲环境气候为代价，来换取发展目标的实现。无论从哪方面看，这都是一条需要牢牢记住，必须遵守的铁律。要守住环境安全底线，将统筹发展贯穿于经济工作的全过程和各领域中。

一旦成本效益分析付诸经济工作的实践，付诸企业的绿色低碳的转型和绿色发展中，随着环境和成本不再被漏计，不再被少计，或者漏计、少计的空间得到极大的压缩，成本因素和效益因素被同时纳入经济活动的分析进程中，并实现两者之间的对冲，这将带来一个积极且重要的结果。虽然说那些效益乍看起来不小，但是扣除环境成本在内的所有成本之后，可能会变得微不足道，甚至说得不偿失的项目将被过滤掉。对于那些表面看起来很重要很必要，但存在环境安全的隐患，甚至有可能危及环境气候安全的操作，便可以被排除掉。这一过程将有助于进一步推动绿色低碳转型的落地与实施，极大提高资源配置的效率，更好地契合和匹配经济高质量发展的需求。这意味着，要完整、准确、全面地评估项目的投资得失，推动绿色低碳转型，以 ESG 为导向赋能企业的绿色低碳发展，成本效益分析不再是一个可有可无、可加可不加的选项，而是必须纳入制度建设的重要内容，是一道无法回避、必须认真作答的必答题。

当前政府和企业投资该做什么，该做到什么程度，都要考虑到环境气候成本，做环境气候相关的成本效益分析。这不仅涉及绿色低碳转型，以及人与自然和谐共生，还事关经济社会的发展全局和中国式现代化建设进程。因此，我们应当坚持发展以绿色为深层底色的新质生产力，将其作为贯穿经济高质量发展阶段的一条基本的原则。

第六讲　央企开展 ESG 的总体要求和实践

彭华岗 *

很高兴与大家就 ESG 工作共同交流研讨，下面将围绕中央企业开展 ESG 的总体要求和实践从三个方面做一个简单交流。

第一方面，国资委历来高度重视推进企业组织社会责任，并将 ESG 工作作为重要驱动点和着力点。早在 2008 年，国务院国资委就研究制定并发布了《关于中央企业履行社会责任的指导意见》，并以国资委 2008〔1〕号文件的形式发布。国资委自 2003 年成立之后，在 2005 年就研究过一个关于企业社会责任的课题。研究强调，作为中央企业一定要带头把企业社会责任这个事做好，并在当时就起草了关于中央企业履行社会责任的指导意见。需要注意的是，以前的一号文件都是在中央企业赋能会议的讲话，都是推动工作的重要文件，可见当时对企业社会责任方面的重视。文件发布之后，国内外均获得较大的反响，对此当时联合国秘书长还给国资委发了一个贺信，对中国政府表现出来的重视程度表示高兴。

在《关于中央企业履行社会责任的指导意见》文件发布之后，针对履行社会责任的管理问题进行研究。尽管当时在编制、经费等方面存在一些困难，国资委研究局还是主动承担这一工作，在前两年国务院国资委专门成立"企业社会责任局"。由此可见国资委早期便关注起这一问题，力求推动企业社会责任。

2011 年 10 月，国务院国资委印发了《中央企业"十二五"核心发展战略的纲要》，其中提到五大战略，其中的一大战略是和谐发展战略。针对这一发展战略做了一个实施纲要，正式确立和谐发展内涵，以可持续发展为核心，以推进履行企业社会责任为载体，以立足战略高度认识部署和推进中央企业和社会环境的和谐发展，

---

* 彭华岗，经济学博士，高级经济师。国务院国资委原副秘书长，现任中国企业改革与发展研究会会长。

为实现做优做强，世界一流目标提供支持。2011 年的时候，和谐发展战略可用一个数字来表达：一个核心，即可持续发展，三个显著目标，五个央企建设，二十项措施，即“13520”。后续在中央企业负责人会上，我就讲过这个战略，并指出“13520”是企业社会责任的密码，虽然过去很长时间，还是记忆犹新。

2016 年，国务院国资委印发了《关于国有企业更好履行社会责任的指导意见》，其中把原来的社会主体从中央企业扩大到全体国有企业。当时还提出一个目标，到 2025 年国有企业形成更加成熟稳定的社会责任管理体系，经济社会环境综合价值创造能力显著增加，社会沟通能力和运行知名度显著提升，品牌形象和社会认可度显著提高，形成一批引领行业履行社会责任具有国际影响力，受人尊敬的优秀企业。这一目标在 2020 年的时候初步达到，一批中央企业在这个领域受到了各方面的高度评价，特别是在国际上。

2024 年 6 月，国务院国资委又印发了《关于新时代中央企业高标准履行社会责任的指导意见》，意见着重强调了两个内容：一个是新时代，一个是高标准。所谓新时代，就是牢牢把握新时代、新使命、新定位，全面贯彻党中央国务院的决策部署，充分衔接国际社会责任发展的新趋势、新规则。高标准就是服务经济社会发展满足人民美好生活需要，更好发挥公民价值为目标，主动担当作为，在各类市场主体中，走在前列，做出表率。这个意见从夯实企业高质量发展根基，增强服务经济社会发展能力，提升服务人民美好生活水平，培育国际竞争合作新优势四个维度界定了新时期中央高标准履行社会责任的基本内涵。

国务院国资委在不同时期提出的这些要求和措施，有力促进了中央企业增强社会责任意识，增强了中央企业自觉履行社会责任的主动性，提高了中央企业履行社会责任的绩效，同时也为当下 ESG 理念在中央企业得到快速响应、广泛接受和深入践行奠定了一个很好的基础。在今天这样一个 ESG 会议论坛，花了很多篇幅讲社会责任，是因为 ESG 和企业社会责任大体上是一个概念，或者是一个硬币的两个方面，企业社会责任更多是讲理念，讲应该对利益相关方负责；ESG 则更多的是强调价值，是通过投资向上来推动商业向上，它在社会责任的基础上更讲究要量化，通过 ESG 投资来促进商业更好的履行社会责任。

随着 ESG 的快速发展，国务院国资委监管政策体系当中越来越多地融入 ESG 理念，并直接对中央企业 ESG 工作提出明确要求。在我正式退出岗位之前主任曾多次批示让我研究 ESG，其中组织中央企业做了一些研究，在国资委的一些文件中也充分体现了 ESG。比如 2022 年 5 月印发的《提高央企控股上市公司质量工作方案》，这个方案中明确要求中央企业、集团公司要统筹推动上市公司进一步完善 ESG 工作机制，提升 ESG 绩效，在资本市场中发挥带头示范作用；立足国有企业实际，积极参与构建具有中国特色的 ESG 信息披露规则、ESG 绩效评价、ESG 投资指引，为中国 ESG 发展贡献力量；推动央企、控股上市公司加强 ESG 专业治理能力，提高风险管理能力；推动更多央企控股上市公司披露 ESG 专项报告，力争 2023 年相关专项报告推动全覆盖，应该说这个目标基本做到了。

另外，最新发布的《关于新时代中央企业高标准履行社会责任的指导意见》，其中也专门提到要将 ESG 工作纳入社会责任工作统筹管理，积极把握应对 ESG 发展带来的挑战，推动控股上市公司围绕 ESG 议题高标准落实环境管理要求，积极履行社会责任，健全完善公司治理，加强高水平 ESG 信息披露，不断提高 ESG 治理能力和绩效水平，增强在资本市场的价值认同，推动海外经营机构在海外经营管理重大项目实施中，将 ESG 工作作为重要力量，主动适应所在国家、地区各方的要求，强化 ESG 治理实践和信息披露，持续提升国际市场的竞争力。

除了这两个综合性体现国资委对中央企业 ESG 指导思路的文件以外，对于 ESG 所涉及的能源、生态环保、碳达峰、碳中和、合规管理、公司治理等诸多议题，国务院国资委均出台了大量指导性文件，对中央企业赋能经济考核当中，安全、环保、质量等 ESG 相关议题工作成效已经成为考核的重要内容，这些基本构成了国务院国资委对中央企业 ESG 工作的政策体系。此外，围绕 ESG 还开展了大量的工作，例如持续开展 ESG 的课题研究、连续编制发布中央企业上市公司 ESG 蓝皮书、参与我国可持续披露准则体系建设等。上述一系列相关工作，对中央企业 ESG 工作发挥了有力的推动作用。

第二方面，中央企业在 ESG 领域积极探索，走到了各类经营主体的前列。ESG 在国资央企中的得到高度重视和快速响应，其中有多方面的原因，一方面是 ESG 发展带来的挑战和变化是各类经营主体不可回避的问题，尤其是中央企业更需要妥善应对。尤其是近年来国际国内与 ESG 相关的新理念、新规则不断推陈出新、更新升级，国际上 ESG 理念日益发展成为标准化、强制化的各类规则、规范。国际规则现在有三大规则：一是国际可持续会计准则委员会（ISSB）发布的国际可持续披露准则，二是财政部发布的可持续发展披露一般准则，三是欧盟理事会发布的关于可持续发展披露的准则。

中央企业是我国走出去和参与“一带一路”的主力军，海外投资量大，数据范围广，面对的情况非常复杂，ESG 方面的相关要求已经是中央企业海外经营中必须拿出相当精力和人力、物力、财力处理的问题。尤其是欧洲的标准，其不仅适用于欧盟企业，还适用于和欧盟开展 1 亿欧元以上业务的其他企业，中央企业任何一家都处在它的协调范围之内。近年来，我们在与央企交流、调研当中，也看到部分企业由于 ESG 治理短板遇到困难，也有企业践行 ESG 还获得了政府支持，取得了新的竞争优势，对此，我们也愈发重视企业财务报表之外其他绩效表现。

此外，即将实施的新的公司法中，加强了对企业社会责任，保护社会公共利益，发布社会责任报告等方面的要求，各类机构对企业社会责任、ESG 可持续信息披露要求也日趋严格。2024 年 2 月，三大交易所发布了《上市公司可持续报告指引（征求意见稿）》，4 月《上市公司可持续报告指引》正式发布，5 月财政部发布了基本准则征求意见稿，诸多信息都在标志着中国本土打造广受期待的可持续披露准则已经取得阶段性成果。一方面，中央企业是我国重要的市场经营主体，在资本市场也占有重大的位置，必须积极适应 ESG 形式的要求。另一方面，中央企业在我国经济社会发展中具有重要的特殊地位，肩负着重要职责使命，具有一批特殊性质，形成了 ESG 工作内在的驱动力。

新时代以来，贯彻新发展理念，发展新质生产力，构建新发展格局，加快高质量发展、统筹发展，都对中央企业提出了更高的要求。党中央国务院在绿色低碳、节能减排、环境保护、乡村振兴、区域协同发展、和谐矛盾关系建设、促进民生事业发展等方面作出了一系列新的部署，要求中央企业以更高标准开展相关工作，这些新部署、新要求与 ESG 的理念是不谋而合，对 ESG 理念在中央企业中的接受落地、实践，产生了强烈的催化作用。同时中央企业规模大、体量大、布局广，生产经营活动对资源环境、生态环境影响挺大，与人民群众的生活息息相关，中央企业高标准履行好环境责任，在履行社会责任发挥着示范带头作用，是党中央、国务院的明确要求，是社会各界的共同呼应，这些因素也使中央企业践行 ESG 理念与落实职责使命有机融合起来，相得益彰，相辅相成。

近年来，中央企业持续深入推进 ESG 工作取得了很多积极的成效。总体上看，中央企业的 ESG 工作在我国各类经营主体中是走在前列，在各类机构的相关评价中，中央企业的 ESG 工作得到了很多认可，也有不少经验值得借鉴。2024 年做了一个“中国 ESG 榜样”项目，每年会推出 10 个中国 ESG 榜样，2023 年 10 个 ESG 榜样中有 6 个是中央企业，有 1 个是中国农业银行，还有宁德时代、吉利汽车和腾讯，华为是影响力特别奖。在这些工作当中，中央企业占有很大份量。

从环境来看，中央企业积极稳妥推进碳达峰、碳中和，加快发展方式转变，全面提高能源资源利用效率，大力推进重点领域减排、降碳、清洁能源发展不断优化，中央企业发电装置容量占比已经超过 49%，超过三分之一的中央企业布局了氢能产业，国家电网企业新能源利用率超过了 97%。从上面维度看中央企业加强服务国家重大战略和人民群众美好生活需要，积极参与抢险救灾，全面支持乡村振兴，在重大突发事件面前，不计代价，提供保障，广泛开展公益慈善活动。

从治理维度看，中央企业在推动中国体系建设制度中，积极探索 ESG 治理有效形式，逐步将 ESG 管理嵌入企业运行机制。目前不少企业设立了社会责任或 ESG 可持续发展工作委员会或领导小组，明确了负责部门，中央企业上市公司 ESG 治理工作进度更为明显。2023 年有超过 4 成央企上市公司在董事会设立了 ESG 领导机构，近八成的央企上市公司明确了 ESG 主管部门，超过 6 成的央企上市公司明确制定了 ESG 战略规划相关要求，近 6 成央企上市公司有明确 ESG 相关制度，其中近 2 成已经制定了 ESG 专项制度，近 4 成的央企上市公司制定了 ESG 的指标体系，超过 9 成的央企上市公司参与或自行组织开展了 ESG 培训工作。这一系列的统计数据，证明央企上市公司对 ESG 工作已有一个比较深的认识，并且在积极推进中。

中央企业注重通过社会责任报告、可持续发展报告、ESG 报告等形式向社会公布相关绩效。在绩效层面，目前中央企业已经基本实现了编制发布、年度社会责任报告全覆盖，不少企业已经形成集团公司 + 分支机构全覆盖，综合报告 + 专项报告多角度，较为丰富完善的报告矩阵。在上市公司层面，央企上市公司近年报告数量增长很快，据统计，截止到 2024 年 6 月 3 日，98% 的中央企业控股上市公司披露了 ESG 相关报告。从海外 ESG 工作角度看，中央企业总体上积极适应所在国家和地区 ESG 规则，在生态环境保护、生物多样性保护、劳工权益保护、参与社区治理、带动当地就业等方面表现突出。不少中央企业海外履职案例得到国际社会当地企业的高度肯定，彰显了大国企业的国际风范。

第三方面，国资、央企与社会各界一道，共同推进我国 ESG 事业健康发展。当前 ESG 在我国虽然得到长足发展，但仍然面临规则不够完善，实践不够充分，约束不够有力，体系不够健全等种种问题与不足，ESG 本土化发展与国际规则兼容也需要不断探索、破题，ESG 理念在我国落地生根和健康发展需要政府部门、监管机构、学术组织与各大企业携手推进，共谋共建。所以我们国家最近一段时间确实提 ESG 很热，一年在国内的各种论坛都很多。但国际上对这些问题出现一些不同的看法，在判断 ESG 问题上，美国向右、欧洲向左，中国向上。中国还是在不断地加深认识，积极推进。在我国 ESG 建设发展过程中，中央企业毫无疑问是一支重要力量，是参与者也是推动者，是试验田也是示范者。

借此机会我也给大家介绍一下中国企业改革发展研究会组织中央企业和相关企业开展的工作。目前我是中国企业改革与发展研究会的会长，中国企业改革与发展研究会是国务院国资委主管的全国性的社团组织，近年来积极开展相关研究和推进工作，为中国企业改革发展作出了积极贡献。近年来，中国企业改革与发展研究会加强企业履行社会责任研究和推动工作，形成了较为完善的工作体系。

一是在2023年组建中央企业ESG联盟和原企业社会责任专委会机构改组成立了中国企业改革发展研究会可持续发展工作委员会，统筹推动研究和推动相关工作。

二是支持中央广播电视总台中国ESG发布暨中国ESG榜样盛典项目，和央视财经节目中心共同推出中国ESG作业实践，这个项目用央视项目叫“1+N”或“1+10+1”。要形成一套评价体系，对全部6400多家A股、港股上市公司作为样本池，来进行评价，当然它不会对6400家评价，它要去掉一些影响力小的、市值小的、ESG不活跃的。2023年我们对855家企业进行评价，评价以后发布一系列报告。中国上市公司ESG报告，按照行业、区域2024年正在做，6月要发第一版报告，2023年发布了“粤港澳先锋50”，2024年要接着发粤港澳先锋50、长三角先锋50、京津冀先锋50。在一系列报告基础上，年终要做ESG盛典，这个项目影响力还是很大。

三是加强ESG研究，每年推出ESG十大课题，组织相关研究机构和企业共同开展研究。

四是加强ESG的基础建设，已经制定发布了ESG信息披露、ESG评价、ESG管理体系等团体标准，这个标准以前不太完善，在不断完善的过程中推动应用、推动标准的发布。最近，遵循沪深北交易所的指引，又研究制定发布了《中国可持续发展报告指南》。因为上市公司更多的是ESG报告，其他公司更多的是社会责任报告，两者之间还是存在一定的区别。所以我们将一般框架作为一个指引，使其作为一个公共产品，对此还可以专门做一个网站，方便大家参考，也希望大家可以按照监管指引报告提出最核心和基础性的指导。

五是加强ESG人才队伍建设，为ESG管理高级、中级、初级到底应该是怎么样的人才制定一些标准，同时制定培养、培训方案，积极推进ESG人才队伍建设。

六是打造ESG中国交流平台。过去春夏秋冬一年召开4次会议，后来又开城市峰会、年会。2024年第一次在北京召开ESG中国创新年会，以后每年召开一次创新年会，也希望ESG各界同仁能积极参与。在ESG中国交流平台上，还会开展ESG的项目发布会，将来长三角、珠三角不断地开项目发布会，还会在不同区域召开城市峰会，2023年在广州开了城市峰会，2024年在深圳开。另外还会做企业行，帮助企业和利益相关方沟通，比如月坛沙龙，这是一个很神圣的地方，虽然地方很小，在那搞几次，影响也非常好。通过这些品牌活动，广泛传播ESG理念，宣传推广相关经验，交流研究深化提升ESG工作。希望大家能参与到工作之中，共同推进中国

ESG 体系建设。

ESG 是时代前沿，是大势所趋，是我国企业高质量发展的必要要求，希望各有关方面不断深化交流合作，各企业不断深入实践探索，共同促进我国 ESG 事业持续健康发展。

第七讲　应对气候变化碳捕集利用与封存发展与机遇

李　阳*

受大会邀请，今天主要围绕应对气候变化碳捕集利用与封存发展情况，以及面对的机遇做一个简单的介绍。

对于这项技术，它的背景是来自应对气候变化，由于我们过去化石能源的使用排放了过多的二氧化碳，引起了气候变化，我们现在就要发展二氧化碳的利用或封存技术，来减少二氧化碳对环境和经济社会的影响。2023 年召开的“COP28”会议形成了“阿联酋共识”，包括了怎么进行能源结构调整，减少化石燃料的依赖；同时也提出要发展碳排放和负碳的技术。气候变化目前已经成为人类社会发展所面临的一个共同的挑战，2023 年联合国秘书长指出：全球变暖的时代已经结束，全球沸腾时代已经到来。根据世界气象组织统计，2023 年是有记录以来全球最热的一年，我们也迎来了气候风险的临界点，导致出现包括冰川的崩塌等现象，如果不采取措施，这些临界点将会引起更多的全球性气候灾难。

目前经济社会正在转型，全球都提出了碳中和的行动目标，我国提出了“3060”碳达峰和碳中和目标。我国能源结构与国际社会不同，我们现在还处在煤炭时代。虽然我们处在煤炭时代，也得向着低碳时代迈进，从社会文明来看，也有从农耕文明到工业文明，正在向着生态文明方向发展。对于社会转型，绿色低碳发展，碳捕集、碳利用、碳封存在这过程当中扮演着重要的角色，国际上不同的机构，在未来整个气候变化或绿色低碳发展过程当中所扮演的作用进行了研究，大家基本形成共识，碳捕集利用与封存（CCUS）在未来减碳总量当中，要占到 4% 左右的份额。

---

* 李阳，中国工程院院士，油气田地质和开发专家，现任中国石化集团公司科学技术委员会资深委员。

对于经济社会转型，当前 COP28 提到要逐渐减少化石能源利用，我国正在建设新型能源体系，新型能源体系具体构成应该是化石能源 + CCUS，新能源 + 储能，一个多元驱动的能源体系，以确保能源供给的安全、稳定性、灵活性。在这样的背景下，CCUS 在快速发展，它的内涵、涉及的领域也在不断拓展，最早国际社会在 20 世纪 70 年代提出就是一个碳捕集和碳封存。到 2010 年左右，我国提出的 CCUS 概念被国际社会普遍认可，也就是在发展封存技术的同时，应该发展它的利用技术，要把二氧化碳作为一种资源来进行利用，大家可以想象，如果二氧化碳作为一个资源进行利用的话，既可以减碳，又可以为经济社会的发展提供新的前提。目前 CCUS 它研究的领域也包括空气的捕集，包括生物的技术。

近年来，随着气候变化的加剧，国际社会对于 CCUS 技术的研发，以及工程项目的投入在不断增长，CCUS 项目数量和规模也在迅速增加，特别是 2021 年后，CCUS 的项目实现跨越式发展。截至 2023 年底，全球这些项目可以实现捕集 3.6 亿吨的能力。从项目规模来说，也是在不断扩大，有达到千万吨级的项目。我国 CCUS 的项目也在不断增长，规模也在不断扩大，这里面有几个标志，现在项目总量已经达到了 109 个，捕集能力达到每年 600 万吨，规模上来说，现在新建的项目多数都在百万吨级以上。在 CCUS 整个覆盖领域来看，已经包括煤电、炼油化工、钢铁、水泥、生物质发电这些行业和领域，CCUS 在利用和封存方面，一个重要的领域就是用在油田的驱油增加产油量，进行封存，这一块规模也在不断扩大。我国有 4 个油田，4 个盆地都在开展 CCUS，提高采收率的工作。在利用方面，特别是化学转化产生新的燃料和新的产品方面，这些项目、技术也在快速发展，包括绿色甲醛项目，也包括一些矿化项目。CCUS 整个研究的过程中，我们也建成了一个实验室，这个实验室应该是对碳捕集，包括管道输送、二氧化碳驱油与封存、化学转化，及碳足迹的核算和核查方面进行了全面研究，建成了一些比较大型的试验模拟装置，形成了多专业一体化的研究团队，这里面既有做捕集的，也有做输送的，也有做地质利用和封存的，也有做化学的。

在捕集技术方面，我们建成了一个千吨级碳捕集技术中试测试平台，这个平台可以对不同的方法、不同的设备、不同的工艺来进行测试，这样大大加快溶剂研发和工艺装备研制，这是我国第一个千吨级的中试测试平台。在研究过程当中，我们也形成了具有国际先进水平的低浓度和高浓度的二氧化碳排放源的捕集技术，现在正在进行第三代技术的测试。对于燃煤电厂的捕集技术，包括它的工艺装置，都形成了自给自足的水平。

在二氧化碳驱油和封存技术方面，我们也形成了比较完整的体系，已经用在了大规模的驱油和封存整个工程当中，在化工利用技术方面，整体来说发展比较快。

在工程上，也建成了齐鲁石化、胜利油田百万吨级捕集—管输、驱油—封存全流程工艺，已经把捕集和输送的二氧化碳全部用在了油田的捕集和封存。特别是这些管道也是我国第一条二氧化碳的超速管道，这条管道整个水平具有国际的领先水平，一是超临界，二是进入孪生维护设计和平台，所有的设备都实现了国产化，并且是首台套。从整个工艺来说，整个流程形成一个整体，从一个泵到泵连续注入，大幅度提高了输送的效率。我们研发了驱油和封存协同技术，整个过程中既要实现驱油增油的最大化，也要实现封存的最大化。同时，为了确保整个驱油和封存安全，确保二氧化碳不泄漏，我们建立了监测评价系统和在生产过程中的在线预警系统，对地面、地质、工程进行全方位的评价和防控。投产两年来，从整个监测和评价的情况来看，整个系统没有发生任何的泄漏和安全问题。在整个生产过程还有部分的二氧化碳流出来，无论是溶解到水里面还是油里面，我们都对这些二氧化碳进行反复回收利用。

对于发展来说，从全球来看，CCUS 发展正在面临着一个非常好的机遇之窗，大家都知道，2023 年与美国政府发表了阳光声明，这里面有一项重要内容，中美双方要各自建设 5 个大型的 CCUS 项目，中美也得进一步磋商，这 5 个项目怎么来进行确定。确实面临着非常好的发展机遇，我们的技术必然会得到快速的发展，这里面包括碳捕集技术，包括利用技术，都在快速发展。特别是对于低浓度二氧化碳，这一块的排放源占到整个排放源的 85% 以上，目前来看，这部分的排放源，在捕集上来说，仍然存在着能耗高、成本高的问题，现在我们也在进行研究，进一步降低能耗、降低成本，降低整个综合的减排成本。

在利用方面，技术的发展目前也非常迅速，特别是从捕集到转化一体化，怎么把化学转化和生物转化进行交叉融合，来推进这方面利用。同时直接空气捕集技术也在发展，前几天到美国去进行了一次交流，说美国现在空气捕集技术现在非常快，已经多个项目同步运行或进行计划，但这方面我们目前进展还比较慢，真正落实到工程的项目上还比较少，现在还在进行研究。

刚才说正在进行大规模的项目建设，一个重要的方面就是源—汇优化的驱油封存中心建设，渤海湾盆地 CCUS 产业集群正在建设中，第二个是长三角 CCUS 产业集群，这边和壳牌、巴斯夫共同联合，来研究在长三角建成一个千万吨级的开放型的 CCUS 产业集群。CCUS 的应用场景非常广阔，它可以跟不同的工业产业进行融合，来形成新兴的战略产业。

刚才给大家介绍目前面临的发展机遇，对于 CCUS 的发展，我国非常重视，现在也与有关部门联合发起成立了 CCUS 国际组织，名称就叫“国际二氧化碳捕集利用封存技术创新合作组织”，通过这个组织搭建一个平台，让更多研发的成果能在平台上得到展现，同时也能够把我们的一些方案，通过交流，能够得到国际社会的共识。

第八讲　碳中和与 ESG 实践

贺克斌 *

大家早上好！今天利用这个机会和大家交流碳中和与 ESG 实践方面的信息和工作。

截止到 2023 年下半年，在全球 150 个国家和 140 多个地区中，已经有一批成熟企业提出了自己的碳中和目标。将这些加在一起，已经覆盖了几乎 90% 全球二氧化碳排放量，90% 的 GDP，90% 的人口。对于为什么大家着急做碳中和这个事，李阳院士展示的一些气候变化，联合国秘书长讲的沸腾时代等，都和这个有关系。大家都在说今年好像气候反常，事实上，不是今年反常，是最近几年越来越反常。像我们经常提及的气候变暖，其实更多的一个问题是气候变乱，气候系统变紊乱，导致气象资源变成了极端的气象事件，也就是气象灾害。根据我国应急管理部列的 2021 年经济损失的十大自然灾害，其中除了两个是地震，剩下的都是和极端气象有关系。所以它不是一个纯粹的科学问题、技术问题，也是一个经济发展的问题，因为给我们造成了经济损失。

同时，它也是新质生产力的问题。碳中和正在推动世界经济发展模式底层逻辑发生颠覆性的变化，这个意思说的是现阶段拥有的技术体系对未来的展望。以风、光为代表的新能源是未来解决问题的技术路线，所以首先要考虑的是风、光够不够我们用。根据现在风、光资源全球可计数开发量，目前风光资源是足够我们用的，在很大程度上缓解了从煤、油气逐渐转向新能源的问题。但是需要注意，一是总量问题，油气总量还是有限的，在几百年后，可能会耗竭、用光；二是分布问题，现阶段支撑全球经济发展的三种主要能源形式，排前 5 位的储量国占据了煤的四分之

---

* 贺克斌，环境工程专家，中国工程院院士，清华大学环境学院教授、院长，清华大学碳中和研究院院长，中国工程院环境与轻纺工程学部主任。

三、油气的三分之二，所以现在很多的地缘政治战争跟能源资源分布有关。风、光资源在全球的分布不是绝对平均的，但和化石能源比，就相对比较均匀。有能源资源专家指出，进入碳中和，在未来世界经济发展中各国能源资源差异几乎被抹平，未来各国都有自己的风光资源，或多或少，不在于资源的敏感性，而在于未来各国都有机会在经济发展上去风光风光，但谁能早一点好一点地风光，不取决于你拥有多少风、光，而是取决于谁能抢先建成稳定的拥有这些风、光的技术。所以说不再是抢资源了，而是抢技术。从跨国企业行为来看，往往一个环保要求来的时候，第一反应是先要等一等、看一看。而在碳中和这件事情上，头部企业宣布自己的碳中和目标，往往都早于总部所在国宣布的目标年。

投融资领域可以看到，即使在疫情三年里头，3个气候投融资指标里，能源转型、绿色债券和碳市场，都是在翻番或成长50%左右。如果看全球的就业市场，特别是能源领域的就业市场，在过去疫情三四年时间里是一个最稳定的就业市场。而在展望未来2030年中，拉动力最大的也就是新能源和碳排放等。

跟生态文明建设有关的，大家都知道中国近年来空气质量改善已经取得了巨大进步。美国芝加哥大学发表的文章提到，从PM2.5浓度改善的程度来看，中国最近7年走过的路，相当于美国过去的30年。到2022年中国已经从过去的平均60%—70%降到了平均29%。如果想要再往下走，就需要靠双碳的加持，目标治理的潜力已经挖掘得差不多了，推演一下，最多到2030年传统的减排方式就走不动了。对此，我们进行一个推演，以2020年全国339个城市平均PM2.5浓度作为一个基线，如果只有环保政策没有双碳加持，到2060年PM2.5浓度最多由33%降到25%。总书记讲力争2030年碳达峰，假设2028年达峰，2060年就能降到18%，无论是2028年达峰，还是2030年达峰，2060年实现中和，最终中国300多个城市平均PM2.5浓度要低于8%，深圳前年是16%，海口是12%，也就是比深圳要低一半，比海口还要低33%。到这时候，美丽中国目标充分实现，美丽中国同时也会推动健康中国。

如果全球实现碳中和，空气质量改善带来的健康影响效应非常大，加上中国未来健康影响力，加上现在已经开始的老龄化推演，健康获益还会更大，这是一个非常明显的结果。无论从全球还是从中国来讲，都是一件好事。结合李阳院士提到的COP28，联合国发布的一个全球报告，如果到2050年接近实现碳中和目标的话，相比于2023年，从报告中就可以看到差距还比较大。以2030年来核对，至少在现有技术上减28%—42%碳排放，这两个数分别对应1.5℃和2℃的温控目标。为什么大家都积极想干，干的里头又面临多少挑战？在全世界范围里，至少存在三个大的挑战，第一个是关键核心技术的创新。国际能源署报告里讲到一个结论，未来以风、光为代表的新能源是足够对人去用，量是有的，但是怎么充分的去用，现在的技术是不够的，新技术仍旧处于发展和创新中。像李阳院士提到的CCUS都是进程当中相当好的进展，但还有很多要发展的空间。

可以看到，根据1970年以来的全球碳排放量，到目前为止形成了三个主要的贡献经济体，一个是美国，一个是欧洲，一个是中国，这是到2020年。如果继续往未来推演，还会加第四个印度，全球就是这四大板块的经济体。看一下中国，中国是世界上用电量最大的国家，自身电网也是世界上最大，但是电气化率还不到30%，2060年实现碳中和这个指标会达到70%，也就意味着我们用电量还会翻一番。现在已经是世界上最大的电网，未来还要翻一番的电网，在这期间还要实现碳中和，要将碳降下来，它的主要渠道就是高比例的可再生能源要进来。世界上没有一个国家遇到这么一个大摊子，并且翻一番用电量的估算，还不包括2023年3月以来全球AI技术的发展，这是一个用电量巨大的量，将来可能不只是翻一番，可能还要翻一点几番。这样高比例的可再生能源的渗透率，就会遇到这方面的技术挑战，现在也有很多技术研发在绿色这里面，这些都是我们商业化技术需要解决的问题。现阶段五大技术支柱里可以用四个板块来归纳，以风、光为代表的硅能、储能、氢能、智能。这四能里面，只有以风、光为代表的硅能，是相对商业化程度高的，剩下三个能都是挑战。储能、氢能和智能，谁能先突破，谁就能在未来取得发展经济的先机。基辛格曾经有一句话“谁控制石油谁控制经济”，这在石油经济时代是绝对正确的。但是在未来，是谁抢先掌握了新能源技术，谁就掌握了未来经济发展的先机。

第二个是新能源逐渐摆脱了对煤、天然气等化石能源的依赖，但是它并没有摆脱矿产资源，一些关键材料对于特定的矿产资源的依赖性会更重、更关键。根据英国石油公司发布的关于全球能源的展望报告，目前最新的2023年报告相比于3年前的版本做了巨大的变化。原来是全球的煤、全球的气，目前最新的版本大幅度增加了新能源板块，其中提到新能源转型导致对关键矿产资源的需求快速增长的趋势，包括铜、锂、镍，这些都是电池里面需要的，和风光装备里面需要的。2021年国际能源署报告显示，到2040年，支撑新能源关键技术的矿产资源和稀土元素的矿产资源，总开采量加在一起几乎相当于2020年全球的煤炭开采量，这是一个巨大的挑战。同时，由于所有的设备它都有生命周期，这个周期到了20—30年就会产生废弃物。像现在用的手机、ipad、电脑，全球的电子废弃物现在回收循环利用率不到18%，到2050年全球仅仅是太阳能产生的固废量就相当于2019年电子产品固废量的5—10倍，这将带来巨大的产业链的变化，这都需要技术来解决。

第三个是“双碳”行动的支持。跟今天的主题ESG关联，大家都知道未来在能源转型赛道上，实际上就是未来经济核心的竞争领域。世界的主要经济体，可以简单地说是用了一套组合拳在做碳中和的战略和政策，这里提了气候目标、法律法规、约束机制、科技支撑、市场杠杆、标准体系、公众参与、市场体制、标准体系。就跟现在的约束机制，跟ESG是密切相关，双碳正在成为ESG里头一个典型代表。由于有国际竞争，其中就会设置一些绿色贸易壁垒，大家多少有所了解到的2023年8月17日欧盟《电池和废旧电池法案》，2021年12月《使用环境足迹方法建立的立法草案》，环境足迹、碳足迹的披露、六大行业碳边境调节税的问题，整个这一块包括美国提出的通胀缩减法案，里面关于新能源设备，包括新能源车等一些政策。特别是欧盟《电池和废旧电池法案》，在碳足迹性能等级和碳足迹投资等这些方面，不仅仅是动力电池，还有工业电池、便携式电池全覆盖。我们做过一个简单的估算，仅仅是碳边境调节税加上电池法案，已经涉及我国以宁德时代和比亚迪为代表的这一类产业大概300亿欧元的出口额。

从ESG的角度来看，ESG披露已经成为全球的趋势，这里列了欧盟、美国、中国在披露要求的发布和报告范围，在全球正在形成一个推动“双碳”目标和可持续发展的大趋势，并且在披露里头，可持续发展的信息披露正在成为它的核心内容。其中在可持续发展里头的17个目标中，有经济类、环境类，还有社会类。

气候行动是推动实现SDGs的关键驱动力，气候变化减缓方案是各个部门组合与可持续发展目标（SDG）之间的潜在协同作用和权衡取舍。未来ESG的发展方向是从定性走向定量，逐渐走向货币化价值，要求夯实数据和提高数据的准确性，包括统一可比的核算方法和及时性，将ESG指标合理嵌入投资决策和生态价值定价。我国目前也在搞生态产品价值的核定实现，北京在试点第一批。第一核心是数据的来源，夯实数据基础，从双碳的角度来看，主要有三个流，即能量流、物质流（材料流）、碳污流，国际公约之间都会产生相关影响，包括新能源也会产生一些和其他公约限制的关联。要从这几个流中获取相关准确的数据信息，需要有数据的集成方法。这部分想要做的是一个碳有关的全球设施尺度排放追踪工具平台，把全球可利用的数据都放出来，做成这样一个工具，通过卫星可以获得热信号，通过热信号就可以知道实时场的二氧化碳碳排放的信号。这个工具不仅可以展示过去、现在、未来的排放量，还可以分到每个州，包括全球10万多个工业设备，目前最多的就是发电装备、钢铁、水泥，都可以给出它的信号。

现阶段为应对国际贸易面临的挑战，所以加快双碳“1+N”体系，加快本土化碳足迹核算体系，要从国家标准化的发展纲要开始。从2023年11月发改委牵头发布的《关于加快建立产品碳足迹管理体系的意见》，到2024年5月生态环境部牵头的15个部委联合发布的《关于建立碳足迹管理体系的实施方案》，各个部委之间怎么样形成谁牵头、谁配合的工作机制，这个文件基本上把整个脉络理的非常清楚。碳足迹现在比较缺的两个问题，一个是数据，一个是方法，我们讲是数据、工具，这里面是核算方法的普适性。现阶段国际上给出来的包括欧盟的方法都存在一些问题，例如它的5000多条技术信息里面至少有上千条是有缺陷的，数据录入的是2015年以前的，2015年到2023年，中国的电池技术、电动车技术、新能源技术迭代了多少代，但是这些都没有反映出来。如果以这个为依据去算碳足迹、碳边境调节税，是存在大量的不科学问题。

目前国际上有一些碳足迹的数据库，如美国、德国、日本。如果我们国家没有自己的，就得听他们的。其中有一些类型的数据库是非常活跃，比如瑞士的Ecoinvent数据库，它用得多，但不代表它最权威。国际上做了一些分析，特别是国际上知名的数据库，市场被少数国外机构主导，牢牢掌握控制话语权，用户可选择余地比较小。以知识产权为名将数据闭源，数据开发者精力集中于市场推广。所以，国内现在已经开展推动数据库建设，在中科院、生态环境部系统、大学系统都有这样的工作。

最近清华大学碳中和研究院牵头的“天工计划”，就是要将各个产业开放透明的全球生命周期单元过程纳入数据库，现在已经跟联合国的LCA数据网络联系，和欧盟的也在沟通，在和技术团队沟通以后能使数据更科学，包括一些AI技术的应用，在沟通上有非常好的发展的空间。

未来，会经历两步走，第一步是基于公开数据的中国碳足迹体系建设；第二步是基于地区/行业/企业实际数据的中国碳足迹的变化。现在新能源产业链上，包括氢技术的突破上，是各有千秋，不是说谁比谁强，而是怎么样得到国际的认可，我们也有信心最终走到全球碳足迹LCA背景数据库，中国成为国际上引领的力量之一。这样在ESG技术的体系里，拿到科学的技术，科学的方法，使整体的发展走向全球良性的发展。

第二部分　学术篇

第九讲　长期护理保险对中老年人健康的影响 *

讲座嘉宾：

关晶，北京工商大学经济学院副院长，风险管理与保险学系副教授、硕士研究生导师。兼任 *Journal of Risk and Financial Management* 客座编辑，*Health Economics*，*Economic Modelling*，*Applied Economics*，*Applied Economics Letters* 等期刊匿名审稿人，中国保险学会智库专家库专家，拉夫堡大学（英国）、萨萨里大学（意大利）访问学者。博士毕业于对外经济贸易大学，利物浦大学（英国）联合培养博士生（国家公派）。长期致力于健康经济学理论研究。在 *Health Economics*，*Applied Economics*，*Journal of Asian Economics*，《体育科学》等期刊发表近 20 篇论文。

---

* 保险学院高级保险经济学课程讲座。课程名称：高级保险经济学；开课单位：保险学院；授课教师：陈华 教授；课程简介：高级保险经济学是一门深入研究保险市场运作、保险产品定价、风险管理以及保险监管等方面的学科。它至少包含以下内容：高阶风险态度，最优保险设计的经济学分析，风险变化对风险承担的影响，风险度量和依赖性建模，保险需求的理论，风险预防和防范措施，处于道德风险下的最优保险合同，保险合同中的逆向选择，风险分类理论，责任保险的经济学分析，保险欺诈行为的经济分析，保险价格的波动性和承保周期，保险市场监管：灾难性风险、竞争和系统性风险，健康保险经济学，等等。

一、引言

到2050年，全球65岁及以上的老年人口数量预计将增加到15亿人，占全球人口的六分之一。作为最大的发展中国家，中国65岁及以上的老年人口数量在2017年底达到1.58亿人，预计到2050年将达到3.66亿人，占总人口的26.1%。虽然长寿通常与更好的健康状况有关，但是高血压、肥胖、糖尿病、心脏病和残疾在老龄化人群中呈上升趋势。世界卫生组织（WHO）指出，长期护理保险（LTCI）体系对于改善个体健康，尤其是老年人健康至关重要。LTCI是为那些已经失能或存在较高失能风险的人设计的，用来帮助他们保持或恢复最基本的能力、权利、自由和尊严①。近几十年来，美国、德国、日本、韩国和中国等国家都建立了长期护理保险制度，因此，探究LTCI是否是改善个人健康状况的有效工具非常必要。

在中国，老年人的照护已经成为一个严重的家庭和社会问题，家庭结构的改变进一步影响了老年人接受来自家庭成员的照护，老年人口对于长期护理的需求正在逐渐增加。作为世界上最大的发展中国家和人口数量最多的老年人口大国，我国自2016年开始试点的长期护理保险制度的效果有待进一步研究。

本研究以中国LTCI覆盖人群为治疗组，以未被LTCI覆盖人群为对照组，探讨中国LTCI对45岁及以上个体健康的影响。五个指标衡量健康：自评健康（SRH）、ADLs、工具性ADLs（IADLs）、自评抑郁（SRD）和认知。数据来自2011年、2013年、2015年和2018年中国健康与退休纵向研究（CHARLS）。主要的识别挑战来自非随机冲击，这是由于治疗组和非治疗组之间的初始差异造成的。为了克服二元和交错设计的传统TWFE模型的内质性问题和潜在缺陷，本研究采用了de Chaisemartin和D'Haultfoeuille（2022）提出的DID方法②。我们还采用Callaway和Sant' anna（2021）提出的DID方法作为稳健性检验③。

本研究其余部分内容大致如下：第2节介绍了中国的LTCI。第3节介绍了概念框架。第4节描述了数据和方法。研究结果见第5节。第6节提出进一步的分析。最后一节讨论结果并给出结论。

---

① Beard, J. R., et al., *The World report on ageing and health: a policy framework for healthy ageing*. Lancet, 2016. 387 (10033): p. 2145 – 2154.

② de Chaisemartin, C. and X. D'Haultfœuille, *Difference – in – Differences Estimators of Intertemporal Treatment Effects*. The Review of Economics and Statistics, 2024: p. 1 – 45.

③ Callaway, B. and P. H. C. Sant'Anna, *Difference – in – Differences with multiple time periods*. Journal of Econometrics, 2021. 225 (2): p. 200 – 230.

二、制度背景

2016年，中国60岁及以上老年人中残疾或半残疾的比例约为18.3%，且呈恶化趋势。此外，家庭结构的变化进一步影响了家庭成员的护理，对长期护理的需求正在增加。因此，为了提高老年人的生活水平，及时响应老年人的护理需求，中国分别于2012年和2015年在青岛和长春启动了LTCI试点项目。2016—2017年，全国又有13个试点城市启动了LTCI。从2020年5月起，又增加了14个试点城市。由于最新数据来自2018年，本研究将其分析限制在前15个试点城市的样本中。

LTCI的覆盖范围和融资与社会医疗保险制度高度相关，包括城镇职工的城镇职工医疗保险（UEMI）和居民的城乡居民医疗保险（URRMI）。2016年以前，全民医疗保险分为城镇居民医疗保险和农村居民医疗保险，分别面向城镇居民和农村居民。试点城市居民一旦参加相应的社会医疗保险计划，就自动成为LTCI受益人。LTCI最常见的融资方式是个人支付与社会医疗保险基金相结合。试点城市正在探索其他融资方式，如政府补贴和社会捐赠。LTCI提供三种类型的正式护理服务：家庭、机构和医院护理。接受合格护理服务的费用按比例支付，具体条件和支付比例由试点城市确定。报销水平不仅在城市之间不同，在一个城市内也不同，还取决于人们接受服务的地点（即机构或家庭）。

三、概念框架

根据Grossman（1972）[①] 提出的健康生产函数，健康是先前健康水平和健康相关投资的函数，如式（9－1）所示：

$$H_i = H_i((1-\delta)H_{i-1}, M_i, TH_i, E_i) \tag{9-1}$$

其中，H_i是第i期的健康存量，δ是健康资本折旧率，H_{i-1}是上一起的健康水平，M_i是健康的商品投入，TH_i是时间投入，E_i是人力资本存量。

健康护理被认为是最关键的健康投入（Phelps，2017）。生活方式、环境和教育也是影响健康的主要投入。因此，式（9－1）可以根据Henderson（2014）的建议简化为式（9－2）。

$$H = H(M, I, T) \tag{9-2}$$

① Grossman，M.，*On the Concept of Health Capital and the Demand for Health*. Journal of Political Economy，1972. 80：p. 223－255.

其中，H 是健康，M 是健康护理，I 是生活方式、环境、教育等其他投入，T 是时间投入。

LTCI 作为一种健康护理投入，可以通过提供护理服务直接改善个体健康状况，也可以通过降低个人医疗支出间接改善个体健康状况。具体而言，LTCI 涵盖日常生活照护、慢性病照护、特殊护理等多种服务，均对参与者的健康具有直接影响。另外，LTCI 为参与者提供护理费用补贴，减轻了他们的个人经济负担，这是 LTCI 改善健康状况的间接作用路径。

四、数据和方法

（一）数据来源

文章使用了中国健康与养老追踪调查（CHARLS）2011 年、2013 年、2015 年和 2018 年的四次调查数据，调查对象为年龄在 45 岁及以上的中国家庭和个人，覆盖了 150 个县、450 个村、1 万户家庭的约 1.9 万人。

文章的实验组为 12 个长期护理保险制度试点城市（不包括长春、南通和石河子）中的个体，对照组为试点城市所在省份未被长期护理保险覆盖的个体。直辖市的对照组为城市内未被长期护理保险覆盖的个体（例如重庆和上海）。在删除缺失值后，共保留 31128 个观测值。

（二）变量说明

健康状况的变量由五个指标构成：自评健康（SRH）；日常生活活动能力（ADLS）；工具性日常生活活动能力（IADLS）；自评抑郁（SRD）；认知能力。核心解释变量为长期护理保险（LTCI）。如果个体在调查年度之前被长期护理保险覆盖则取值为 1，否则取值为 0。此外，文章还纳入人口特征（由年龄、性别、户籍类型（户口）、婚姻状况和幸存子女的数量来衡量）、社会经济特征（通过受教育年限、家庭资产和养老金来衡量）、健康行为（根据生活方式来衡量的，包括吸烟、饮酒和体育活动）和城市特征变量（包括城市人均公园用地和第三产业份额来衡量）。

（三）模型与方法

双重差分法（DID）通过比较长期护理保险制度试点前后实验组和对照组的个体健康变化，有效消除了非时变因素的影响（Dimick 和 Ryan，2014）。但传统的

DID 方法将经过处理的组作为对照组，可能会得到有偏的政策效应（de Chaisemartin 和 D' Haultfoeuille，2020）。本文利用 de Chaisemartin 和 D'Haultfoeuille（2022）提出的 DID 方法检验长期护理保险对个体健康的影响。与传统的 DID 相比，de Chaisemartin 和 D'Haultfoeuille（2022）解决了当平均处理效应跨组或跨时期异质时的负权重问题。在这种研究方法中，观测值被划分为 G 组和 T 时期，分别用 g∈｛1，…，G｝和 t∈｛1，…，T｝表示。在本文的研究中，t∈｛2011，2013，2015，2018｝。模型的具体形式如式（9－3）所示：

$$DID_{g,l}=E(Y_{g,F_g+l}(0_{F_g-1},1_{l+1})-Y_{g,F_g+l}(0_{F_g+l})) \tag{9-3}$$

其中，$DID_{g,l}$是实验组个体 g 在 F_g+l 时期的健康状况（表示为 Y_{g,F_g+l}（0_{F_g-1}，1_{l+1}））与如果从第一期到第 F_g+l 时期个体 g 不接受实验处理所获得的与事实相反的健康状况（表示为 Y_{g,F_g+l}（0_{F_g+l}））的预期差值。Y_{g,F_g+l}表示个体 g 在 F_g+l 时期的健康状况（包括 *SRH*、*ADLS*、*IADLS*、*SRD* 和认知能力）；F_g 表示个体 g 参加长期护理保险的第一期；l 是实验组接受实验处理的时间长短。

五、结果

表 9－1 呈现了根据 de Chaisemartin 和 D'Haultfoeuille（2022）的 DID 方法得出的长期护理保险对健康影响的估计结果。当关注平均处理效应（ATEs）时，长期护理保险显著提升中老年人自评健康 0.118，但对于日常生活活动能力、工具性日常生活活动能力、自评抑郁和认知能力没有显著改善。文章认为有两种原因造成这种不显著，首先 LTCI 的受益人可能已经丧失行为能力，这意味着 ADLS、IADLS、SRD 和认知能力无法通过 ITCI 得到改善；此外，这些健康指标的改善可能需要更长时间才能产生效果。

进一步将平均效应分解为瞬时效应（Effect_0）和动态效应（Effect_1）后，研究发现 LTCI 对自评健康具有显著的正向瞬时效应，随着时间的推移，LTCI 对自评健康也有促进效果，但结果并不显著。LTCI 对认知能力没有瞬时影响，但在政策实施后的第一个阶段，认知能力显著提高了 0.239。没有证据显示 LTCI 对日常生活活动能力、工具性日常生活活动能力、自评抑郁有显著的瞬时影响或长期影响。安慰剂检验的结果表明满足平行趋势假设。

文章发现，长期护理保险对中老年人自评健康有显著的瞬时效应，但对认知能力有滞后效应。认知能力的改善并不能在长期提升自评健康，因为自评健康是一个综合性的健康指标。

表 9－1　长期护理保险对健康的影响—de Chaisemartin and D'Haultfoeuille's（2022）方法

	自评健康	日常生活活动能力	工具性日常生活活动能力	自评抑郁	认知能力
平均效应	－0.118** （－2.04）	0.035 （1.03）	0.060 （1.43）	0.120 （0.64）	－0.003 （－0.07）
当期影响	－0.120** （－2.04）	0.040 （1.13）	0.047 （1.16）	0.013 （0.07）	－0.038 （－0.97）
第二期影响	－0.106 （－0.55）	0.005 （0.08）	0.149 （1.38）	0.857 （1.16）	0.239*** （3.02）

注：（）中 t 值，*** $p<0.01$，** $p<0.05$，* $p<0.1$.

六、进一步研究

（一）稳健性检验

De Chaisemartin 和 D'Haultfoeuille（2022）提出的 DID 方法在定义处理变量时基于调查年份而不是政策实际出台的年份，这意味着上述结果中得到的瞬时效应是长期护理保险即时效应和几年后效应的组合。因此，文章进一步利用 Callaway 和 Sant'Anna（2021）提出的 DID 方法进行稳健性检验。Callaway 和 Sant'Anma 的 DID 方法从组群和年份两个角度估计了受处理的人群的平均处理效应（ATTs），组群由长期护理保险实施的实际年份定义，年份由调查时间定义稳健性检验结果中“简单加权平均”和“事件研究”的结果分别与用 de Chaisemartin 和 D'Haultfoeuille 的 DID 方法得出的“平均效应”和“动态效应”的结果相对应。当关注“简单加权平均”估计结果时，LTCI 使中老年人自评健康显著提升 0.108，使认知能力显著提升 0.246。当关注“事件研究”估计结果时，ITCI 在实施的第一年显著提升了自评健康，在实施的第二年和第三年显著改善了认知能力，这与基准回归结果一致。同样，没有明显证据表明长期保险制度实施后日常生活活动能力、工具性日常生活活动能力、自评抑郁得到明显改善，这也与基准回归结果一致，表明前文的结果通过了稳健性检验。

（二）机制检验

理论部分论证了长期护理保险通过提供护理费用和减少医疗支出来影响健康，在本节运用两种 DID 方法，探讨长期护理保险对不同类型护理服务使用和自付医疗支出的影响，以进行机制检验。根据不同的服务提供者，将护理服务分为非正式护理（由家庭成员提供的护理）和正式护理（由有偿帮助者、志愿者或养老院工作人员提供的护理）。自付医疗支出包括自付住院费用和自付门诊费用。表 9－2 呈现了长期护理保险对不同护理服务使用和自付医疗支出影响的估计结果。对于护理服务的使用，两种DID方法得到的估计结果不一致，但均没有发现长期护理保险对护理服务使用存在显著影响。对于医疗支出，两种DID方法下长期护理保险均显著降低了自付医疗支出。

以上结果表明，长期护理保险可以通过节省医疗费用来改善个人健康，然而长期护理保险是否通过提供护理服务改善健康尚不清楚。

表9-2　影响机制分析

	非正式				正式护理				自付医疗费用	
	家庭成员		有偿帮助者		志愿者		养老院工作人员			
	Method 1	Method 2	Method 1	Method 2	Method 1	Method 2	Method 1	Method 2	Method 1	Method 2
平均影响	0.001 (0.06)	-0.017 (-0.63)	0.008 (1.38)	0.008 (1.43)	0.0002 (0.86)	0.0003 (0.97)	-0.0004 (-1.51)	-0.0001 (-1.22)	-343.905* (-2.16)	-321.260* (-1.67)
当期影响	-0.015 (-0.66)	0.074 (1.38)	0.009 (1.39)	0.0003 (0.67)	0.0002 (0.77)	0.001 (1.03)	-0.0004 (-1.55)	-0.0003 (-0.93)	-455.233*** (-4.02)	-205.807 (-0.56)
第一期	0.116* (1.66)	-0.051 (-1.59)	-0.0002 (-0.44)	0.016 (1.42)	0.0004 (1.01)	0.0001 (1.06)	-0.0004 (-1.29)	-0.0002 (-0.91)	439.435 (0.48)	-432.045** (-2.33)
第二期		-0.058 (-0.95)		0.0001 (0.71)		-0.0002 (-0.75)		-0.0003 (-1.36)		-586.864** (-2.58)
第三期		0.085 (1.25)		0.00005 (0.14)		0.001 (0.88)		-0.0002 (-1.53)		390.690 (0.39)

注：()里t值，*** $p<0.01$，** $p<0.05$，* $p<0.1$。

七、结论

作为首个使用de Chaisemartin和D'Haultfoeuille（2022）、Callaway和Sant'Anna（2021）两种最新的DID方法评估长期护理保险对健康影响的研究，文章发现长期护理保险能够显著提升中国中老年人的自评健康状况。随着时间的推移，长期护理保险还能够提高认知能力。此外，研究还发现，没有明显的证据表明长期护理保险能够改善中老年人日常生活活动能力、工具性日常生活活动能力。

自评抑郁状况。对于长期护理保险如何影响健康，文章的研究表明减少自付医疗支出是长期护理保险影响健康的重要机制，同时长期护理保险并不通过提供护理服务影响健康。

文章的研究结果表明，长期护理保险制度是提高中老年人健康状况的有效工具，可被应用于其他面临老龄化问题的国家。然而，长期护理保险制度应当被精心设计，以满足人们的多样化的需求。例如，采取更有效的程序以提升不同维度的健康水平，关注老年人的心理需求，为其提供舒适的生活环境；同时为护理人员提供技能培训，确保其能够提供高质量的护理服务。

课程任课老师点评

关晶老师就长期护理保险对中老年人健康的影响进行实证研究，选题结合了当前中国60岁及以上老年人中残疾或半残疾的比例越来越高，且呈恶化趋势的现状，同时，我国家庭结构的变化也进一步影响了家庭成员的护理，对长期护理的需求正在增加。在此环境下，长期护理保险制度在越来越多的城市进行试点，经过多年试点以后，长期护理保险这一制度是否改善了中老年人的健康状况，提高了他们的生活质量，研究的理论价值和实际意义都非常突出。关晶老师在结合丰富的国内外文献阅读的基础上，提出自己的理论和概念框架体系，采用中国健康与养老追踪调查（CHARLS）2011年、2013年、2015年和2018年的四次调查数据，以12个长期护理保险制度试点城市中的个体作为实验组，以试点城市所在省份未被长期护理保险覆盖的个体作为对照组，利用de Chaisemartin和D'Haultfoeuille（2022）提出的DID方法作为主检验方法来检验长期护理保险对个体健康的影响，研究发现，长期护理保险对中老年人自评健康有显著的瞬时效应，但对认知能力有滞后效应。认知能力的改善并不能在长期提升自评健康，因为自评健康是一个综合性的健康指标。然后进一步利用Callaway和Sant'Anna（2021）提出的DID方法进行了稳健性检验，最后运用两种DID方法，探讨长期护理保险对不同类型护理服务使用和自付医疗支出的影响，以进行机制检验，得出最后的研究结论。思路非常清晰，理论框架体系完整，实证分析策略逻辑严密，让前来学习的博士研究生和硕士研究生在实证研究方法方面受到了一次非常严格的训练。

学生听课体会

张同学：

关老师这次受到陈老师的邀请，为我们就长期护理保险对中老年人健康影响的实证分析讲课，在聆听课程后，我深受启发。课程通过严谨的数据分析和研究方法，展示了长期护理保险（LTCI）对改善中老年人健康状况的积极作用。随着人口老龄化趋势的加剧，长期护理保险不仅为失能或存在失能风险的人群提供了经济支持，还有助于改善中老年人的健康水平和生活能力。这对于我国正在推行的长期护理保险试点项目具有重要的指导意义，也让我对保险经济学及其社会意义有了更深刻的理解。

郭同学：

关老师的讲座内容丰富，首先系统地介绍了我国长期护理保险发展的由来及历程，其次带领大家回顾了国内外有关长护险制度效应的研究成果，最后详细地介绍了这篇论文研究所使用的方法、数据和结果等，让我们看到了一篇思路清晰、框架完整的优秀学术论文背后的写作逻辑。同时，关老师还特别强调了所使用的实证策略的细节处理，为有科研需求的同学提供了具体的写作建议，让参加讲座的研究生在论文写作、方法学习方面获得了非常好的指导和训练。

任同学：

关老师的讲解使我受益匪浅，特别是在长期护理保险（LTCI）对中老年人健康影响的研究方面。论文通过利用中国健康与退休纵向研究（CHARLS）数据库和先进的双重差分法（DID），详细分析了 LTCI 对自评健康和认知能力的显著积极影响。这使我认识到，政策在宏观和微观层面都能产生深远影响。LTCI 通过降低医疗费用和提供护理服务，直接和间接地改善了参保者的健康状况，这对于解决我国老龄化问题具有重要意义。作为学生，我深刻体会到扎实的理论基础和熟练的实证方法是高质量研究的关键。通过此次讲座，我意识到在未来的学术研究中应该更加注重数据的准确使用和方法的严谨性。

第十讲　健康大数据与智慧医疗的融合与创新 *

讲座嘉宾：

秦磊，对外经济贸易大学统计学院教授，博士生导师，国家社科基金重大项目首席专家，研究方向是数据挖掘、健康大数据和数据要素。先后在《统计研究》《中国科学：数学》《数量经济技术经济研究》《数理统计与管理》《应用数学学报》《中国管理科学》《中国卫生统计》《系统工程理论与实践》以及 *Journal of Statistical Planning and Inference*、*Annals of Operations Research*、*Journal of Health Communication*、*Journal of Medical Internet Research*、*JMIR Public Health and Surveillance*、*Radiotherapy and Oncology* 等期刊发表 60 余篇论文，1 篇入选 ESI 前 1% 高被引论文。出版译著《智能大数据 SMART 准则：数据分析方法、案例和行动纲领》《大数据时代营销人的变革：预测营销》。主持国家自然科学基金、国家社会科学基金、北京市自然科学基金、国家统计局重点项目等多项课题。

---

* 统计与数学学院高级计量经济学课程讲座。课程名称：高级计量经济学 B－0009；开课单位：统计与数学学院；授课教师：苏治教授、周元任助理教授；课程简介：以线下授课和上机学习的方式讲解各种类型的计量经济模型。

一、智慧医疗与健康大数据

智慧医疗，作为医疗健康领域的一次革命性进步，其核心在于利用先进的信息技术，包括物联网、大数据、云计算、人工智能等，实现医疗服务的智能化、精准化和高效化。在智慧医疗的框架下，医疗机构能够通过收集和分析大量的健康数据，为患者提供个性化的健康管理方案，提高诊疗的准确性和效率。智慧医疗的发展，不仅能够提升医疗服务的质量，还能有效降低医疗成本，扩大医疗服务的覆盖范围。

健康大数据是指在医疗健康领域产生的海量、多样化、高速增长的数据集合。这些数据来源于多个渠道，包括但不限于电子健康记录、基因组数据、医学影像、社交媒体、可穿戴设备等。健康大数据具有体量大（Volume）、速度快（Velocity）、多样性（Variety）、真实性（Veracity）和价值密度低（Value）等特点，它们对医疗健康领域的研究和实践具有重要的价值。通过深入分析和挖掘健康大数据，医疗工作者能够获得对疾病更深刻的理解，为疾病的预防、诊断和治疗提供有力的数据支持。

健康大数据的应用前景广阔，其数据来源多样，包括电子健康记录、基因组数据、医学影像、社交媒体和可穿戴设备等。这些数据的收集和分析，可以用于疾病的预测与预防、个性化医疗、临床决策支持、药物研发以及公共卫生管理等多个方面。例如，通过分析社交媒体上的讨论，可以预测流感等传染病的暴发趋势；利用基因组数据，可以为患者提供个性化的治疗方案；医学影像数据的分析，可以帮助医生进行更准确的诊断。

智慧医疗的发展依赖于一系列关键技术的支持。物联网技术通过将医疗设备和传感器连接到互联网，实现实时数据的收集和传输，为远程患者监护、疾病监测提供了可能。大数据技术能够处理和分析海量的健康数据，挖掘数据背后的模式和关联，为医疗决策提供支持。云计算提供了强大的计算能力和存储空间，使医疗机构能够高效地处理和存储健康大数据。人工智能技术，尤其是机器学习和深度学习，能够从复杂的健康数据中学习规律，辅助医疗诊断和治疗。

智慧医疗的发展同样面临着一系列挑战。数据隐私与安全是首要问题，如何保护患者的隐私、防止数据泄露，是智慧医疗发展中必须解决的问题。此外，不同医疗机构和设备产生的数据格式不一致，需要统一的标准来确保数据的互操作性。技术接受度也是一个不容忽视的问题，医生和患者对新技术的接受程度和适应能力将直接影响智慧医疗的推广和应用。然而，智慧医疗也带来了巨大的机遇，通过技术创新和政策支持，我们有望实现医疗服务的智能化、精准化和高效化，为人类健康事业作出更大的贡献。

智慧医疗与健康大数据的结合，为我们提供了一个全新的视角来看待医疗健康问题。通过技术创新和政策支持，我们有望实现医疗服务的智能化、精准化和高效化，为人类健康事业作出更大的贡献。同时，我们也需要面对数据隐私、技术标准等挑战，不断探索和完善智慧医疗的实践路径。智慧医疗的发展，将极大地改善人们的健康状况，提高生活质量，这是一项充满希望和挑战的事业。

二、健康大数据的研究案例

案例 10－1：健康大数据如何助力公共卫生检测

Prediction of Number of Cases of 2019 *Novel Coronavirus*（*COVID－19*）*Using Social Media Search Index* 发表于 *International Journal of Environmental Research and Public Health* 2020 年 3 月。文章主要研究了社交媒体搜索指数（Social Media Search Index，SMSI）与 2019 年新型冠状病毒（COVID－19）新增疑似或确诊病例数量之间的关系，并尝试通过 SMSI 预测 COVID－19 的传播情况。研究收集了 2019 年 12 月 31 日至 2020 年 2 月 9 日，关于干咳、发热、胸痛、冠状病毒和肺炎等关键词的百度搜索指数（Baidu Search Index，BSI），并与 2020 年 1 月 20 日至 2 月 9 日中国国家卫生健康委员会公布的 COVID－19 新增疑似病例数据进行对比分析。为了避免过拟合，研究采用了五种统计方法：子集选择、前向选择、Lasso 回归、岭回归（Ridge Regression）和弹性网络（Elastic Net）来估计系数。结果显示，新增疑似 COVID－19 病例数量与 SMSI 的滞后序列显著相关，SMSI 能够比新增疑似病例提前 6—9 天被检测到。经过验证，子集选择方法因其最低的估计误差和适量的预测变量数量，被选为预测新增疑似 COVID－19 病例数量的最优方法。此外，子集选择方法在验证后与新确认的 COVID－19 病例也显示出显著相关性。研究的结论是，SMSI 可以作为 COVID－19 感染数量的一个显著预测因子，并且是一个有效的早期预测工具。这可以帮助政府卫生部门定位潜在的和高风险的疫情暴发区域，从而更有效地制定和实施公共卫生政策，以控制疫情的传播。尽管研究存在一些局限性，如大数据方法的准确性问题、BSI 作为单一数据源的局限性，以及 COVID－19 早期症状与确诊患者的非确定性关系，但研究提供了一个有价值的工具，有助于早期发现和应对 COVID－19 疫情。

案例 10－2：健康大数据降低疾病检测成本

Predicting 90－*Day Mortality in Locoregionally Advanced Head and Neck Squamous Cell*

Carcinoma after Curative Surgery 发表于 *Cancers* 2018 年 10 月。文章的目的是提出一种风险分类方案，用于评估局部晚期（Stages Ⅲ和Ⅳ）头颈鳞状细胞癌（LA－HNSCC）患者在接受根治性手术（包括肿瘤切除和根治性颈淋巴结清扫）后 90 天内死亡风险。研究包括了 2006 年至 2015 年台湾癌症登记数据库中接受根治性手术的 55080 名 LA－HNSCC 患者。根据手术 90 天内死亡事件，将患者分为死亡组（n＝1287，死亡率＝2.34％）和生存组（n＝53793，生存率＝97.66％）。通过逐步多元 Cox 比例风险模型识别了死亡的显著风险因素。使用 Wu 共病评分（WCS）计算每个风险因素的相对风险，并通过不同风险层的死亡率评估 WCS 的准确性。结果显示，15 种共病显著增加了手术后死亡风险。患者被分为低风险（WCS 0—6；90 天死亡率 0—1.57％）、中等风险（7—11；2.71％—9.99％）、高风险（12—16；17.30％—20.00％）和非常高风险（17—18 和＞18；46.15％—50.00％）层。低、中、高和非常高风险患者的 90 天生存率分别为 98.97％、95.85％、81.20％和 53.13％（log－rank p＜0.0001）。手术后 5 年的总生存率分别为 70.86％、48.62％、22.99％和 18.75％（log－rank p＜0.0001）。文章的结论是，WCS 是一个准确的工具，用于评估 LA－HNSCC 患者在接受根治性手术相关的 90 天死亡风险和总体生存率。研究还提出了一种新的共病评分，以预测 LA－HNSCC 患者在接受根治性手术的 90 天死亡风险，因为现代放疗技术、化疗方案、诱导化疗和免疫疗法可能比根治性手术更适合高死亡风险的 LA－HNSCC 患者。

案例 10－3：健康大数据如何改进治疗方案

Meta－omics characteristics of intestinal microbiota associated to HBeAg seroconversion induced by oral antiviral therapy 发表于 *Scientific Reports* 2021 年。文章主要研究了口服抗病毒治疗诱导的乙型肝炎病毒 e 抗原（HBeAg）血清转换与肠道微生物组的关联，并描述了与 HBeAg 血清转换相关的肠道菌群的多组学特征。研究前瞻性地收集了即将接受口服抗病毒治疗的 HBeAg 阳性慢性乙型肝炎（CHB）患者的粪便样本，并进行了 16S rDNA 测序和代谢组学分析。研究发现，在接受口服抗病毒治疗的 156 周内，37 名受试者实现了 HBeAg 血清转换，而 41 名受试者即使在超过 156 周的治疗后仍保持 HBeAg 阳性。通过计算统计和机器学习方法，研究人员鉴定了与 HBeAg 血清转换相关的微生物特征，并使用随机森林方法构建了基于微生物特征的分类器，测试集下的曲线下面积（AUC）为 0.749。研究还发现，实现 HBeAg 血清转换的患者往往具有某些粪便代谢物（如必需氨基酸和几种二肽）的较低丰度。通过分析有和没有 HBeAg 血清转换的患者的粪便微生物组，研究表明肠道微生物组在口服抗病毒治疗诱导的 HBeAg 血清转换中发挥了关键作用。此外，研究还鉴定了与口服抗病

毒治疗后 HBeAg 血清转换相关的肠道微生物特征。文章的结论是，肠道微生物组在口服抗病毒治疗诱导的 HBeAg 血清转换中起着重要作用，并且研究人员已经鉴定出与 HBeAg 血清转换相关的肠道微生物特征。这些发现为开发预测 HBeAg 血清转换的新型预测模型提供了基础，并且可以作为未来研究 HBeAg 血清转换相关菌种的途径。

案例 10－4：健康大数据在公共卫生安全中的作用

Analysis of the COVID－19 Epidemic Transmission Network in Mainland China：K－Core Decomposition Study 发表于 *JMIR Public Health and Surveillance* 2020 年 11 月。文章的背景是 2019 年 12 月在中国湖北省武汉市暴发的 COVID－19 疫情，由于频繁的区域间接触和高感染率，迅速形成了一个疫情网络。研究的目的是识别 COVID－19 疫情网络中的影响节点，并突出其隐藏的结构特性，这对于疫情的预防和控制至关重要。研究方法包括构建了一个涵盖中国大陆 31 个省份的 COVID－19 疫情网络，并通过度分布揭示了一些基本特性。随后，使用 k 核分解方法来确定影响力节点和层次结构。研究结果表明，少数省份表现出相对较强的向外或向内传播疫情的效果。湖北省、北京市和广州市的出度最高，而北京市、河南省和辽宁省的入度最高。在疫情网络的层次结构方面，超过一半的省份位于最内层核心。通过考虑每个省份的特征和核心性的相关性，研究识别了一些显著的负面和正面因素。特别是，对于 COVID－19 疫情的动态传播过程，安徽省、北京市和广东省在第三周至第六周始终显示最高的核度；与此同时，湖北省在第五周之前保持最高的核心性，然后在第六周突然下降到最低。研究还发现，在 2020 年 1 月 27 日之前，最内层节点的出强度大于其入强度，这一点随后发生了逆转。文章的结论是，深入理解疫情网络的形成和功能可能有助于减少 COVID－19 在中国以及其他国家和地区的破坏性影响。研究提供了关于 COVID－19 疫情传播网络的结构分析，通过 k 核分解方法揭示了网络中的关键节点和层次结构，为疫情的预防和控制提供了新的见解。

案例 10－5：流行病学和健康大数据的交叉研究

《新冠肺炎疫情背景下有限医疗物资在民众和医院之间的优化配置研究》发表于《统计研究》2022 年 11 月。文章针对 2020 年新冠疫情初期医疗物资紧缺的情况，探讨了如何在民众和医院之间进行最优配置以有效控制疫情的传播。研究基于标准的 SIS 传染病动力学模型和有限资源约束，建立了一个经济—流行病学模型，旨在最小化感染人数。文章提出了一个优化问题，通过理论分析和数值计算，给出了在不同先决条件下的最优解。研究还通过模拟数据验证了解决方案的正确性，并分析了感染比例的长期趋势。文章指出，疫情蔓延程度、医疗资源禀赋和救治能力的差异将导致医疗物资分配政策发生很大变化。在疫情相对可控、中度可控和不可控的不同情况下，提出了相应的最优物资分配策略。此外，文章还讨论了如何通过增加医疗物资或医护人员的数量来改善疫情状况。研究结果表明，通过合理的物资分配，理论上可以控制疫情的传播。文章为卫生部门提供了一个医疗物资分配的理论模型，旨在帮助政策制定者在疫情初期制定有效的物资分配策略。同时，文章也指出了未来研究方向，包括模型的进一步细化、考虑经济效益、动态分析以及实证分析等。文章的贡献在于提供了一个理论框架，用于指导新冠疫情期间的医疗物资分配，同时也为未来可能出现的重大新发传染病的应对提供了理论依据。

课程任课老师点评

在这次讲座中，秦教授深入讨论了健康大数据与智慧医疗的融合与创新。讲座内容丰富，从智慧医疗的基本原理和发展趋势，到通过智能设备、物联网和大数据分析技术实现的个人和公共卫生数据的有效收集、存储和分析等方面进行了全面介绍。主要有以下四个要点。

一是详细介绍了该领域的技术和应用。讲座中对智慧医疗使用的技术如物联网、大数据和人工智能等的介绍十分详尽。同时，通过多个案例，如 COVID－19 病例的预测、头颈鳞状细胞癌患者的死亡风险评估，以及口服抗病毒治疗的乙型肝炎病毒 e 抗原（HBeAg）血清转换研究等，充分展示了这些技术在实际医疗领域中的应用价值。

二是讨论了数据隐私与安全问题。数据隐私和安全是智慧医疗领域发展中的关键问题。讲座中对这一议题的关注体现了对当前技术应用挑战的深刻理解，对学生理解数据保护的重要性提供了很好的视角。

三是对学科未来发展方向进行了展望。秦教授不仅带我们回顾了当前的应用，还展望了智慧医疗和健康大数据未来可能的发展方向，如人工智能在个性化医疗中的应用、远程医疗技术的进步等，这对激发学生的学习兴趣和未来研究方向具有积极作用。

四是跨学科的整合。讲座中体现了计量经济学与健康大数据分析之间的交叉，通过统计学、机器学习和数据挖掘技术的应用，为复杂的医疗数据问题提供了解决方案。这种跨学科的知识整合对于经济学和数据科学领域的学生均具有重要教育意义。

总之，这是一次内容丰富且深具启发性的讲座。讲座中不仅包含了丰富的理论知识，还有实际应用的案例分析，非常适合作为计量经济学课程中关于现代技术应用的一个实例。这样的讲座有助于学生们更好地理解和应用他们在课堂上学到的理论知识，同时也为他们未来的职业生涯提供了宝贵的知识储备。

学生听课体会

段同学：

作为一名博士研究生，我对于智慧医疗和健康大数据领域的技术应用尤为感兴趣。此次讲座中，通过详细介绍物联网、大数据和人工智能在智慧医疗中的应用，让我深刻体会到技术如何转变传统医疗服务。尤其是案例分析部分，如通过社交媒体数据预测疾病流行趋势，不仅展示了数据分析在公共健康管理中的实际效用，也为我未来的研究方向提供了新的视角。这种跨学科的技术应用让我意识到，作为数据科学研究者，我们有责任和机会利用技术为社会带来切实的改变和帮助。

刘同学：

在这次讲座中，对于数据隐私和安全的讨论引起了我的深思。我认为在追求技术进步和效率提升的同时，我们必须严格考虑到个人数据的保护和伦理问题。讲座中提到的各种技术如何在确保数据安全的前提下使用，为我们提供了宝贵的法规遵循和技术应用的案例。这让我认识到，科技发展的同时伴随着对个体隐私权的挑战，这将是我未来研究中需要重点关注的领域。

尚同学：

讲座中对智慧医疗未来发展的展望部分，特别是在公共健康管理方面的应用，给了我很大的启发。我对如何将这些先进技术转化为有效的公共政策尤感兴趣，特别是疫情预测和医疗资源优化配置的案例，展示了大数据和智能技术如何在应对公共卫生危机中发挥关键作用。这些内容让我意识到，将来在制定公共健康政策时，可以更多地利用数据驱动的方法来提高政策的科学性和实效性。

第十一讲　生产方式、经济循环与构建新发展格局 *

讲座嘉宾：

匡晓璐，清华大学马克思主义学院助理教授，经济学博士。研究方向为马克思主义政治经济学与中国经济、中国特色社会主义政治经济学。论文发表于《中国社会科学》《马克思主义研究》《经济研究》《管理世界》等期刊。

---

* 经济学院高级政治经济学课程讲座。课程名称：高级政治经济学；开课单位：经济学院；授课教师：何召鹏副院长、副教授；课程简介：高级政治经济学课程是经济学科建设与发展中的主要理论基础，通过该课程的教学，可以使学生学习和掌握马克思主义经济理论和中国特色社会主义经济理论的基本原理、基本观点、基本方法。通过系统学习，让学生在科学认识资本主义和社会主义经济内在运行规律的基础上，培养和提高其正确认识、科学分析当代经济社会发展重大理论和实践问题的能力。

改革开放以来，中国创造了长期快速稳定增长的奇迹。当前世界正处于百年未有之大变局，在新一轮科技革命和产业革命蓬勃兴起的同时，全球贫富分化加剧，新冠疫情大流行，世界市场随之萎缩，国际贸易和产业分工格局发生重大调整，全球产业链供应链面临重大冲击，不稳定性不确定性明显增加。在国际经济大循环动能的衰退中，处于结构性调整阶段的中国经济，生产体系内部循环不畅和供求脱节现象显现，“卡脖子”问题突出，结构转换复杂性上升，经济增速明显趋缓。面对国内外发展条件的深刻复杂变化，习近平总书记提出，须加快构建以国内大循环为主体、国内国际双循环相互促进的新发展格局。

经济学界的已有研究丰富了对新发展格局的认识，但仍存在三点不足。第一，从生产、分配、交换和消费的一般规律着手，忽视一般规律在我国不同发展阶段的具体形式和关系。第二，以问题为导向阐释当前经济循环堵点的研究有待深化，提出的解决方案，其总体联系有待系统化。第三，重视国内国际双循环，但弱化了国内大循环的主体地位。“问题就是事物的矛盾。哪里有没有解决的矛盾，哪里就有问题。”“我们讨论问题，应当从实际出发，不是从定义出发。”构建新发展格局要突出重点问题，抓住主要矛盾，以畅通国内大循环为主体，结合中国国情，借鉴西方发达国家的经验教训，充分发挥中国特色社会主义优势，合理规划发展路径。

本次讲座基于马克思主义经济循环的理论逻辑，结合生产方式的变迁，总结资本主义发达国家遭遇经济危机的历史过程，在经济循环的框架下探讨中国当前经济循环的堵点，以及畅通国内大循环和实现国内国际双循环相互促进的可能路径。本次讲座分以下几个方面阐述：（1）马克思主义经济循环理论与西方发达国家实践；（2）国际大循环主导的发展格局及其矛盾；（3）畅通国内大循环的可能路径；（4）进一步开拓国际大循环，实现国内国际双循环相互促进。最后是结论。

一、马克思主义经济循环理论与西方发达国家实践

经济循环是经济学的重要主题之一，从魁奈的《经济表》到古典政治经济学“生产、分配、交换和消费”的分析，再到新古典经济学的循环流向图，经济学界对经济循环的认识不断发展。马克思运用唯物史观和辩证法，以生产为核心，揭示了人类社会生产与再生产的一般规律，以及资本主义市场经济条件下的资本循环规律。一些国外学者在此基础上结合发达国家具体发展阶段，分析了资本循环的具体形式，丰富了马克思主义经济循环理论。

（一）人类社会生产与再生产的一般规律和资本循环理论

马克思从社会个人的物质生活出发指出，生产、分配、交换和消费构成人类社会社会再生产的有机整体。物质资料生产是人类生存和发展的基础，“生产既支配着与其他要素相对而言的生产自身，也支配着其他要素。过程总是从生产重新开始”。一定的生产决定一定的分配、交换和消费以及它们相互间的一定关系，分配、交换和消费也反作用于生产，“不同要素之间存在着相互作用。每一个有机整体都是这样”。

人类社会发展是自然的历史过程，“一切生产阶段所共有的、被思维当作一般规定而确定下来的规定”，“不可能理解任何一个现实的历史的生产阶段”。人类社会生产与再生产的一般规律，只能以特定社会形态的特殊形式存在和表现出来。马克思资本循环理论，阐明了资本主义市场经济条件下生产与再生产的特殊形式。单个产业资本为实现价值增殖和资本积累，经过消费周而复始地经历购买、生产、售卖阶段，资本职能形态在货币资本、生产资本、商品资本之间变换，发生货币资本循环、生产资本循环和商品资本循环。“资本的循环，只有不停顿地从一个阶段转入另一个阶段，才能正常进行”，三种循环在空间上并存、时间上继起，“不仅每一个特殊的循环都把其他的循环作为前提（包含在内），而且一种形式的循环的反复，已经包含着其他形式的循环的进行”。单个产业资本循环的总和构成社会总资本循环，“在这个运动中，每一个单个产业资本的运动，都只表现为一个部分运动，和其他部分运动交织在一起，并且受它们制约”。

在资本主义市场经济条件下，平衡是偶然的，单个资本循环会因各种原因停顿。售卖阶段最薄弱，面临“商品的惊险的跳跃”，“这个跳跃如果不成功，摔坏的不是商品，但一定是商品占有者”，“只要现在已经增殖的资本保留商品资本的形式，停滞在市场上，生产过程就会停止”，“在一个阶段上的任何停滞，不仅会使这个停滞的资本部分的总循环，而且会使整个单个资本的总循环发生或大或小的停滞”。对于社会总资本而言，“全部商品产品的消费是资本本身循环正常进行的条件”，社会总产品中生产资料和社会成员在各个生产部门的分配，以及消费资料与社会消费需求诸关系之间不能维持恰当的比例关系，将产生生产相对过剩的过度积累危机，表现为商品堆积、劳动力失业、生产资料和货币闲置以及利润率下降等。马克思的资本循环理论阐释了资本主义市场经济中生产、分配、交换和消费中潜在的对抗性关系，并在经济危机中周期性地展现。在不同国家、不同历史发展阶段上，资本循环又呈现出不同的具体形式。

（二）战后过度积累危机与资本三级循环

第二次世界大战后，随着战时工业品需求下降，美国出现了严重产能过剩，1949 年制造业产能利用率一度跌破 75%，失业率最高达到 7.0%，私人投资和制造业企业利润下降了 20% 以上，资本循环面临困难。“二战”后 20 年，美国通过空间扩展、技术创新和国家公共支出、发动局部对外侵略战争等方式，缓解产能过剩，经历了经济增长“黄金年代”。首先，空间扩展包括国内“郊区化”和国外“马歇尔计划”，分别将国内乡村和欧洲作为新地缘投资空间。前者改造了乡村“建成环境”，在满足住房需求的同时，创造大量家用汽车等耐用品需求；后者通过对欧洲的战后援助输出了过剩产能。其次，美国政府广泛支持技术研发，形成军工复合体，推动了半导体、电子计算机等重大民用技术创新。最后，国家福利支出快速增长，支撑国内大规模消费市场，与福特制生产能力相适应，形成了一定程度的大规模生产与大规模消费相互促进的良性循环。

大卫·哈维等学者根据发达资本主义国家缓解产能过剩的实践，提出资本三级循环理论。资本一级循环包括生产和流通在同一期内完成的普通商品，随着生产能力不断扩大，一级循环内部产生相对过度积累。过剩资本以国家和资本市场为中介，流向长期建设项目，构成资本二级循环，形成固定资本和消费基金，即生产和消费的“建成环境”。这些工程的固定资本投资，“在一年或一年以上的较长时间内不提供任何生产资料和生活资料，不提供任何有用效果，但会从全年总生产中取走劳动、生产资料和生活资料”，不仅提供巨大投资空间，还改善生产和再生产的物质条件，不断创造新产品新需求。过剩资本借助国家职能流向社会支出，构成资本三级循环，包括科学研究和与劳动力再生产相关的社会支出（教育、培训、福利和医疗等），促进社会生产不断革新，改善劳动力质量，提高生产效率。这些所谓“空间修复”的方法，只能提供暂时转移资本主义生产方式基本矛盾的场所，而且需要建设发达的金融体系来转移产业资本，造成了更大的危机隐患。

（三）20 世纪 70 年代福特制危机与生产技术方式变革

20 世纪 70 年代，随着标准化需求饱和以及国际市场竞争加剧，个性化多样化需求开始涌现，福特制标准化的大规模生产遭遇困难，阻碍了资本循环和资本积累，生产技术方式面临变革。经过长期的信息技术创新和劳动组织结构调整，20 世纪 90 年代，美国等发达国家借助模块化和信息技术，形成核心—外围的全球生产网络布局，以及两头高中间低的 U 形全球价值链。发达国家核心企业负责关键核心部件及专用设备的研发及制造，规定其他模块化部件生产的标准和参数，将生产过程中的劳动密集型环节，发包给新兴市场经济体，承担模块化部件的标准化生产和组装。跨越民族国家疆界，核心企业利用全球系统集成，实现持续的产品创新，并能够及时响应需求变化，高效率、低成本地生产满足全球消费者特定文化需求和生活状况需要的商品。核心企业分别利用对关键核心技术生产和品牌营销及经营渠道的垄断，协调和控制整个外包网络。无论是哪种形式的生产网络，核心企业都拥有绝对控制权，利用外围企业“逐底竞争”压低成本和转嫁风险，导致具有数量弹性的低技能外围劳动力的供给，面临低工资、超时劳动和不稳定就业。通过全球生产网络，资本循环被拆分成多个次级循环，在区域和全球范围内开展，形成了国际经济大循环。

一些学者从理论上总结了发达国家修复资本循环的经验，以福特制危机后生产组织形式演进为分析核心，强调在消费需求频繁变化的背景下，微电子技术发展使弹性多功能技术得以广泛应用，产品周期缩短，生产及与生产相关的活动被拆分重组，企业内部组织形式和企业间关系发生改变。派尔和赛伯认为，中小企业动态联盟逐渐在市场竞争中获得优势，生产组织向弹性专业化的中小企业网络演变，如“第三意大利”。而哈里森则认为，大企业仍然居于核心地位，通过精简内部业务和规模，致力持续的产品创新和品牌经营等，通过发包和承包，基于“没有集中化的集中”原则，形成核心—外围的生产网络，这是福特制危机后典型的生产组织形式。阿特金森着眼于福特制危机后劳动关系的变化，围绕着核心与外围、功能弹性与数量弹性等概念，强调为应对需求频繁变化带来的市场不稳定，企业采取弹性的工作和雇佣方式，实现弹性生产。高技能核心劳动力包括企业内部管理员、设计师和技术员等，获得高薪酬和稳定工作，利用特定技能和经验在生产中完成多种任务，为生产提供功能弹性，以实现产品多样化；低技能外围劳动力包括企业内部的低技能员工和外包机构的临时雇员等，因其薪酬低且就业不稳定，可以满足工作时间和职务要求的变动，为生产提供劳动力市场的数量弹性，以迅速应对市场波动并削减成本。

二、国际大循环主导的发展格局及其矛盾

作为社会主义初级阶段的市场经济国家，中国的经济循环不仅体现了社会化大生产的一般规律，也受马克思资本循环规律的支配。与我国经济发展阶段相适应，经济循环呈现出不同的具体形式。中国改革开放参与国际大循环实现了经济快速稳定增长，由于近年来国内外经济结构的深度调整，经济循环出现堵点，经济增长的

不确定性和风险上升。

（一）国际大循环主导的发展格局

20 世纪 80 年代，王建提出“国际大循环”战略构想，认为中国应当利用剩余劳动力，出口劳动密集型产品，赚取外汇支持发展国内基础工业，带动经济增长。2001 年加入 WTO 后，中国凭借低成本高素质的劳动力和完整高效的产业链优势，以大规模生产标准化模块部件的方式，融入全球生产网络，国际大循环主导的发展格局得以形成。以“两头在外，大进大出”为特点，我国外向型企业成为全球生产网络的外围部分，承接欧美日韩、中国台湾等地的发包订单，从澳大利亚、印度、俄罗斯和巴西等国进口能源资源，从中国台湾以及日本、韩国进口关键部件，外向企业为国内大量农民工创造就业机会，按照核心企业的标准生产、加工和组装模块化部件，产品冠以核心企业的品牌出口。

我国参与国际大循环，畅通了国内循环，形成出口—投资联动的发展模式。强劲的外需带动企业出口，推动农村剩余劳动力转移，加速了城镇化。政府主导的基础设施建设快速发展，人民收入水平提高，大规模标准化的消费市场形成，与承包生产标准化模块部件形成的大规模生产技术方式相匹配。同时，居民消费结构从“吃、穿、用”等基本消费，向“住、行”等提高生活质量的消费转变，催生了住房和家用汽车需求及其产业化。加工贸易业、房地产业、汽车行业以及基础设施建设的快速发展，通过产业关联效应带动上游产业产能扩张，推动整体经济增长，形成产品有市场、投资有回报、企业有利润、人民有收入、政府有税收的良性国民经济循环，改革开放以来的中国经济进入黄金增长期。2002—2011 年，我国 GDP 平均增长率达到 10.7%，平均 GDP 总量约为 80—90 年代的 8 倍。

（二）国民经济循环的堵点

国际大循环主导的发展格局，建立在企业以低劳动力成本为基础的大规模标准化生产上，经济快速发展有赖于“世界工厂”的数量和规模优势。随着 2008 年全球金融危机爆发，“大进大出”的外部条件发生变化，同时国内劳动力成本逐步上升，资源承载能力达到“瓶颈”，科学技术自主自控的重要性全面上升。我国出口份额于 2013 年超过美国成为世界第一，出口的数量型扩张达到极限，旧的发展模式难以维系。2012 年后，我国进入增速换挡、结构调整阵痛、前期政策消化三期叠加的新常态发展阶段，面临发展和安全的双重挑战。经济循环各阶段的矛盾开始凸显，形成国民经济循环的堵点，是发达国家在经济发展不同阶段遇到的诸多问题，在中国经济高速发展时空压缩过程中的叠加镜像，包括产能相对过剩、供给不适应需求、高技术与资源能源“卡脖子”三大重点问题。

第一，售卖阶段中的需求结构性变化，引致多方位的产能相对过剩。外需方面，全球金融危机使世界市场收缩，中国出口增速放缓，导致下游加工企业产能过剩，通过产业关联效应，传导至固定资本投入更大的上游企业，供应链产能过剩加剧。2016 年全国工业产能利用率为 73.3%，在供给侧结构性改革的推动下，2019 年提升至 76.6%，仍处于较低水平。内需方面，收入群体水平分层化，使贫富之间形成对标准化与个性化商品并存的动态需求结构。以城镇居民为代表的中等收入群体已超 4 亿人，个性化多样化消费渐成主流；以农村大多数居民为主的约 8 亿人平均月收入低于 2000 元，维持着标准化消费。大规模生产使电视等日常耐用消费品在城市全面饱和，但在微波炉、空调以及更高档的汽车、计算机、照相机等消费品上，农村拥有量远低于城镇。追求个性化多样化高质量商品的更多城镇居民，倾向于购买进口产品，造成消费外溢，2018 年中国进口消费品已达到 2 万亿元人民币。农村居民仍消费低成本的标准化产品，并且消费收入比在 2019 年达到 83.2%，表明在当前收入水平下，农村消费扩张和升级的空间十分有限。与此同时，我国流通体制仍存在地方保护、行业垄断和市场分割等问题，物流成本高，不利于国内统一大市场的形成。

第二，生产阶段采用的大规模生产技术方式，不能及时适应需求结构的变化，降低了实体经济盈利能力。首先，大规模生产技术方式使用的是单一功能的专用机器设备，只能低成本地生产标准化产品，无法迅速转换生产线满足个性化多样化的需求。其次，大规模生产技术方式用机械替代人力技能，导致劳动者技能退化，无法根据需求变化改善生产活动，工资的提高受到企业削减成本和国际“逐底竞争”的压力。最后，大规模生产技术方式的技术和产品创新频率低，不适应需求的频繁变化。不仅如此，由于全国产业布局缺乏“一盘棋”的统筹规划，以及市场导向下地方政府对短期利润的追求，造成各地区的重复建设，导致大规模生产技术方式在地区间趋同。2011—2019 年，我国实体经济盈利能力持续走低，规模以上工业企业营业收入增速下降，总资产收益率从 9.7% 下跌至 5.6% 左右，进一步抑制了实体经济投资。2012—2019 年制造业固定投资增速连续 7 年下降。货币或贮藏不参与经济循环，或直接离开生产领域，进入金融领域空转。这不仅加大了金融体系的风险，也加重了实体经济的融资困难，金融、房地产业与实体经济的发展失衡加剧。

第三，购买阶段面临关键核心技术与资源能源供给“卡脖子”问题，威胁产业链供应链安全稳定。作为全球生产网络的外围部分，我国企业从技术引进中通过自主开发获得的技术创新十分有限，受到发达国家研发技术垄断的严重压制。同时，我国科技创新体制机制不完善，科技创新存在部门分割、小而散等情况，不利于集中资源进行战略性关键核心技术开发。当前，我国高科技产品关键部件的国有化率很低，即便已自主开发的高新技术产品，仍需要进口关键部件，一旦断供将严重威胁我国供应链安全。半导体产业是被“卡脖子”的典型。2019 年，我国半导体进口量达到 2.24 万亿元人民币，在非资源型六大工业进口品中占比高达 63.9%。同时，大规模生产技术方式所使用的单一功能机器设备，对资源能源的需求巨大，但由于国内供给不足，我国资源能源高度依赖进口。2018 年，石油和天然气、金属矿的进口量和国产使用量之比已分别达 143% 和 82%，上游企业的生产极易受国际大宗商品市场价格震荡和资源能源出口国供给的影响。

（三）流行的解决方案及其不足

党中央根据国内外新的形势变化提出的加快构建新发展格局，关键在于国内经济循环的畅通。一些学者提出“提振国内消费”“改善收入分配”“减税降费”“发展新基建”等畅通经济循环的方案。从需求侧出发，“提振国内消费”和“改善收入分配”都试图通过刺激国内消费潜力，以庞大的国内市场拉动经济增长，但它们分别受到居民部门预算约束和企业盈利能力的限制。由于房价等生活成本提高，2020 年底居民部门贷款余额与可支配收入之比已达 140.2%，2012—2019 年，居民消费支出增长率从 11.9% 下降至 9.0%。在企业盈利能力短期未得到改善的条件下，劳动者收入提高带来的经营成本上升，将加重企业的成本负担，抑制企业投资意愿。从供给侧出发，“减税降费”和“发展新基建”试图利用“节流”和“开源”两个途径，促进企业投资。但税费只是企业综合成本的一部分，降税费带来的成本下降并不能直接提高企业利润，还会加重地方政府财政压力。与传统基建相比，新基建规模较小，且属于前沿科技领域，能否创造大量就业机会的前景并不明朗，甚至可能不同程度地替代已有的就业者。经济社会是一个动态循环系统，各个环节层层相扣，任何环节阻滞，上中下游都会受到影响，以上方案仅考察了对经济循环局部问题的解决，忽略了各个环节的总体联系，容易顾此失彼。

三、畅通国内大循环的可能路径

构建新发展格局是我国经济社会发展全局性的重大战略任务，需要从总体高度准确把握和积极推进。贯彻新发展理念，在短期内解决经济循环中突出的矛盾问题，贯通生产、分配、流通、消费各环节，在长期中实现社会主义现代化的远景目标，实现国民经济体系和供求关系的高水平总体动态均衡。立足我国的现实国情，借鉴发达资本主义国家遭遇经济循环中断的历史经验教训，畅通国内大循环可考虑采取以下路径。

一是以县域为中心大力推进乡村振兴，着力扩大内需。构建新发展格局的战略基点是扩大内需，以重启经济循环。扩大内需“不能只盯着城镇”，农村“欠账还很多，投资空间很大”，要以县域为切入点，协同推进以县城为重要载体的城镇化和以县域为中心的乡村振兴，利用城市发展的辐射效应带动乡村发展。实现乡村振兴总要求的关键突破点在于乡村生产生活条件的现代化，这是吸引劳动力和现代生产要素流入、重新整合资源，促进一二三产业融合发展，提高农村居民收入的物质保障。例如，地下管网是能够满足供水、排水、燃气、热力、通信、广播电视等各种生产生活需要的物质设施，在乡村发展空间巨大，不仅能够吸纳大量投资和就业，还将优化乡村生产生活生态空间，创造出有利于再生产的社会条件，形成初具规模的具有现代分工的县域经济。同时，地下管网建设将促进农村劳动力的非农就业，有助于更好更快地提高农村居民收入，并且随着生产生活环境改善带来的住房、教育和医疗成本相对下降，将为消费腾出空间。

二是推动企业生产组织形态和生产技术变革，提高供给体系适应需求的能力。构建新发展格局的战略方向是深化供给侧结构性改革，本质上是企业生产组织形态和生产技术的变革，以提高供给体系质量和水平，形成需求牵引供给、供给创造需求的更高水平动态平衡。

从生产组织形态来看，僵化的大规模生产方式不能适应需求的灵活性，要推动企业形态的根本性转变，围绕产品开发和生产，突出核心企业的创新能力，推动其他协作企业共同生产，借助信息技术和数字平台，按需匹配和调用各种生产资源，推进社会化协同生产，实现生产组织方式网络化、智能化转型。领头核心企业向数字化转型，要剥离非核心的生产制造单元，简化业务流程，专注产品开发设计、关键部件创新、品牌经营和系统集成等，加快创新速度。核心企业对外开放系统标准，争取掌握标准制定权，以便将各层次协作企业纳入生产网络。一部分协作企业专注某一子系统的研发和技术创新，着眼于专精特新；另一部分采用大规模生产方式保证大批量生产，并由物联网平台按需调度，协同生产，实现生产的专业化和高效率。核心企业利用数字技术和数字平台，集成从产品设计到原材料供应、生产、批发、销售等各项业务活动，及时响应需求的多样性、市场的多变性和技术更新的频繁性，满足标准化和个性化需求。

从生产技术来看，要以企业为创新主体，以关键核心部件为科技创新主攻方向，制定自主开发战略，建立关键部件开发平台，掌握关键核心部件的设计规则。同时，由于科技创新具有外部性和公共产品属性，要健全新型举国体制，强化国家战略科技力量，优化配置创新资源，发挥国家和企业的协同分工作用。在战略性和全局紧迫性领域，构建国家创新体系，以大型国有企业为主导，发挥政治和资源优势，促进创新参与者自有知识的聚集、整合与创造；在竞争性和局部紧迫性领域，政府引导为企业创新提供资源支持和保障，具备创新能力的行业领头企业联合高校、科研院所和行业上下游企业，共建企业创新网络，发挥大企业的支撑作用和小企业的创新作用。

三是围绕企业生产方式变革的要求发展现代化产业体系，打通经济循环堵点。构建新发展格局的基础是建立现代化产业体系，促进各产业有序链接、高效畅通。过去我国产业体系按照大规模生产方式的要求建立，技术含量和附加值较低。现代化产业体系必须围绕企业生产方式变革的要求，以国内生产网络为核心，打破企业间旧有的稳定分工和技术经济联系，建立新的更高水平的动态联系和平衡。

具体而言，国家和政府要大力支持培育一批具有生态主导力和核心竞争力的创新型领头核心企业，以及具有专业化优势的专精特新单项冠军企业，分别作为产业链链主和关键节点，攻关重要产品、关键核心技术和配套子系统研发创新。同时，利用数字技术和数字平台，推动传统大规模生产的制造业企业优化升级，建设智能制造示范工厂，完善智能制造标准体系。核心企业通过参股、外购、外包等方式发展企业之间既合作又竞争的协同关系，使企业之间在资源整合、技术创新等方面相互协同，又围绕中间品价格、质量性能和技术标准进行有效竞争，形成高效协同的现代化产业体系。

四是发挥市场在资源配置中的决定性作用，促进全体人民共同富裕。构建新发展格局要求建立与之相适应的高标准市场体系，发挥市场在资源配置中的决定性作用，使人口分布更加均衡、产业布局更加合理、收入分配更加优化、城乡和区域发展更加协调。建设高标准市场体系要求深化要素市场化改革和流通体制改革，打破制约生产资料、劳动力、资金等要素合理流动的堵点，提升流通效率。在高标准市场体系的保障下，乡村地下管网建设吸引资金、生产资料和劳动力的体制机制障碍大大降低，能够有效推动农民工回乡回土。随着制造业劳动力向乡村流动，核心城市劳动力成本上升，原来布局在此的劳动密集型大规模生产企业加速向非核心城市和县城转移，有助于优化产业布局，促进县域经济发展。而制造业环节向非核心地区疏解，为核心城市重点打造创新型领头核心企业，从而构建国内生产网络创造了条件。

处于生产网络不同层次的企业吸纳不同类型的就业者，布局在不同区域。领头核心企业与高校科研院所联合培养高技能创新型人才，不断攻克“卡脖子”关键核心技术；关键节点企业雇佣拥有特定子系统生产所需的技能、经验和功能灵活性的就业者，专攻相应子系统的研发设计。国家和政府引导领头核心企业和关键节点企业布局在国内各城市群的中心和副中心城市，利用人才、金融等资源优势形成创新中心，打造区域经济核心增长极。大规模生产企业吸纳农业部门转移劳动力等低技能灵活就业者，迁移到中西部和东北地区中小城市或有条件的县城，利用劳动力成本优势从事模块部件的大规模生产。同时，各城市群要找准定位，主动开拓战略性新兴产业，发展各具特色的产业集群，建立产业体系新支柱。地方政府要根据当地定位，建设供应链配套的工业园区、打通城市群内部的物流交通网络，积极为先进制造业发展或承接产业转移提供财政支持和融资渠道。随着国内生产网络的建立，更高水平的供给体系能够满足国内不断升级的消费需求，在保障国内就业的同时提高了企业利润，将大大改善居民收入分配，促进城乡和区域协调发展，形成更高水平的良性经济循环，切实推动全体人民共同富裕。

五是依托高水平的国内大循环转变参与国际循环的方式，向制度型开放转变。新发展格局是开放的国内国际双循环，依托强大的国内经济循环体系和稳固的基本盘，推动由商品和要素流动型开放向规则等制度型开放转变。以规则、规制、管理、标准开放为主的制度型开放是更高水平的对外开放，与构建国内生产网络的要求相匹配，有助于我国把握关键核心技术迭代期间的标准制定窗口期，制定高水平的国际标准体系，增强在国际大循环中的话语权。与此同时，以共商共建共享为原则，通过设立自贸区，参与 CPTPP、RCEP 和 DEPA 等高标准贸易协定，创造更好的竞争环境，发挥内需潜力，使国内市场和国际市场更好地联通，推动高水平资源能源合作和开放创新，实现更强劲、更可持续、更安全的发展，推动形成开放、多元、稳定的世界经济秩序。

课程任课老师点评

经济学院副院长、副教授　何召鹏：

匡晓璐老师从理论、历史和现实三个方面帮我们梳理了生产方式、经济循环和发展格局之间的关系。第一，从理论的角度，晓璐老师将生产方式和经济循环联系一起，并将资本和资本的关系、劳动与资本之间的关系以及人与自然的关系纳入一个分析框架当中，对于我们分析现实问题非常具有应用价值。第二，从历史的角度，晓璐老师梳理了从工厂手工业、机器大工业、福特制以及全球生产网络整个劳动过程的演进，对于我们分析世界经济和中国发展历程及其演进逻辑具有很大的帮助。第三，从中国现状的角度，晓璐老师以世界和中国经济的关系为分析切口，探讨中国当前经济问题产生原因以及接下来解决的方案思路，更好地帮助我们理解中国经济发展的新常态、供给侧结构性改革、共同富裕与收入分配和新质生产力等现实问题。

中国正处于经济发展的转型期，以往的刺激和增长模式相对过时和乏力。在经济增长动能中，我们强调基础设施建设，强调政府要为经济创造宽松的增长环境。晓璐老师的讲解值得我们去思考：除了传统的在城市进行基建，农村地区是否存在一个广阔的基建发展空间？从这个方面切入，中国当前依然有很大的投资空间。另外，值得同学们注意的是，基础设施建设并非盲目的扩张投入，只有能够提供良好建成环境的基础设施建设才能够通过时空修复去缓解资本过度积累的压力。晓璐老师的讲解也为我们带来发展新质生产力方面的启发，我们发展新质生产力，需要从新兴产业、关键零部件和创新研发等方面发力，让国家形成一个多元生产网络，从而在国内国外实现双循环。

再次感谢匡晓璐老师的分享！

学生听课体会

袁同学：

今天，来自清华大学马克思主义学院的匡晓璐老师给我们带来了一场非常精彩的政治经济学讲座，主题是“生产方式、经济循环和新发展格局”。讲座由浅入深，晓璐老师先就经典马克思政治经济学理论中的“生产方式”和“经济循环（资本循环）”理论进行阐述，在回归经典的同时，还引出了如新质生产力等相关概念扩充定义和论述，得出了如下观点：经济循环形成一系列经济关系，生产方式决定这些关系。接着，老师就人类生产方式（商品经济以来）的主要阶段进行讲述，包括工场手工业、机器大工业、福特制、全球生产网络四个阶段，人类的生产方式不断进行变革，以适应经济循环的需要。最后，老师就中国在世界经济体系中的定位和未来发展战略进行了阐述，结合改革开放以来的历史，我们更好地认识到了经济循环的深层逻辑，而这是依据于马克思主义经济学的分析范式展开的。

本次讲座，我收获满满，之后也认真地梳理了讲座的笔记。在感慨晓璐老师学识渊博的同时，也不禁感叹自己在学术道路上还有很长的旅程要走，在这期间，我要戒骄戒躁、博览群书、刻苦钻研，在学术研究上精益求精，力争在不久的将来可以独立完成自己的科研题目。

何同学：

匡晓璐老师从理论、历史、现实三个方面，为我们提供了一个理解世界资本主义经济发展以及当代中国现状的政治经济学思路。在理论方面，匡老师从生产方式以及经济循环两个角度进行了基本理论阐述，并分析了在资本主义生产方式下各个主体之间的关系，尤其是人与人之间的关系。在生产方式的不断变迁下，匡老师从历史角度，分析了工场手工业和机器大工业这两个具体生产方式中劳动过程的不同特点，得出在这两个具体生产方式下，资本家对于劳动过程的控制逐渐加强的结论。这部分论述也与何老师劳动过程一章中“从名义隶属到实际隶属”的逻辑相似，但又为我们提供了多样化的对于劳动异化加深的理解思路。之后，匡老师又从现实方面，分析了福特制中劳动过程的特点和当代中国现状。最后，在中国现状方面，匡老师又讲述了我国从参与全球生产网络获得发展，到这种参与方式出现困境的历程，并提供了对于当代困境的解决方法。在中国现状这一板块中，匡老师对于当前困境的解决方案这部分内容让我印象深刻。匡老师的观点是，当前外需萎靡，内需大规模标准化产品部分未被充分释放，个性化多样化需求部分外流。为解决这一问题，长期解决方案是进行技术创新以及组织创新。但由于创新具有长期性和不确定性，在当前迫在眉睫的经济下行压力下，可以进行时空修复，首先在农村进行高效率的基础设施建设。中国现状部分中，匡老师的讲述与何老师新发展格局专题（全球生产网络、供给侧）以及空间政治经济学专题（时空修复）内容有紧密联系。

匡老师的讲座与何老师之前的课程内容联系紧密，提到了很多相同的现实现象，但又在同一现象上给了我们不一样的理论解释。或者同一现象由同一理论解释，但在阐述方法或者阐述侧重点上又有所不同。并且，匡老师的讲座在劳动过程方面又有更深入细致的分析。另外，由于之前何老师曾经推荐《中国道路的政治经济学》这本书，我能感到这次讲座将这本书的框架用更通俗易懂、更有趣的方式串联了起来，解决了很多我之前读这本书时没有理解的疑问，为我们首次或再次阅读这本书提供了很好的引入和更好的理解思路。

第十二讲　不同干扰类型下关键基础设施系统关联效应*

讲座嘉宾：

汪飞，中共党员，博士毕业于清华大学，现任北京林业大学水土保持学院土木工程专业讲师，中国水土保持学会工程绿化专委会副秘书长。主要从事城市减灾防灾与关联基础设施系统韧性等方面的研究工作。主持和参与省部级以上项目多项，在国内外学术期刊发表论文近20篇，授权发明专利2项，软件著作权1项。

* 管理科学与工程学院工程与项目管理前沿课程讲座。课程名称：工程与项目管理前沿；开课单位：管理科学与工程学院；授课教师：茅权 助理教授；课程简介：讲授工程与项目管理学术研究前沿内容。

城市基础设施系统是城市生存和发展所必须具备的各类工程系统的总称，承载了城市运行所必需的“通（如交通、通信）”“供（如供水、供电）”及“防（如消防、排水）”等各种功能，是城市生存及可持续发展的重要物质基础。基础设施是城市的基本构成要素，将在灾害发生后首先遭受破坏而降低甚至丧失服务能力。城市极有可能因基础设施系统功能的丧失而陷入整体瘫痪，进而带来更加恶劣的灾害影响。例如，汶川地震中，地震造成震中地区周围的16条国道省道干线公路和含宝成线在内的6条铁路受损中断，电力、通信、供水等系统大面积瘫痪，影响人口达千万。在河南2021年“7.20”暴雨中，高强度降雨导致郑州473条10千伏配电线路停运，736台变压器受损、倒杆6028基，473个小区、77.5万居民用电受到影响。灾害对基础设施的破坏不仅给城市居民生活及生命健康带来了严重影响，也给后续救援带来了巨大困难。

城市基础设施系统韧性是指基础设施系统应对外部扰动冲击并迅速恢复到正常状态的能力，体现了基础设施对外部扰动的抵抗、适应及恢复的潜力。基础设施系统是城市的重要组成部分，在城市运行中发挥了关键作用，其灾害应对能力不仅仅是城市灾害应对能力的重要组成部分，更在一定程度上体现了城市的整体灾害应对能力。正因为如此，基础设施系统韧性研究一直是城市韧性评估、诊断及提升中的重要内容。在城市快速发展且城市灾害频发的当下，研究基础设施系统韧性具有重要意义：一方面，基础设施系统韧性是城市灾害应对能力的重要体现，基础设施系统的韧性水平是诊断城市灾害应对能力的重要依据；另一方面，基础设施韧性更是提升城市灾害应对能力的重要抓手，在保障城市居民生命财产安全方面发挥了重要作用。

本研究在基于HLA系列标准的基础上，集成多个基础设施系统的领域模型和灾害领域模型，建立了考虑灾害动态影响的关联基础设施系统模拟架构。该架构由一个灾害场景模块、多个基础设施系统模块和中间件RTI组成。模块是一组相关联的模型或模拟工具（也称作联邦成员），用于模拟特定的基础设施、主体或因素。下面将详细解释架构中的每个模块。灾害场景模块包括用于模拟特定类型灾害并对系统进行各种灾害影响分析的联邦成员（模型）。灾害影响分析包括构件的故障概率计算、构件结构损坏分析等。本模块中联邦成员需要、处理或交换的数据及信息可能包括灾害事件信息（如主要灾害位置、震级和传播参数等）、基础设施系统信息（如构件位置和脆弱性曲线等）以及其他相关的环境或历史数据（如地质数据、人员流动数据等）。在考虑灾害的动态性时，后续灾害模拟时模型输入还应该包括基础设施系统构件当前时刻的破坏状态。灾害场景模块的输出包括系统所在位置的灾害烈度、构件处于不同破坏级别的概率等。

基础设施系统模块由负责模拟和分析单个基础设施的功能、操作及行为的联邦成员（模型）组成。该模块中联邦成员需要、处理或交换的数据及信息包括基础设施信息（如构件的位置、功能参数、主体/构件之间的关系等）和定义仿真场景下的操作参数（如模拟事件的持续时间和顺序等）。基础设施系统模块的输出可以包括系统性能值、构件的功能状态（发挥功能或失效）、构件的破坏状态（例如轻微、中度、广泛、完全）及构件特定属性的实时变化等。

基于上文构建的模型可知，各联邦模块之间在一定的时间步长处进行信息的循环传递。时间步长是模型变量两次连续更新之间预定义的时间间隔。级联失效过程可以在该信息传递的过程中逐步得到模拟。图 12－1 说明了本研究提出的级联失效过程模拟流程，重点体现了主要模拟步骤和信息交换。表 12－1 进一步描述了模拟过程中交换的信息。

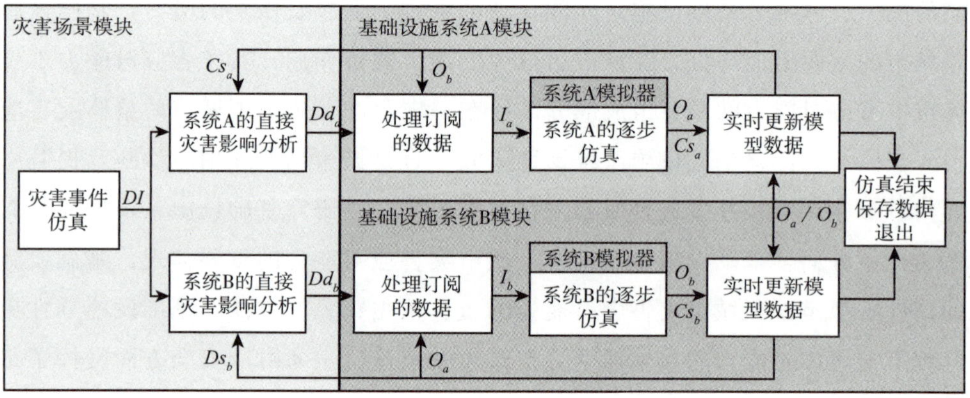

图 12－1　级联失效过程模拟流程

表 12－1　级联失效过程模拟中交换的信息

信息	描述
DI	模拟区域内基础设施系统各构件所在位置的灾害烈度
Dd_a / Dd_b	灾害直接引起的系统破坏
I_a / I_b	每个时间步的基础设施系统模型的输入
O_a / O_b	在每个时间步发布给关联基础设施系统的最新对象属性集
Cs_a / Cs_b	系统构件的最新功能状态和破坏状态

级联失效过程模拟的起点是对灾害场景的模拟。根据所模拟的灾害类型及建模者定义的场景信息，灾害模拟器可以为研究区域提供关于灾害的静态或动态信息。例如，洪水模拟器可以提供整个模拟周期内不同位置的水深，而地震模拟器可以提

供主震和余震条件下研究区域内不同位置的 PGA 等。在灾害模拟的基础上，灾害信息将被发布给服务于基础设施灾害直接影响分析的联邦成员，用于分析每个基础设施系统由于灾害的直接作用而遭受的破坏。每个直接影响分析的联邦成员包含完成分析所必需的基本信息，如构件的位置、类型、当前状态和结构参数等。每个基础设施系统的直接影响分析结果 Dd（例如部件的故障概率、结构损坏等）随后发布到各自的基础设施系统模块。每个基础设施系统模块的 DPU 订阅直接灾害影响结果，并执行数据处理以生成预选定的联邦成员可接受的模型输入。例如，如果直接影响分析结果是以构件破坏概率的形式出现，则 DPU 可以随机生成构件状态（完好或者破坏）作为模型输入。若不考虑恢复措施，则灾害事件模拟完成后构件的破坏状态保持固定。同时，从其他基础设施系统模块订阅的数据（来自相互依赖构件的属性）将按照上述过程作为基础设施系统模型输入的一部分进行处理。基于每个模拟时间步的模型输入，基础设施模块的联邦成员模拟系统的功能、操作和演化行为，在每个时间步长结束时更新模型的状态。新的模型状态被发布到联邦的其余模块，用作下一个模拟时间步的模型输入。更新的部分对象属性发布到关联的基础设施系统模块，而将更新的系统全部构件破坏状态发布到灾害直接影响分析模拟器，用于后续灾害模拟中直接影响分析。上述的模拟循环自动重复，直到到达建模者定义的仿真终止时间。

为了验证本研究提出的方法有效性，本研究以美国田纳西州谢尔比县相互关联的供水和供电系统为例展开案例研究，验证了该方法的有效性。谢尔比县位于密西西比河东岸，是田纳西州人口最多、面积最大的县。根据美国 2015 年人口普查结果显示，谢尔比县共有人口 937598 人。谢尔比县的水和电力供应系统大部分由 MLGW（Memphis Light，Gas and Water）提供，同时也存在部分用户采取自供水及自发电等方式满足日常需求。本研究主要关注属于 MLGW 的供水系统及供电系统。

本研究所提出的级联失效建模方法及关联效应评估方法可用于所有类型的灾害，如地震、洪水和飓风等。本研究选择地震灾害构建仿真场景，因为现有大量文献已经对谢尔比县的地震灾害进行了研究，这些研究可以为本研究提供大量有用的基础数据（如震中、震级等）。同时，为了考虑灾害的动态影响，本研究主震的基础上模拟了由主震引发的余震。主震设定发生在第 5 分钟，地震震中位于东经 -90.3 度，北纬 35.5 度。为了清晰地观察到跨系统的失效过程，本研究的地震量级设定为 M=5。未假设过大的地震等级是因为如果地震等级过大，两个系统会在主震发生时完全瘫痪，不利于级联失效过程的观察及验证。地震的衰减模型利用的是文献提出的方法。余震被设定发生在 35 分钟，余震的震中和主震保持一致。余震震级大小根据文献提出的简化关系确定为4.52。其他参数与主震保持不变。地震灾害的模拟时间为1个小时，地震发生前关联系统正常运行了5分钟，因此整个仿真时间为65分钟。由于仿真的时间较短，本研究并未考虑配水节点需求的变化及供电系统末端荷载的变化。

本研究开发的联邦模型由三个模块组成，即供水系统模块、供电系统模块和地震灾害模块。供水系统采用EPANET V2.2软件进行建模。EPANET是一个广泛使用的供水系统模拟软件，由美国环境保护署在20世纪90年代开发，可用于分析供水系统中的多种场景。供电系统采用OpenDSS V9.0软件进行建模。OpenDSS是美国电科院开发的一个综合的供电系统模拟工具，自1997年以来一直用于支持各种配电系统研究和咨询项目。此外，本研究利用IN_CORE（Interdependent Networked Community Resilience Modeling Environment）平台对基础设施系统的地震灾害和地震影响分析展开建模。IN_CORE是由美国国家标准和技术研究所（National Institute of Standards and Technology，NIST）自主开发的一种支持社区韧性评估的模拟平台。IN_CORE可以使用指定的震中、震级、衰减关系、深度和地质信息来模拟区域内每个位置的地震烈度，然后根据地震烈度和构件的属性计算出各构件处于五种破坏状态（无、轻微、中度、广泛、完全）的概率。

首先，关联基础设施系统对三种不同类型破坏的应对过程有三个显著的共同点。第一，关联性导致了供水和供电系统的性能损失增加。这与现有文献结论吻合，即不论何种破坏模式，一个系统的运行对其他系统的依赖性将会导致该系统需要面对额外的脆弱性。该发现进一步强调了在基础设施系统风险评估与韧性管理中将相互关联的基础设施系统当作一个整体来处理的重要性。第二，在破坏阶段，供水系统一般情况下比供电系统更加鲁棒，并且在系统完全瘫痪前可以承受更多的破坏。上述结果可能是由于两方面的原因引起的。一方面，供水系统中存在较多的蓄水箱（大型储水罐），当一些泵站因为灾害直接影响或者供电系统停电而无法工作时，这些蓄水设施起到了很好的缓冲作用，在一定的时间内还能为附近的区域供水；另一方面，供水系统的流量重新分配比较缓慢，因此，水系统内破坏影响的传播及整体性能的降低会缓慢一些；与此相反，电力系统的故障传播几乎是瞬间完成，传播效率非常高。这些发现表明，不同系统的IE存在较大的差异，很大程度上取决于自身的特点。因此，在面对不同的系统时，需要采取有针对性的措施来解决由于系统间关联性所带来的脆弱性。第三，在三种破坏模式中，均能观察到供水系统性能的震荡模式。这种模式在第一次破坏后出现，直到供电系统完全瘫痪后停止。这表明即使面对冗余性较高的系统，如果其依赖的系统更容易遭受破坏，那么该系统也有可能因为接受到依赖系统的服务不合格而导致一些无法预料的操作和控制问题，这更加强调了在基础设施系统灾害管理中需要用系统的思维来处理单个系统问题的重要性。

同时，当面对不同的破坏模式时，基础设施系统的响应也存在两个主要差异。第一，两个系统在随机破坏下系统的性能损失比较缓慢，这是由于随机破坏这种模式的特点决定的。在基于流量的破坏中，能够观察到系统的性能损失最迅速，系统性能在第一次破坏后便急剧下降，并且与其他的破坏模式相比，系统完全崩溃的时间更早。第二，在供电系统中，IE 最大的峰值和平均值出现在基于拓扑的蓄意破坏中；在供水系统中，IE 最大的峰值和平均值出现在基于流量的蓄意破坏中；而 IE 的最小值出现在两个系统的随机破坏下。这些发现表明，IE 与单个基础设施系统面对的风险程度有直接而密切的联系。因此，要控制 IE，首先要准确识别单个基础设施系统的风险，然后选择最合适的措施处理每个系统。

此外，研究结果表明，在评估破坏对电力和水系统的影响时，系统性能指标的选择对结论有显著影响。具体来说，与功能指标相比，GC 和连通性指标会低估电力系统的性能损失，而高估水系统的性能损失。造成这种差异的原因主要有两个。一方面，对于电力系统而言，其性能在很大程度上依赖于发电机的运行，而发电机只是系统构件的一小部分。即使系统大多数构件仍在运行并且系统的拓扑结构仅受到轻微影响，发电机的故障也会立即导致整体系统性能的整体下降。另一方面，对于供水系统，当泵发生故障时，水箱提供了额外的流量，因此即使系统分解成多个系统，系统仍然可以保留其子网功能。上述发现强调了使用功能指标来衡量破坏影响的重要性，它可以准确评估不同系统利益相关者最关心的系统性能水平和功能。这有助于避免高估破坏的影响或低估系统的灾害应对能力。

最后，仿真结果有助于验证所提出关联效应评估方法的有效性。具体来说，结果表明总体而言在基于流量的蓄意破坏下，系统的性能损失最大且下降的最快，特别是对于 8 台发电机都受到破坏的电力系统。这表明选定的流量指标有效地识别了每个基础设施系统中最关键的设备。此外，IE 的整体变化趋势与现有研究呈现的结果相似，该研究采用基于网络流的模型和基于拓扑的性能指标评估了关联效应。

课程任课老师点评

汪老师题为“不同干扰类型下关键基础设施系统关联效应”的学术讲座，其多维度、有逻辑性的思路和阐述让人印象深刻。汪老师在引入研究问题和阐述研究背景时，清晰地呈现了问题的多面性，以及背后的逻辑关系。这种系统性的思维方式帮助学生更好地理解了研究的复杂性，同时也为后续的分析奠定了坚实的基础。让人印象深刻的是汪老师对于不同基础设施类型的讨论。他指出了不同基础设施具有独有的特征，这将直接影响到研究思路和方法的选择。这一点可以引发学生对研究对象确定的思考。在进行类似研究时，必须认真考虑研究对象的特征，以便选择合适的方法和工具进行分析。这点尤其重要，因为不同类型的基础设施可能在面对相同类型的冲击时产生截然不同的反应，而这些反应将直接影响到整个系统的稳定性和韧性。总体而言，本次学术讲座让学生们深刻认识到了基础设施系统的复杂性以及其与社会稳定之间的密切关系。在未来的研究和实践中，还将继续深入探讨不同基础设施类型之间的关联性，不断完善分析方法，以应对可能出现的各种挑战，确保社会的可持续发展和稳定运行。此外，本次讲座也让学生们对系统工程理论与系统仿真研究方法有了进一步的认识，可以为他们后续开展自身研究提供理论与方法上的借鉴。

学生听课体会

彭同学：

听完汪老师关于基础设施跨系统关联性影响效应分析的学术分享后，我对于多系统之间关联性的思想有了更深入的理解。在现代社会中，基础设施系统之间的关联性愈发显著。一个系统的崩溃可能会引发连锁反应，影响到其他系统的正常运行。因此，深入理解系统之间的关联性，识别跨系统失效路径，对于提高社会整体韧性和抵御各种冲击至关重要。这种关联性思想不仅适用于基础设施领域，在其他领域，如金融、环境等，也同样具有重要意义。关联思想对我自己的研究也具有重要启示。通过学习这次讲座，我意识到在研究过程中，不仅要关注单个系统内部的运行情况，还需要考虑到不同系统之间的相互作用。这需要我不断拓展研究视野，采用更加综合的方法来分析问题，以更好地把握系统整体的行为特征。

尹同学：

在老师深入浅出的讲座分享后，我对基础设施系统韧性需关注的重点、模型拟合方法、重要结论有了较为深入的理解，具体如下。在考察基础设施韧性时，需重点关注关联性、异质性、灾害多样性。关联性对基础设施跨系统复杂的交互行为分析提出了更高的要求，同时，不同基础系统具有异质性——各系统间存在显著差异，在功能分析中需有不同针对性。不同类型的灾害对基础设施的影响有所不同。在目前模拟基础设施关联性的技术中，联合仿真模型具有较好的效度，其能够良好度量系统间异质性。在老师分析的文章的结论方面，基础设施的关联性对灾害发生后产生的影响具有放大效应。在间隔时间更短的灾害打击下，度量的关联性指标不变或变化不大，这可用石子投入水中引起涟漪来类比。

第十三讲　自然灾害下基础设施受损所致间接经济影响的评估及应对措施研究*

讲座嘉宾：

尉方，太原理工大学经济管理学院副教授。中央财经大学管理科学与工程学院2017届本科毕业生，后推免至清华大学建设管理系攻读博士学位，于2022年11月加入太原理工大学经济管理学院。研究领域为灾害间接经济影响评估与韧性措施研究，现主持山西省基础研究计划青年项目1项，先后参与国家自然科学基金面上项目、北京市自然科学基金面上项目、山西省政府重大决策咨询课题等项目研究，发表学术论文6篇。

---

* 管理科学与工程学院工程与项目管理研究方法论课程讲座。课程名称：工程与项目管理研究方法论；开课单位：管理科学与工程学院；授课教师：茅权 助理教授；课程简介：讲授工程与项目管理研究范式与研究方法。

交通运输基础设施系统应对外部扰动的抵抗、适应以及修复能力，是现代城市（群）应对各类重大自然灾害、安全事故等突发事件能力的重要体现。及时恢复交通、保障交通运输通畅是抢险救灾工作的重中之重。在我国2008年汶川地震、2008年南方冰雪灾害、2010年玉树地震等突发事件中，救援人员第一时间抢通救灾“生命线”，为抢救生命赢得了宝贵时间，有效阻止了进一步的人员伤亡和财产损失。此外，交通运输为灾后的住房重建、其他公共基础设施重建以及产业重建提供了物资运输的载体，是灾后恢复重建的基础工程。因此，关注交通运输基础设施在各类灾害、安全事故等突发事件下的功能水平的变化，理解交通运输基础设施受损所致的经济影响，对于有效应对突发事件、挽救人民生命财产安全、提升城市（群）综合治理能力、维护社会和谐稳定发展而言起着至关重要的作用。

交通运输基础设施受损所产生的经济影响会在行业间进一步扩散。不同生产行业之间存在复杂的供给和需求关系，作为商品和服务的重要运输载体，交通运输基础设施受损产生的影响会随着产业间的经济活动进一步扩散，形成涟漪效应（ripple effects）。同时，交通成本变化还可能导致区域人口流出（或流入）以及居民消费水平变化，对区域经济形成深远影响。交通运输基础设施受损所产生的经济影响会在地理空间上进一步扩散。作为原材料、商品等货物运输以及人员出行的载体，交通运输基础设施的运营与所在区域经济社会的发展之间存在明显的互馈效应。交通运输基础设施受损会对区域经济产生明显的负面影响，这种影响并非局限于交通运输基础设施初始破坏所直接影响的地区，而是会随着地区间的经济活动，扩散到邻近地区甚至更远的范围。因此，关注交通运输基础设施受损对经济系统的全面影响，针对交通运输基础设施受损所致的间接经济影响开展系统评估，对于降低交通运输基础设施受损对区域经济的影响、提高区域经济系统抵抗外部冲击的能力而言具有重要意义。

交通运输基础设施受各类自然、人为因素导致的灾害以及建筑施工活动等事件的影响，可能产生物理破坏（如桥梁、隧道受损）、商业活动中断（如交通服务关闭），以及交通扰动（包括货物运输扰动和人员出行扰动）等。这些初始影响会随着地区和产业间的经济活动进一步扩散，形成更广泛的间接经济影响。对于交通运输基础设施的物理破坏所致的经济成本，可以基于维修成本、废弃物处理成本以及交通工具的损坏成本等成本进行计算；对于交通运输基础设施受损所致的相关部门商业活动中断损失，可以通过问卷调研等方式，从供给侧或需求侧对交通运输基础设施受损导致经济损失进行估计；对于交通扰动造成的损失，可以基于单位通行时间成本及单位通行距离成本等指标对交通扰动造成的变化进行估计。

对于交通运输基础设施受损所致的间接经济影响的模拟，IO 模型中常见的冲击引入方式有以下几类：

（1）其他生产部门或机构对交通运输产品（或服务）需求的变化。在运用 IO 模型对各类灾害及突发事件所致的间接经济影响评估的过程中，研究人员通常将基础设施受损等直接经济损失统一视为固定资产损失，假设灾害等事件会导致居民、政府或其他生产部门对交通运输等需求的变化，通过调整需求水平，模拟其所产生的间接经济影响；此外，也有学者基于供给侧 IO 模型对交通运输成本变化造成的间接经济影响进行评估。

（2）进出口商品减少造成的相关产业供给和需求变化。在对港口关闭等特定情景进行分析时，学者们基于历史数据，计算港口关闭导致的进出口商品滞留数量，分别通过供给和需求的减少模拟港口关闭导致的间接经济影响。

（3）地区间贸易系数的变化。在 MRIO 模型中，研究人员通过改变地区间贸易系数模拟地区间交通运输服务中断所致的广泛间接经济影响。

（4）交通运输部门的故障程度的变化。在 IIM 模型中，研究人员通过交通运输部门的故障程度表示交通运输部门所受到的直接影响，随后，运用 IIM 模型模拟交通运输基础设施受损所致的间接经济影响。

对于交通运输基础设施受损所致的间接经济影响的模拟，CGE 模型中常见的冲击引入方式有以下几类：

（1）其他生产部门或机构对交通运输产品（或服务）需求的变化。

（2）生产要素总量的变化。学者通过调整交通运输部门拥有的资本投入的总量，模拟交通运输基础设施受到的物理破坏及其产生的间接经济影响。

（3）全要素生产力的变化。经济学家用全要素生产力（Total Factor Productivity，TFP）衡量劳动力、资本、用地等生产要素的投入与部门总产出水平之间关系。换句话说，TFP 反映的是资源使用效率，即生产要素的总生产力水平。因此，可以通过调整 TFP，模拟基础设施投资、交通通达性变化等对生产活动的影响。

（4）居民资源禀赋的变化。CGE 模型针对居民经济活动提供了生动的刻画。居民通过分配使用其资源禀赋（如劳动力、资本、土地等资源）获取收入，满足其消费需求，并实现效用最大化。因此，CGE 模型可以通过调整居民的资源禀赋水平，模拟外部冲击造成的影响。

（5）进出口商品减少造成的供给和需求变化。与传统的 IO 模型引入外部冲击的方式相似，CGE 模型也可以基于进、出口在商品减少分析港口关闭造成的产业关联损失。

(6) 交通运输成本的变化（直接影响商品或服务的价格）。个别精细的 CGE 模型，如由澳大利亚维多利亚大学政策研究中心提出的 TERM 模型，基于高维度的矩阵针对不同地区及行业间的商品贸易进行了刻画，并把生产产品划分为销售产品和贸易消耗的产品，后者的价值构成了商品价格中的“贸易差额”，与该商品（或服务）的出厂价格、税费等共同构成了商品（或服务）的最终价格。在 TERM 模型中，交通运输服务被视作为其他商品（或服务）从生产到销售过程中所消耗的“贸易差额”的一部分。因此，在这类模型中，学者们可以通过调整这部分“额外的”交通运输成本，模拟交通扰动造成的间接经济影响。

考虑到交通运输基础设施自身的脆弱性及复杂性，在地震、洪涝、飓风、恐怖袭击等各种自然及人为因素造成的灾害条件下，交通运输基础设施可能会受到严重的物理破坏，其功能水平也会产生明显的影响，因此，针对交通运输基础设施受损所致间接经济影响的评估，有必要结合灾害破坏分析的仿真结果。一些现有的评估工具，如 HAZUS，能够对可能导致交通运输基础设施受损的多种灾害进行全面的仿真。总体而言，系统、准确的间接经济影响评估需要结合灾害破坏仿真结果，对交通运输基础设施的物理破坏及潜在的商业活动中断所致的初始经济影响进行量化。除此之外，基于交通网络模型的交通扰动仿真结果对于开展系统、准确的交通运输基础设施受损所致间接经济影响评估而言不可或缺。本研究整合交通网络模型生成的交通扰动的数据，分别根据货物运输和人员出行的通行时间变化及通行距离变化针对交通扰动所引起的交通成本变化进行计算。在这过程中，在交通出行数据精细程度允许的条件下，也可以按照出行目的和出行方式对上述交通扰动数据进行进一步的细分，如考虑将人员出行划分为工作出行和非工作出行。在此基础上，采用经济学模型对交通运输基础设施受损所致的间接经济影响进行系统的评估。

本研究在前序地震破坏仿真及人员出行扰动研究结果的基础上，通过刻画人员出行扰动所引起的通勤成本的变化，采用供给侧和需求侧的 IO 模型，对地震条件下交通运输基础设施受损所致的区域、产业的总产出损失进行计算。此外，考虑到交通运输基础设施的脆弱性，本研究所提出的间接经济影响评估方法也可以推广到洪涝、飓风等其他灾害条件下的交通扰动间接经济影响评估。当某一个或多个关键交通设施（如桥梁、隧道等）受损后，交通运输系统功能水平下降，居民所需的通勤成本产生变化。例如，由于交通拥堵，部分居民不得不承受额外的通勤时间，或者，采取绕路等方式尽量降低交通运输基础设施受损对其造成的影响，进而导致居民对燃油及其他车辆维护服务（或产品）的支出水平产生变化。与此同时，居民通勤成本的变化会在经济系统内造成涟漪效应，形成广泛的间接经济影响。本研究考虑交通扰动引起的通勤成本变化，并基于不同地区、产业间平均通勤成本的变化，运用供给驱动和需求驱动的IO模型，对通勤扰动造成的间接经济影响进行评估。本研究仅考虑道路交通运输基础设施受损及其对道路交通运输产生的直接影响，不考虑道路交通运输与其他交通运输方式间可能存在的替代效应。

为了验证评估框架的可行性，本研究以美国南加州大洛杉矶地区道路交通运输基础设施受损为例，开展案例研究。研究所采用的通勤扰动数据（包含灾害前、后的平均通行时间及平均通行距离）是由精细化的道路交通网络模型仿真生成的。该模型是由美国南加州大学研究团队基于真实的路网信息构建的精细化仿真模型。该模型基于美国加州大学洛杉矶分校针对某7.3M地震对整个大洛杉矶地区的桥梁设施破坏的仿真结果，采用了美国人口普查局的居民交通出行数据，分别模拟了地震发生前（即第0天）及地震发生后的第1天、第7天、第30天、第90天的桥梁及道路交通的恢复状况，研究基本涵盖了关键交通运输设施的恢复周期。模型假设道路交通网络的运输功能在第360天完全恢复到灾前水平。研究基准年份为2017年。研究采用的IO模型数据主要来源于IMPLAN。IMPLAN公司提供了美国51个州（行政区）的各个郡县的投入产出数据，涵盖了536个细分行业及9种收入水平的消费群体。然而，为了与通勤扰动数据中的行业信息保持一致，本文按照居民交通出行数据中的就业信息，将IMPLAN提供的区域投入产出表中所有生产部门进一步整合成了7个部门。

研究结果显示，地震情景下道路交通运输基础设施受损所致的通勤扰动导致居民通勤成本明显上升，进而产生约9348万美元的间接经济损失，其中，部门4（金融、保险、房地产、科学研究、技术服务、公共设施管理及其他服务业）受到的间接经济影响最为显著。除此之外，部门3（交通运输、仓储及邮政、批发零售业）、部门4及部门5（教育、卫生、社会保障和社会福利业）的通勤成本上升最为明显，这可能与这些行业的就业人数相关。根据加利福尼亚州就业发展部门的统计数据显示，部门3、部门4及部门5的雇佣人数占该地区总就业人数的比例分别为18.89%、18.79%、17.88%。

此外，本研究运用CGE模型，针对道路交通运输基础设施受损所致的间接经济影响，提出了一个跨学科信息整合的综合评估框架。该框架综合考虑了交通运输基础设施受损可能导致的一系列初始影响，包括物理破坏（如建筑物及内容物损失）、商业活动中断（如公共交通部门停业维护）以及交通扰动（包括人员出行扰动及货物运输扰动）。本节研究灵活地采用了多种外部冲击引入方式，将上述交通运输基础设施受损对经济系统的冲击引入CGE模型中，并对交通运输基础设施受损所致的间接经济影响进行综合分析。除此之外，本节研究识别了系统的交通运输基础设施受损所致间接经济影响评估所需的关键数据，包括灾害破坏信息（如灾害影响范围、持续周期、所致的物理破坏程度等）、交通网络仿真结果（如车辆平均通行时间及平均通行距离等）、单位通行距离价值指标（含车辆维修、维护成本等）、单位通行时间价值指标（如 VOT、VTTS）、劳动力成本指标（含工资及相关福利报酬）及其他居民行为调查数据（如居民消费行为变化、居民预算约束等）等。

为了验证该评估框架的可行性，本研究以美国加利福尼亚州洛杉矶地区地震情景下的交通运输基础设施受损为例进行案例分析。模拟结果显示，货物运输扰动对洛杉矶都市区造成了约 0.56 亿美元的间接经济影响。其中，因通行时间变化造成的交通成本上升引起的间接经济影响更为显著。货物运输扰动的间接经济影响主要集中在洛杉矶都市区，这是因为尽管道路交通运输基础设施完全恢复所需的周期较长（105 天完全恢复到地震前的功能水平），但道路交通系统功能水平的显著下降持续时间较短，对其他地区生产活动的影响十分有限。考虑到货物运输所需的卡车运输服务是在当地生产和被消费的，货物运输扰动造成的间接经济影响相对集中是合理的。除此之外，当洛杉矶都市区的货物运输受到直接影响时，经济系统内的消费者（或生产者）可能会寻求其他服务（或商品）的替代，从而可能对其他地区会产生积极的影响。

模拟结果显示，人员出行扰动引起的交通运输成本增加，对洛杉矶都市区共计造成了超过 2.72 亿美元的间接经济损失。这些间接经济影响主要集中在直接受影响的洛杉矶都市区。此外，人员通行时间变化导致的交通成本上升对区域经济的间接影响更为显著。而因通行距离变化的间接经济影响相对有限。值得一提的是，城市内部道路交通网络的冗余度一定程度上降低了交通扰动中通行距离变化所致的间接经济影响。尽管道路交通运输基础设施受损导致交通系统功能水平明显下降，然而，短期内人员平均通行距离可能有所下降。造成这种结果的原因是城市内部道路交通网络存在冗余，当地震导致一些关键交通运输节点（如桥梁、隧道等）受损导致高速公路无法正常通行时，居民会选择牺牲更多的时间在城市内部的普通道路上行驶。

课程任课老师点评

此次讲座让学生们认识到灾害间接经济影响评估工作的重要性和复杂性。基础设施受损产生的初始影响会随着地区和产业间的经济活动扩散，形成空间波及效应，造成巨大的间接经济影响。越来越多研究表明，基础设施受损所致的间接经济影响可能比直接经济损失范围更广、影响更为深远，且规模相当，不容忽视。在此背景下，开展相关间接经济影响研究十分必要。间接损失的多维度特性要求从时间、空间和经济活动等多个角度进行综合考量。讲座上介绍的多种评估方法，如投入产出分析和宏观经济模型，虽然各有优势，但也存在局限性，因此选择适合的方法对于准确评估至关重要。同时，准确和全面的数据是进行有效评估的基础，但数据收集过程中存在的时效性、完整性以及可靠性问题，给评估工作带来了挑战。但是技术的发展，尤其是大数据分析和人工智能的应用，为提高评估效率和准确性提供了可能。此次分享会还强调了跨学科合作的必要性，以及持续学习以适应该领域不断发展的新理论和方法的重要性。最终，评估的目的不仅是量化损失，更是为政策制定提供决策支持，帮助最小化灾后间接经济损失，促进经济的快速恢复和可持续发展。通过这次分享会，学生们对灾后间接经济损失评估有了更全面和深入的理解，也启发了学生在未来的研究和工作中，如何更好地应用这些理论和方法。

学生听课体会

朱同学：

基础设施是城市运转不可缺少的基础，自然灾害破坏了基础设施系统运行的物理条件，影响了城市功能发挥。尉方老师详细介绍了自然灾害下基础设施受损所致间接经济影响的评估及应对措施，让我感受最深的一点是，研究问题需要具有全面性和前瞻性，例如在自然灾害下，基础设施受损导致的间接经济损失又可分为初始间接经济损失（停减产损失，例如工厂生产中断、商业营业中断）和高阶间接经济损失（产业关联损失，例如供给中断导致的损失、需求减少导致的损失），所以对于经济影响的评估不能只局限于直接经济损失，需要利用更长远的眼光，全面考虑后续可能带来的影响，才能为自然灾害防控应对提出更有价值的措施建议。

张同学：

在参加尉方副教授关于自然灾害下基础设施受损所致间接经济影响的评估及应对措施研究的讲座后，我认识到自然灾害所带来的直接经济损失虽然显而易见，但其间接影响的深远和广泛性同样不容忽视。为了更有效地应对自然灾害，我们需要超越传统的直接经济损失视角，深入研究和评估间接经济影响。特别吸引我的是，讲座中提出的地震下交通运输中断引起的间接经济损失评估方法，以及构建的时间约束下的交通扰动间接经济影响评估模型。这些方法与模型综合考虑了交通扰动对货物运输、人员流动以及居民日常生活的影响，提供了一个全面评估灾害影响的新视角。这些内容不仅有助于我们更准确地理解灾害带来的全面影响，还能为政策制定者提供更全面的决策支持，从而提高城市的韧性和可持续性。这场讲座增加了我对灾害经济学研究重要性的认识，也为我未来的科研工作带来了很多启发。

第十四讲　土地科学研究关注的重点问题及选题方向 *

讲座嘉宾：

王庆日，中国国土勘测规划院地政研究中心主任、研究员。长期从事土地利用管理和土地政策研究，主持国家社科基金项目、国土资源部公益性行业科研专项经费项目、国土规划重大专题研究项目、国土资源战略研究重大项目以及相关部委、地方委托的项目多项。公开出版学术专著4部，参编学术著作10余部，公开发表学术论文50余篇，主持和参与科研成果获得省部级奖5项。

---

* 管理科学与工程学院专业英语课程讲座。课程名称：专业英语；开课单位：管理科学与工程学院；授课教师：王昊教授；课程简介：专业英语课程面向工程与项目管理专业的研究生，涵盖了建设工程项目管理领域的关键概念、方法论和技能，旨在帮助学生运用英文素材学习包括土地、房屋等建设工程项目要素的资源配置方式，扩展专业基础知识、提升建设工程项目管理能力，并增强学生专业化英语使用能力。

土地是人类社会生活和生产活动的基础，提供了农业、建筑、工业和其他经济活动所需的空间和资源，对于农业生产、生态平衡、人类居住和经济发展具有重要意义，保护和合理利用土地资源对于实现可持续发展目标至关重要。本次讲学旨在从宏观视角介绍目前土地科学研究关注的一些重要问题以及未来的选题方向，主要从以下几个方面展开：土地科学问题演化的基本规律、土地科学重点问题研究进展、土地科学研究的不足、土地科学研究的需求及重点研究问题展望。

一、土地科学问题演化的基本规律

土地科学是研究人地关系系统的科学，其基本研究对象是土地。不同时代的人对土地价值的认知具有时代性，人地关系在不断演化，人和土地之间的矛盾不相一致。而土地本身也是一个非常动态的概念，土地的价值和功能伴随着不同时代人地关系的变化，其内涵和外延也在不断演变。不同的人地关系特征相对应地产生不同的科学问题，所以研究土地科学问题首先一定要关注时代特征，把握该时代的人地关系和相互矛盾。

在原始文明时代，土地的主要属性是基本资源，用来提供基本实物。在这个阶段人对土地的干预是可修复的，人地干预处于自然控制下，是一种协调的、融合的状态。所以在最早期的这种原始文明时代，土地实际上仅仅是一个自然综合体，人类对土地的改造很微不足道。但是随着社会经济的发展，进入农业文明时代，土地更多的是作为一种生产资料，人们通过工具技术的进步，对土地进行投资投入，土地的产出品不断增加，生产功能逐渐显化，土地从资源转向资产，体现出自身的稀缺性，产权的概念随之产生。工业文明时代，土地的资源属性、资产属性甚至资本属性不断被强化，通过建造工厂、建造作坊生产工业产品，土地的经济价值、稀缺性进一步凸显，人地矛盾更加尖锐，土地成为一个自然经济的社会综合体。目前教科书上对于土地的定义就是一个自然经济社会的综合体，一方面创造经济价值，另一方面提供社会服务。总体来看，从原始文明、农业文明到工业文明，土地演变为由土地自然物（一元）与土地资本物所组成的具有资源、资产、产权三重属性的自然经济社会综合体（多元），过程中也引发了很多问题，比如土地利用粗放、污染、低效，对土地的可持续发展产生危害。人们尽其最大的能力对土地的经济学意义进行抽象，着力通过土地财政等不断地扩展土地的经济属性，土地的商品、资本价值被放大的同时，土壤的肥沃程度、动植物种类等生态属性、资源属性被忽略。

现如今处于生态文明时代，随着生产力水平的不断提高，经济属性主导的价值准则已难以匹配新时期人与自然和谐发展的价值趋向，土地资源的自然属性及其生态功能日益凸显。所以在生态文明时代，不仅要关注土地的经济实用，更多要关注其基本属性。另外，在生态文明的背景下，土地内涵向空间转变，以立体的形式实现了自然资源全要素在统一地理空间的表达，这是土地内涵系统理念的回归。对于土地的价值认知是三个维度的有机融合，首先是“人”的利益平衡，从关注自身利益追求功利转变为寻求个体利益和公共利益的平衡，探寻关系网络中的价值共识，这是土地资源管理的重要功能和基本任务；其次是“地”的功能协同，从横跨地上地表、以经济功能为主导的空间商品转变为横跨地上地表地下、注重多功能有序与协同的自然资源全要素，是土地价值认知的核心内容；最后是“人地”的价值共生，由原来“无限、占有、消耗、浪费”的人类中心主义转变为“有限、创造、互利、共赢”的人类存在主义，不断向人地和谐价值统一的目标发展。同时也要求拓宽土地的认知范围，使土地的价值认知多元化、遵循一定的序位差异，其中生态功能是基础，资源功能是保障，公共功能是约束，经济功能是发展，数字生态文明背景下基于土地价值认知转变的新管理理论与治理实践成为关键时代命题。

二、土地科学重点问题的研究进展

目前土地科学领域重点关注的问题大概可以归纳为 7 大方面，值得说明的是，以下研究问题均基于管理实践和问题导向提出，一些土地系统本身的科学问题并没有太多提及。

（一）耕地保护、耕地撂荒与非粮化治理

在国际贸易形势复杂多变、气候变化不确定性等影响下，国家粮食安全面临更加严峻的形势。同时从经济学角度上讲，土地资源具有较强的外部性，构建耕地保护长效机制成为土地科学研究长期以来的焦点问题、核心话题。很多相关政策陆续出台，例如，在 2022 年中央出台的《关于加强耕地保护严格耕地用途管制》这一文件中就体现了若干该方面的主要研究问题。一是耕地保护的法制建设方面，比如，耕地用途管制的法律本位问题、耕地管制的法权基础与制度完善、耕地保护党政同责的现实价值和立法表达、耕地发展权制度构建、中国耕地保护的分区调控与区间协同等。二是耕地撂荒和非粮化治理方面，比如，耕地弃耕抛荒下的强制代耕合同制度、地方政府参与耕地流转“非粮化”的逻辑及其治理、耕地非粮化整治的组织逻辑、农地制度创新“缓解撂荒”与“加剧非粮化”双向效应等。总的来看，耕地

用途管制所需明确的目标、工具、边界、机制等得到关注与完善，如何有效遏制耕地撂荒、防止耕地“非粮化”的机理与路径得以进一步揭示。

（二）土地资源配置效率与土地要素市场化改革

资源配置效率是经济学研究的核心内容之一，提高土地资源配置效率是土地要素市场化改革的主要目标。党的二十大报告明确提出“深化要素市场化改革”，《关于构建更加完善的要素市场化配置体制机制的意见》《关于加快建设全国统一大市场的意见》等对土地要素市场化配置提出要求。该方面主要涉及两个研究问题，一是土地资源错配的效率损失及其机制，包括：土地资源错配对经济增长与区域协调发展的影响、空间错配的绿色全要素生产率损失效应及机制、结构错配对城市碳排放效率的影响等。二是土地要素市场化改革的路径，包括：通过集中供地政策、产业用地审批改革、土地指标跨区域交易引导、区域内城市合作发展等实践，更好地发挥“有为政府”和“有效市场”的作用。政府与市场对土地资源配置的作用机制愈发深入，系统揭示了不同土地资源错配类型对社会经济与生态环境的影响机制，丰富了对土地资源配置效率的方法论与实践应用。政府行为对土地市场和供地结构的影响认识也取得了新进展，并重点讨论了土地差别化供给与经营、多类型资源协同配置路径等研究。

（三）自然资源资产产权制度改革与权益实现

2019 年发布的《关于统筹推进自然资源资产产权制度改革的指导意见》提出，自然资源资产产权制度改革是推动生态文明建设与高质量发展的内在要求，如何让改革经得起实践检验成为重大政策创新需求。该方面的主要研究问题有：自然资源资产产权体系构建解释，比如“四权分治”改革、产权法治体系等；自然资源资产所有权委托代理实践探索，比如委托代理模式、行权模式、法律分析等；自然资源资产的价值实现机制、损害赔偿请求、保护和使用规划、储备制度构建等方面的研究也得到重点关注。自然资源资产产权的改革方向愈发清晰，重塑产权秩序、明确权益归属、强化法律保障得到学者们普遍认同，对自然资源产权制度改革中各项具体权利的关注明显升温，深化探索了自然资源产品价值释放与各方权益保障的市场化路径，重点回答了委托代理配套机制不明、所有权监管权混同等核心问题。

（四）农村土地制度改革

农村土地制度改革一直是我国土地科学研究的重点问题，包括以下几个方面：

一是宅基地“三权分置”的有效实现，宅基地“三权分置”是农村改革试点探索的一项重要内容，其内涵及有效实现是当前学界关注的热点问题，主要探索了宅基地“三权分置”的实现形式以及宅基地的退出机制，宅基地退出的影响因素分析是其中的关键一环。二是集体经营性建设用地入市与乡村振兴，集体经营性建设用地入市是撬动乡村经济内生动力、助推乡村全面振兴的关键性改革措施，主要研究集体经营性建设用地入市的政策效应，比如对土地利用效率、城乡融合发展等的影响，还涉及集体经营性建设用地入市改革的绩效及其影响因素。三是农地流转效应与二轮土地承包到期延包，农用地使用制度改革是农村土地制度改革的重要组成部分，主要研究农地流转在不同维度的效应、促进土地流转的动力机制（比如流转市场发育、村庄产业融合、高标准农田建设均能够成为关键推动力）、二轮土地承包到期延包政策。可见，乡村全面振兴背景下的农村土地改革受到持续关注与广泛讨论。聚焦农村土地征收、集体经营性建设用地入市、宅基地制度改革等核心议题，阐释了顾及公平效率、守住政策底线、完善制度设计、优化收益分配的具体解决方案，为土地制度多方协同改革与激活农村土地市场提供了理论支持。

（五）国土空间规划治理及其法治化

2018 年《关于建立国土空间规划体系并监督实施的若干意见》颁布以来，构建科学治理与公正司法相融合的国土空间规划体系是优化空间资源配置的重要举措，也是土地科学领域关注的焦点，在理论、方法、法制等方面进行了全面研究。理论探索方面包括面向中国式现代化的国土空间治理、建立“刚性约束 + 柔性引导”的规划机制等；方法创新方面包括设计生活圈规划模型与算法，构建村庄分类框架，建立了乡村空间多尺度治理框架等；法制建设方面包括详细规划的法制建设、跨区域立法、《国土空间规划法》的立法视域与体系衔接等。国土空间规划治理及其法治化研究持续响应国家战略与现实需要，将可持续发展、高质量发展等规划理念纳入空间规划体系建设，“三线”协同、生活圈规划、村庄分类、城乡融合、生态修复、灾害风险适应等规划方法得到持续优化，纵横关系、公众参与、制度互动、政策评估等管理与制度得以揭示，驱动其向更科学、更规范的法治化方向纵深发展。

（六）国土空间生态保护与修复

以往关于国土空间生态保护与修复的研究大多从微观层面出发，自国土空间统一、山水林田湖草沙系统治理等概念提出后，逐步成为当前土地研究领域的热点话题，在具体操作层面引起了广泛的讨论。一是国土空间生态分区修复与协同保护，实施国土空间生态保护修复是落实生态文明建设的具体举措，近年来得到学界持续关注，主要涉及国土空间生态修复的科学分区和差别化治理、双碳目标下的国土空间生态修复技术、保护和修复协同治理理念与技术。二是全域土地综合整治的影响机制及优化路径，主要涉及全域土地综合整治的影响因素以及全域土地综合整治优化路径。总的来看，重点区域生态修复基础理论与关键技术得到了强化提升，探索了国土空间生态保护修复的关键区识别与差别化策略，深入揭示了全域土地综合整治的政策演进、影响机制及优化路径，为促进人与自然和谐共生的中国式现代化提供了有力的理论支撑与实践指导。

（七）土地利用绿色低碳转型与多维效益权衡

关于土地数量、质量变化及其对生态环境效益影响的研究已经是过去式，推动土地利用绿色低碳转型是实现人与自然和谐共生的内在要求，如何权衡这一过程的多维效益成为当前研究的热点。一是土地利用变化碳核算；二是土地绿色利用效率影响机制，比如低碳试点政策、城市交通紧凑式发展、数字经济发展、科技创新等；三是土地利用转型中的生态效应。可见，土地利用转型的效益维度与研究深度得到了进一步挖掘，构建了具备更高精度的碳核算数据体系，揭示了土地资源的生态系统服务的多尺度供需均衡、权衡协同关系及福祉效应，土地利用转型的评价方法与效益维度得到突破和延伸，推动实现土地绿色低碳利用的路径也逐渐清晰。

三、土地科学研究的不足

首先，土地科学的基础理论仍然处于薄弱环节，具有中国特色的理论突破较为匮乏，面向资源国情的土地科学领域“中国式”理论创新与“本土化”实践探索亟待强化；其次，土地管理的基本规律、科学问题与理论逻辑提炼不够且停留于表面，需要进一步深入；土地经济研究对于基础性和应用性问题研究不够，对于土地资源配置如何保障新质生产力发展、欠发达地区土地财政不可持续、不同区域土地市场差异以及可行的收益分配机制、市场在土地资源配置中的功能定位、跨区域的土地资源收益分配等潜在问题的探索不足；耕地保护的系统观和长效机制研究尚不足，尽管近年来针对耕地保护的研究数量颇多，但基于国家安全观体系下的耕地保护、不同区域的耕地保护以及利益补偿机制等问题仍需要得到更多的关注；同时，土地制度改革的联动性和自然资源资产产权改革的系统性政策体系设计也有待加强，比如土地承包权退出与户籍制度、社会保障制度等其他配套制度改革的联动问题，宅基地三权分级制度改革试点的成效和经验归纳还不够充分，生态产品价值的实现仍面临产权体系不全、市场法律不足、制度配套滞后的威胁；空间规划体系纵向传导、横向衔接机制相对薄弱，国土空间规划“数智化”与“数治化”转型路径探讨不够深入，多主体参与的空间治理的理论和实践研究不够充分，需要进一步的具体化、可操作化；最后，国土空间生态保护修复的基础理论体系尚不健全，目前主要是借鉴国外经验，生态修复的激励措施和长期监管评估机制也不太完善，需要增强重点区域类型生态系统修复关键技术的开发力度。

四、土地科学研究的需求及重点研究问题展望

土地科学研究需要紧扣时代发展主题，对标严守资源安全底线、优化国土空间格局、促进绿色低碳发展、维护资源资产权益的自然资源管理科技战略需求，服务建设人与自然和谐共生的现代化。该部分从政策文件的角度出发，总结目前土地科学研究需要重点关注的方向。

（一）严守资源安全底线，筑牢国家安全发展的空间基础

2024 年中央一号文件要求严格落实耕地保护制度，改革完善耕地占补平衡制度，细化明确“非粮化”整改范围，树立大农业观、大食物观，因地制宜推进撂荒地利用。2023 年中央经济和中央农村工作会议提出要探索建立粮食产销区省际横向利益补偿机制，充分调动主产区重农抓粮的积极性。2024 年全国自然资源工作会议明确坚持量质并重、严格执法、系统推进、永续利用切实守牢耕地保护红线，并提出“研究推动批量增加耕地”的新要求。《关于在经济发展用地要素保障工作中严守底线的通知》《乡村振兴用地政策指南（2023 年）》等文件也要求坚持底线思维，落实最严格的耕地保护制度、生态环境保护和节约集约用地制度，坚决杜绝各类破坏生态环境、违反生态保护红线管控要求的违法建设行为。

（二）优化国土空间布局，构建支撑新发展格局的国土空间体系

2024 年中央一号文件提出要推动城乡融合和区域协调发展，统筹新型城镇化与乡村全面振兴。2024 年中央深改委第四次会议强调要推动形成主体功能约束有效、国土开发协调有序的空间发展格局。2024 年国务院政府工作报告中提出要深入实施区域重大战略、主体功能区战略，优化重大生产力布局，加强国家战略腹地建设。《自然资源部关于进一步做好用地用海要素保障的通知》《关于加强国土空间详细规划工作的

通知》《支持城市更新的规划与土地政策指引》等文件提出坚持节约集约用地，提倡土地混合使用和空间功能复合，促进空间资源的高效利用，优化功能结构与空间布局。

（三）促进绿色低碳发展，厚植美丽中国的生态根基

《中共中央 国务院关于全面推进美丽中国建设的意见》提出要积极稳妥推进碳达峰碳中和，筑牢自然生态屏障，实施山水林田湖草沙一体化保护和系统治理，加强生物多样性保护健全国家生态安全体系，有效应对气候变化不利影响和风险等要求。2024 年中央一号文件要求加快推进长江中上游坡耕地水土流失治理，加强荒漠化综合防治。同年全国自然资源工作会议要求启动实施自然生态资源监测评价预警工程，加强自然灾害防治，深度参与全球生态治理。《中国陆域生态基础分区（试行）》等文件也为分区分类开展生态保护修复、生态监测评价预警等工作指明了方向。

（四）维护资源资产权益，健全资源环境要素市场化配置体系

2023 年中经济工作会议提出加快全国统一大市场建设，着力破除各种形式的地方保护和市场分割。2024 年中央深改委第四次会议强调要增强土地要素对优势地区高质量发展保障能力。同年，国务院政府工作报告中提出要深化农村土地制度改革，深化要素市场化配置综合改革试点；全国自然资源工作会议也提出要强化差别化要素保障政策，提升自然资源要素配置效率。《关于严守底线规范开展全域土地综合整治试点工作有关要求的通知》指出，开展试点工作要切实维护群众合法权益，在规划编制与实施时要尊重群众意愿、接受群众监督。

总之，土地科学问题涉及经济、社会、生态、文化的方方面面，目前的研究仍存在很多不足，需要各学科专业紧抓时代特点和战略需求，为可持续发展、高质量发展目标的实现献计献策。

课程任课老师点评

王主任详细介绍了土地科学问题演化的基本规律、土地科学重点问题研究进展以及土地科学研究的不足，并基于发展现状及政策指示总结了目前土地科学研究的关键需求和未来的重点研究问题，讲解透彻、逻辑清晰、内容丰富。第一部分“土地科学问题演化的基本规律”阐释了土地的概念、功能以及土地价值认知的时代变迁，指出“数字生态文明背景下基于土地价值认知转变的新管理理论与治理实践”这一关键时代命题；第二部分“土地科学重点问题的研究进展”从耕地、资源配置、产权制度、农村土地、国土空间、绿色转型等角度总结了研究现状，明确了目前的研究热点和已取得的研究成果；第三部分“土地科学研究的不足”从基础理论、基本规律、实践应用、政策制度等方面剖析了研究不足，并在第四部分结合政策文件指出了土地科学研究的战略需求和今后的重点研究问题。

土地是人类赖以生存和发展的重要物质基础，是支撑高质量发展、实现中国式现代化的重要保障，王主任讲到的土地资源管理、土地资源利用、国土空间规划、生态保护修复等内容与同学们研究的城市建设、工程管理、碳减排等主题密切相关，能够为同学们今后的研究提供相关的基础理论知识；同时，研究进展、研究不足及研究需求能够大大帮助同学们拓展视野、提高科研敏锐度、发现新的研究问题。

学生听课体会

张同学：

通过王老师分享的以土地科学为主题的讲座，我对土地科学领域的相关问题有了更深入的了解，包括目前在土地资源利用、耕地保护、空间规划、自然资源管理等方面的研究进展，以及未来值得研究的一些方向与问题。土地科学研究对于确保可持续发展、保障食品安全、维护环境和生态平衡、应对气候变化、推动经济增长及维护社会正义至关重要。在耕地补偿、自然资源资产产权改革、国土空间治理、生态保护等诸多方面，还有许多问题值得并等待我们去研究。通过科学的土地管理与规划，我们可以有效地使用有限的土地资源，解决与土地相关的环境、社会和经济问题，为实现人类社会与自然环境的和谐共生提供重要支持。

朱同学：

王老师全面地讲授了土地科学研究关注的重点问题及选题方向，让我们受益匪浅。土地科学问题与城市更新的研究密切相关，土地科学问题为城市更新提供了理论支持和技术指导，城市更新也为土地科学问题的研究提供了实践平台和应用场景，两者相互影响、相辅相成，共同促进着城市可持续发展的实现。城市更新作为城市发展的重要战略之一，需要充分考虑土地科学问题，只有充分理解和应用土地科学理论，结合城市更新的实践，才能实现城市资源的有效利用、优化城市环境的改善、提升城市居民的生活品质。通过与王老师的交流，我对城市更新中的土地问题有了更深刻的认识，未来将进一步加强对于土地政策问题的关注。

第十五讲　项目融资：新加坡经验*

讲座嘉宾：

Willie Tan 教授是项目管理研究领域国际资深教授、新加坡国立大学终身教授。研究方向包括基础设施融资、项目可持续管理等，兼任国际 SCI 期刊 *Journal of Spatial Science* 编辑，以及 *International Journal of Project Management*、*Infrastructure Asset Management* 等高水平国际学术期刊编委，出版 *Practical research methods*、*Principles of project and infrastructure finance* 等具有全球广泛影响力的专著，荣获 NUS Outstanding Educator Award（2013）等奖项，并有为亚洲十几个国家提供咨询服务的实践经验。

---

* 管理科学与工程学院城市科学发展前沿课程讲座。课程名称：城市科学发展前沿；开课单位：管理科学与工程学院；授课教师：吴国滨助理教授；课程简介：本课程主要是让学生掌握了解学术前沿的具体途径、方法和工具，并认识和学习城市科学研究的前沿主题，包括城市政策及分析、城市更新、智慧城市、城市基础设施项目投融资、城市社区治理、城市公共事务管理、城市韧性、低碳城市等。

不同于其他国家，新加坡采取 PPP 模式的原因不是财政受限，即不是由于政府资金不足，而是出于其他方面的考虑。第一个是新加坡希望成为亚洲的 PPP 中心，从而从技术发展、金融市场的发展、行业顾问和法律、金融、保险等生态系统得到全面的、进一步的发展。第二个是新加坡政府希望通过 PPP 项目，能够从私营部门学习到一定的工程管理经验，并且利用私营部门的专业知识来解决问题或者让工程项目更加先进。接下来，将结合具体案例项目进行详细介绍。

一、海水淡化：供水局（PUB）的水务战略

项目背景：新加坡独特的气候和地理位置，使其具有丰富的降水和海水。但其淡水资源依然稀缺。为了确保新加坡的未来用水需求，需要提高海水淡化厂的海水淡化能力，从而满足日益增长的用水需求，为此有了新加坡的海水淡化 PPP 项目。

项目信息：该项目的公共部门是供水局 PUB，特设机构（Special Purpose Vehicle，SPV）是 Tuaspring（属于 Hyflux 的子公司），承包商和运营商也都是 Hyflux 的子公司。该项目属于 BOT 合同制，需要在 2013—2038 年供水 70 百万加仑/日。该海水淡化厂的成本是 2.1 亿新币，建设期为 5 年。此外，该项目还有一个附加项目（不属于 PPP 项目）：411 兆瓦发电厂（8.9 亿美元），为海水淡化厂供电，其余部分出售给电网，从 2016 年初开始实施。项目融资主要有三部分：来自 Maybank 的 7.28 亿美元 18 年期的贷款，星展银行、瑞穗银行和三井住友银行提供的 1.5 亿美元贷款，以及从 KfW - IPEX 银行获得 1.97 亿美元出口信贷，为发电厂提供资金。此外，2011 年至 2016 年发行的 7 只债券，金额和期限各不相同。因此，银行从业人员必须具备建筑业知识。因为通常情况下，商业贷款用于建筑业。世界上最大的承包商其实是银行，而不是施工单位。因为建筑业所用的资金都是银行借出去的，而银行需要监督，这也就意味着银行需要了解和具备建筑业的情况和知识。不懂建筑业的银行家将会破产。众所周知，建设工程项目总是会存在这样或那样的问题，而当出现问题时，银行必须要知道如何解决。这强调了银行从业者具备建筑业知识的重要性。因此，如果各位同学将来想要去银行业工作，也是需要具备建筑业知识的。银行从业者通过处理和解决建筑工程的风险来获利。

该项目的投标：10 次投标（2010 年 10 月）；第一年的价格范围：每立方米 0.45—1.67 美元；Hyflux 的价格：0.45 美元（第二低出价为 0.67 美元），即低出价；2011 年 3 月：授予 Hyflux PPP 合同。

导致该项目违约事件：①2012 年 5 月由于选择高效电厂，电厂成本从 8.9 亿美

元提高到10.7亿美元；②2015年8月电厂在长期拖延后并网发电；③2016年2月Hyflux开始售电（时机不对）；④Tuaspring的利润/亏损：2016年盈利380万美元、2017年亏损8190万美元、2018年亏损1.164亿美元；⑤亏损原因是电价下跌以及缺失长期电力承购合同；⑥2017年2月Hyflux打算剥离Tuaspring电厂；⑦2018年5月Hyflux申请破产保护。

项目违约处理：2019年3月5日，公共事业局发出违约通知，声称运营问题可追溯到2017年：无法更换滤膜并且多次无法每日供应70百万加仑水。2019年3月18日，PUB终止了WPA，并以零成本控制了海水淡化厂，因为该厂的净价值为负值。2020年3月发电厂以3.31亿美元的价格出售。

项目经验总结：①核心竞争力：Hyflux公司是否应该从其水务核心竞争力转向电力核心竞争力？②发行大量债券是财务问题的早期征兆；③以每立方米0.45美元的低价竞标WPA；④没有仔细研究电力市场。⑤高风险：没有承购电力合同；⑥介入权：PUB先于主贷款人介入。

二、废弃物能源化厂（Waste to Energy Plant，WTE）

项目背景：新加坡的废弃物管理面临着诸多限制。首先是土地有限，面积约为720平方千米，因此主岛上不可能有垃圾填埋场。其次是人口密度高（560万人/720平方千米=7700人/平方千米）。最后是气候炎热潮湿。

固体废弃物处理系统：新加坡的住宅、学校、公共区域、商业和工业，产生了大量的垃圾。其中可回收的垃圾，如电子垃圾、金属和玻璃，可以进入材料回收中心，最终到本地或海外的回收厂；危废品则进入特殊处理厂；有机废物则可以现场处理或者郊区处理，堆肥产生沼气；一般废弃物进入WTE，燃烧后产生灰尘，与可不焚烧的废弃物（如建筑垃圾）一同进行填埋。其中，沼气再生水厂（WRP）将从废弃物中产生25%的沼气能源用于自身运行，如在Ulu Pandan建立了最新的示范沼气设施，新加坡希望能够将能源密集型工厂建立自给自足的设施。而焚烧中，废弃物在垃圾储存库中，首先经过氮氧化物的除去系统，变成灰渣、烟气和蒸汽，灰渣进入传输带，然后运送到填埋场；蒸汽则用于蒸汽发电；而烟气则依次经过汞和二恶英去除系统、酸性气体去除系统、微粒污染物去除系统，最终进行污染物控制测试，成为水蒸气和干净的烟气排除。目前新加坡有四个废弃物能源化厂。而危废品管理战略是首先是利用废弃物交换、清洁技术、循环利用和回收等手段，实现废弃物减量化。其次是颁布了一系列管理条例，如《环境公共卫生（有毒工业废物）条例》、《环境公共卫生法》和《控制危废品越境转移巴塞尔公约》，规范危废品的收集、处理和处置；同时通过每月检查来进行监控和审计；最后结合教育培训项目，提供公众的危废品管理意识。在公共废弃物收集方面，现有六个部门参与，具有规模经济；家庭根据物业类型统一支付费用；同时根据公共废物收集商的投标，每两年调整一次废弃物收集费用。垃圾填埋主要在实马高岛（Pulau Semakau），是位于新加坡本岛以南8公里的一个垃圾埋置岛。

项目收益来源：①垃圾处理费（占总收益的60%—70%），海水淡化项目的收益来源于淡水的售卖，而垃圾处理收入来源于垃圾付费处理；②售电，垃圾焚烧过程中可以发电，多余的电力可以售卖；③其他（收益的10%以下），包括金属回收和灰渣。

项目风险：一是废弃物量，决定了项目的收益。废弃物量存在不足或过量的情况。解决方案主要包括：①市政当局共享焚烧能力；②“交付或付费”合同；③政府购买焚烧能力，收取入门费，并根据出价向SPV支付费用；④不足部分由政府补偿SPV，即当废弃物的产量低于合同规定的数量时，差额部分由政府负担。二是废弃物质量差。根据合同，市政当局必须只提供可兼容的废物，即易于焚烧的废物。当废弃物质量较差时，容易引发危险。针对该问题的解决方案是政府承担风险或者SPV承担风险。当废弃物产量过多时，超过合同规定量时，若在WTE的处理能力范围内，则可以进一步处理，也意味着带来更多的收益。

项目经验总结：一是项目主要风险在于收入，这取决于废物的数量和质量；二是政府通过购买焚烧能力、有偿收集固体废物和根据出价向SPV支付费用来管理项目风险。

三、吉隆坡—新加坡高速铁路（KL－SIN HSR）

项目基本信息：2013年提出，全长350千米，成本约为210亿美元，2023年完工。

项目时间线：2015年马来西亚成立MyHSR公司；2016年签署谅解备忘录（memorandum of understanding）；2017年新加坡陆路交通管理局（LTA）进行工程研究；2017年征用土地；2017年MyHSR和LTA任命顾问；2018年MyHSR委任铁路基础设施设计建造承包商；2018年马哈蒂尔赢得大选，探索降低成本的方案；2018年高铁建设推迟至2020年5月，并再次延期至2020年12月31日；2021年1月项目终止（新加坡无法同意马来西亚提出的撤销资产公司的建议）；马来西亚赔偿新加坡 2.7 亿新元中的 1.03 亿新元。

项目收益来源：该项目属于马来西亚的项目，新加坡如何从中获利呢？可以是广告、火车运营等，马来西亚会给新加坡政府 20 年的特许经营权，支付高铁轨道使用费、高铁租赁费等。高铁租赁费意味着你并没有火车的所有权，而仅仅拥有使用权。

项目风险：马哈蒂尔赢得大选后，探索降低成本的方案，提出的撤销资产公司的建议。新加坡无法同意，因为建立他们自己的公司，新加坡就丧失了对项目的控制权。因此，新加坡决定放弃这个项目，不再继续。

项目经验总结：①项目的失败不是由于无法获利，本项目的利润计算结果是非常可观的，每天都有大量的人员往返于新加坡和马来西亚之间。因此，收益并不是导致项目失败的根本原因；②对该项目而言，政治因素更加重要。因此，对于国际工程项目，政治因素是不可忽视的一个重要风险点，需要谨慎。

四、证券化项目

很多地区的房地产开始走下坡路，是因为房地产开发商没有能力来偿还银行贷款了，原因是他们没有能够很好地管理项目。尤其是一些预售制项目，导致很多开发商将在建的建筑获得的收益来进行二次投资，从而开发更多的房地产项目。但随着市场的饱和，越来越少的人去购买房产，那么项目就会失败，并且产生连环效应。

基础设施贷款证券化：由于各大银行背后都有很多基础设施项目，当这些项目无法正常偿还贷款时，开发商可以用项目来偿还银行。因此，把所有银行收到的基础设施项目整合起来，交给发行商。发行商将不同的项目进行分类，分为 A、B、C 等不同级别。比如 A 级别的是低风险、低收益的，C 级别是高风险、高收益等。但在某些情况下，人们只能投资 A 级别的，而不能投资 C 级别的。然后这些贷款被售卖给来自世界各地的投资者们。就比如，你有一个名贵的手表，当你无力偿还贷款时，可以把手表用于还款。这个手表可以再次转卖，用于抵消你的欠款。在此过程中，需要有个信托机构，信托机构代表了所有的投资者。当出现问题时，单一的投资人无法找到发行商，此时信托机构就可以代表所有投资者去找发行商。因此，服务提供者只是提供服务，还需要有一个交易管理员，在出现问题时代表所有投资者。

资产证券化：与基础设施证券化类似，发起人或者卖方将其资产交付给 SPE（特殊目的实体），该 SPE 再将资产交给信托机构或合格的特殊目的实体，如房地产投资信托基金（REITs），信托机构通过资产支持证券（Asset - backed Securities,

ABS）过程，到达投资者。投资者通过 ABS 购买证券，现金流向信托机构，而信托机构通过购买资产，现金流向特殊目的实体，特殊目的实体也通过购买资产实现现金向发起人或卖方的流动。在此过程中，服务者仅提供服务，而信托机构对受托人负责。

课程任课老师点评

Willie Tan 教授围绕基础设施项目融资这一城市科学发展前沿主题，结合新加坡成功或失败的不同 PPP 项目案例，详细剖析了各个项目的背景、项目基本信息、项目组织构成、项目面临的风险和挑战，并总结了项目成败的经验或者教训，帮助同学们理解 PPP 模式在基础设施项目融资过程中存在的问题及挑战，以及如何科学、合理地进行项目融资风险管理。在此过程中，我有几点感受和收获：

一是，Willie Tan 教授不仅融入了生活中的具体情景，让同学们对案例情景有了更加深入、生动的理解，也让同学们重新掌握了项目融资成败的关键：项目收益。这样的教学方式让我意识到，要将知识融入生活中，引起同学们的学习兴趣，寓教于乐。

二是，Willie Tan 教授在讲解过程中，也注重培养学生们对专业的热爱和忠诚。他了解到班级同学毕业就业倾向于从事银行业，结合具体案例分析了掌握建设工程项目基本知识对于从事银行业工作的重要性，让同学们意识到了学习的重要性。

三是，Willie Tan 教授给同学们带来了国际视野。之前同学们可能比较了解国内 PPP 项目的风险管理问题、挑战以及对策。通过 Willie Tan 教授的介绍，同学们了解到在国际工程项目中也可以采取 PPP 模式，并且相较于一般的 PPP 项目的收益风险，政治风险可能更起到决定性作用。这也为同学们将来从事国际工程项目管理带来了重要启示。

学生听课体会

尹同学：

Willie Tan 教授深入浅出地介绍了新加坡背景下的 PPP 项目特点，并具体从海水淡化项目、能源再生项目、高速铁路建设项目及基础设施的资产证券化问题进行项目结构、成败关键、风险管理等内容的分析。新加坡 PPP 项目更看重社会资本的经验及知识要素的参与与创造，财政限制并不是政府进行社会资本合作的原因。随着科技的进步与金融市场的发展，新加坡的 PPP 项目正在形成以法律、财政、保险等为一体的运营体系。教授强调，PPP 项目的成败关键仍是底层资产是否有充足的现金流。而为应对风险可能给现金流造成的影响，如何对风险进行有效管理是需要智慧与各方博弈的。此外，基础设施资产证券化也是近年来的热门——其为基础设施融资开辟了新道路，同时分散了组合风险。Willie Tan 教授用风趣幽默的语言，带我们剖析了 PPP 项目的关键要素。从老师充满智慧与力量的眼神里，我领略到了项目管理领域大师的魅力。通过本节讲座的学习，我也将从更全面的视角分析项目管理、组织架构等主题，借鉴新加坡 PPP 经验，深入思考我国场景下的发展与前景问题。

郭同学：

在参加了 Professor Willie Tan 关于 *Project Finance*：*The Singapore Experience* 的讲座后，我有许多收获。Willie Tan 教授详细介绍了新加坡在公私合营（PPP）模式下如何成功实施各种基础设施项目，如淡水化厂、废物转能（WTE）厂和高效运行的金融市场体系。新加坡作为一个资源有限的国家，通过 PPP 模式实现了多个重大项目的融资与建设。这种模式不仅吸引了私营部门的专业知识，还有效地利用了金融工具如债券和商业贷款，以确保项目的资金需求得到满足。通过新加坡的 PPP 实践经验，我深刻了解到 PPP 项目不仅需要资金投入，技术和管理能力同样重要。新加坡政府与私营部门的紧密合作，为项目的顺利进行提供了必要的支持和专业知识。总之，这次讲座不仅增进了我的专业知识，也让我对 PPP 模式的复杂性和潜力有了更深的理解。它让我意识到，在面对全球化的基础设施需求时，公私合作模式仍然可以是一个有效的解决方案。

第十六讲　城镇化视角下建筑碳排放达峰动态情景模拟*

讲座嘉宾：

霍腾飞，管理学博士，副教授，博士生导师，“元光学者”，毕业于重庆大学，美国劳伦斯伯克利国家实验室联培博士，现任职于河北工业大学经济管理学院管理科学与工程学科部副主任。主持或参与国家自然科学基金项目、国家社科基金项目，教育部人文社科项目、企业咨询项目等10余项。曾在 *Journal of Management in Engineering*、*Journal of Environmental Management*、*Sustainable Cities and Society*，以及《运筹与管理》等期刊发表学术论文50余篇，其中12篇论文入选ESI热点及高被引论文。担任 *Nature cities* 等一系列国际期刊审稿人。研究兴趣包括基础设施可持续建设与管理、新基建、建设领域低碳治理等。

---

* 管理科学与工程学院城市科学发展前沿课程讲座。课程名称：城市科学发展前沿；开课单位：管理科学与工程学院；授课教师：吴国滨助理教授；课程简介：本课程主要是让学生掌握了解学术前沿的具体途径、方法和工具，并认识和学习城市科学研究的前沿主题，包括城市政策及分析、城市更新、智慧城市、城市基础设施项目投融资、城市社区治理、城市公共事务管理、城市韧性、低碳城市等。

报告文献来源：霍腾飞，张锦帆，乔友凤，等. 城镇化视角下建筑碳排放达峰动态情景模拟 [J]. 环境科学，2024 (12)：3-15.

习近平主席在第75届联合国大会中提出碳达峰碳中和的“双碳”目标。而建筑业产生的高能耗和高碳排放严重制约了我国“双碳”目标的实现，根据《中国建筑能耗研究报告（2022）》，中国建筑部门碳排放（指宏观层面建筑运行阶段能耗产生的碳排放，建筑碳排放）在全国碳排放中的比重超20%。目前，中国正处于城镇化高速发展和经济转型的关键时期，而城镇化发展使得城镇人口、土地使用和经济活动高度集中，从而导致建筑能耗和建筑碳排放增加，因此推动城镇化高质量发展并建立低碳经济体系是实现可持续发展的前提。中国地域辽阔，不同区域的资源禀赋、城镇化发展水平和经济发展水平存在巨大差异①，京津冀地区作为中国的“首都经济圈”，是典型的城镇化高速发展区域和高能耗高排放区域，2020年京津冀地区城镇化率为67.65%，高于全国平均水平3.8个百分点。2000—2020年，京津冀地区的建筑碳排放量（以 CO_2 计，下同）从1.16亿吨增长到2.23亿吨，年均增长率为3.54%。未来随着城镇化的持续推进，京津冀地区的建筑用能需求和碳排放仍将不断增长。

综观国内外已有研究，尽管学者试图以城镇化为背景研究碳排放的影响因素，对于研究建筑碳排放的未来演变轨迹的研究方法也多种多样，但仍存在一些不足。首先，对于探讨城镇化与碳排放之间关系的研究，大多采用单一指标或部分指标测度城镇化的方法研究其对碳排放的影响，忽略了城镇化是一个复杂的过程，不能全面准确地反映城镇化水平。其次，现有对于建筑碳排放驱动因素的研究，大多是孤立地考察建筑碳排放的影响因素，未能反映不同因素间的相互作用和反馈关系，忽视了“城镇化—建筑碳排放”是一个整体的系统这一重要特点。最后，在建筑碳达峰预测的研究中，大多采用静态预测方式对影响因素的未来变化进行取值，不能动态模拟碳排放的未来演变轨迹，难以反映影响因素变化的真实特征。鉴于此，本文首先从城镇化视角出发，从人口、经济和空间这三个维度系统性地探究多维城镇化对建筑碳排放达峰的影响效应，拓展了建筑碳排放达峰的研究视角。其次，构建“城镇化—建筑碳排放”系统动力学模型，揭示了城镇化相关因素对建筑碳排放的动态作用机制，深化了建筑碳排放达峰的相关理论和研究方法。最后，结合情景分析法，对京津冀地区建筑碳排放的未来演变轨迹进行了多情景动态模拟，弥补了传统方法对变量的未来取值采用静态方式进行固定取值假设的局限。可以为其他部门和行业的碳达峰研究提供很好的借鉴，同时能够为政府部门制定针对性的碳达峰行动方案提供有益的决策支撑。

---

① Huo T F, Cao R J, Du H Y, et al. Nonlinear influence of urbanization on China's urban residential building carbon emissions: New evidence from panel threshold model [J]. Science of the Total Environment, 2021, 772 (2): 145058.

一、“城镇化—建筑碳排放”系统动力学模型构建

（一）系统结构

“城镇化—建筑碳排放”是一个包含人口城镇化、经济城镇化和空间城镇化等多维城镇化相关因素相互影响作用的复杂系统。本文将“城镇化—建筑碳排放”这一系统划分为人口、经济、建筑面积和能耗及碳排放 4 个子系统，其包含的变量和各子系统之间的关系如下：

（1）人口子系统：从人口规模和人口结构两方面考虑，包含总人口、城镇人口、农村人口、第三产业就业人口和城镇人口占比 5 个要素。Pan 等[①]采用非参数加性回归模型分析中国公共建筑碳排放驱动因素，发现人口增长会增加能源消耗，从而增加建筑碳排放量。

（2）经济子系统：从经济规模和经济结构两方面选取 GDP、人均 GDP、第三产业占比和第三产业劳均 GDP 即第三产业增加值与就业人口的比值作为指标。消费水平和城镇化水平是影响经济的重要因素。随着城镇化进程加快，“十二五”至“十三五”时期，建筑业通过调整产业结构，成为唯一持续促进碳排放强度增长的行业[②]。王开等[③]基于 1996—2014 年京津冀地区的相关数据，构建 LMDI - Attribution 模型，研究京津冀地区碳排放强度的变化问题，结果表明产业结构变化对碳排放强度增加具有促进作用。

（3）建筑面积子系统：包括不同类型建筑的存量面积和人均建筑面积等指标。随着城镇化进程的推进，居民生活水平提高，对于居住品质的要求逐步提高，公共建筑面积、城镇居住建筑面积和农村居住建筑面积也随之增加。Li 等[④]利用 LMDI 模型分析省域建筑部门碳排放的驱动因素，发现建筑面积增加会使得建筑碳排放量呈现上升趋势。

（4）能源及碳排放子系统：将影响因素划分为 3 类建筑的总能耗、3 类建筑的碳

---

① Pan X F, Uddin M K, Ai B W, et al. Influential factors of carbon emissions intensity in OECD countries: Evidence fromsymbolic regression [J]. Journal of Cleaner Production, 2019, 220: 1194 - 1201.

② Chen H, Wang L N, Chen W Y. Modeling on building sector's carbon mitigation in China to achieve the 1.5℃ climate target [J]. Energy Efficiency, 2018, 12 (2): 483 - 496.

③ 王开，傅利平．京津冀产业碳排放强度变化及驱动因素研究 [J]．中国人口·资源与环境，2017，27 (10)：115 - 121.

④ Li D Z, Huang G Y, Zhang G M, et al. Driving factors of total carbon emissions from the construction industry in JiangsuProvince, China [J]. Journal of Cleaner Production, 2020, 276: 123179.

排放、建筑碳排放强度和 3 类建筑碳排放因子。众多研究均指出能耗强度是影响碳排放强度的主导因素，能源结构优化对建筑部门碳排放强度有持续抑制作用。

综上所述，4 个子系统包含的变量和各子系统之间的逻辑框架如图 16－1 所示。

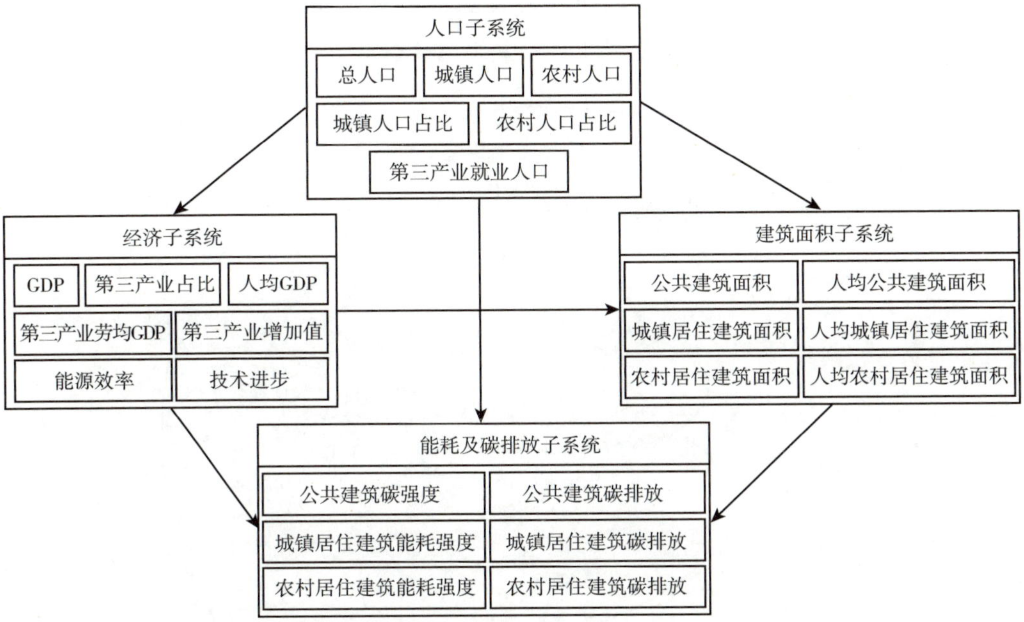

图 16－1　"城镇化—建筑碳排放"系统动力学模型框架

（二）因果回路图

基于子系统间的作用关系并参考相关研究①②③④⑤，构建图 16－2"城镇化—建筑碳排放"系统因果回路图，用来描述系统内各要素的相互作用和反馈关系。其中，回路 1、回路 2 和回路 3 分别反映了 GDP 对 3 类建筑碳排放变化产生的影响。当前京津冀地区经济发展水平稳步提升，GDP 增长使得居民对居住环境需求提高，建筑能耗随之增加，从而导致了建筑碳排放的增加。回路 4 反映了由第三产业增加

---

① 韩楠．基于供给侧结构性改革的碳排放减排路径及模拟调控［J］．中国人口·资源与环境，2018，28（8）：47－55.

② 周雄勇，许志端，郗永勤．中国节能减排系统动力学模型及政策优化仿真［J］．系统工程理论与实践，2018，38（6）：1422－1444.

③ Du Q，Shao L，Zhou J，et al. Dynamics and scenarios of carbon emissions in China's construction industry［J］．SustainableCities and Society，2019，48：101556.

④ Sun W，Huang C C. Predictions of carbon emission intensity based on factor analysis and an improved extreme learningmachine from the perspective of carbon emission efficiency［J］．Journal of Cleaner Production，2022，338：130414.

⑤ Yang H H，Li X，Ma L W，et al. Using system dynamics to analyse key factors influencing China's energy－related CO_2 emissions and emission reduction scenarios［J］．Journal of Cleaner Production，2021，320：128811.

值引起的建筑碳排放动态变化，随着经济发展水平提高，GDP 增长推动京津冀地区产业结构转型，第三产业占比逐渐增大，加大了公共建筑规模需求和公共建筑本身的运行强度，从而使得建筑碳排放增加。回路 5 显示建筑碳排放强度的增加引起环境的恶化，使得减排成本增加进而对经济发展产生反作用①，在经济发展的同时促进技术进步，使得能源效率提高，进而减少建筑碳排放。

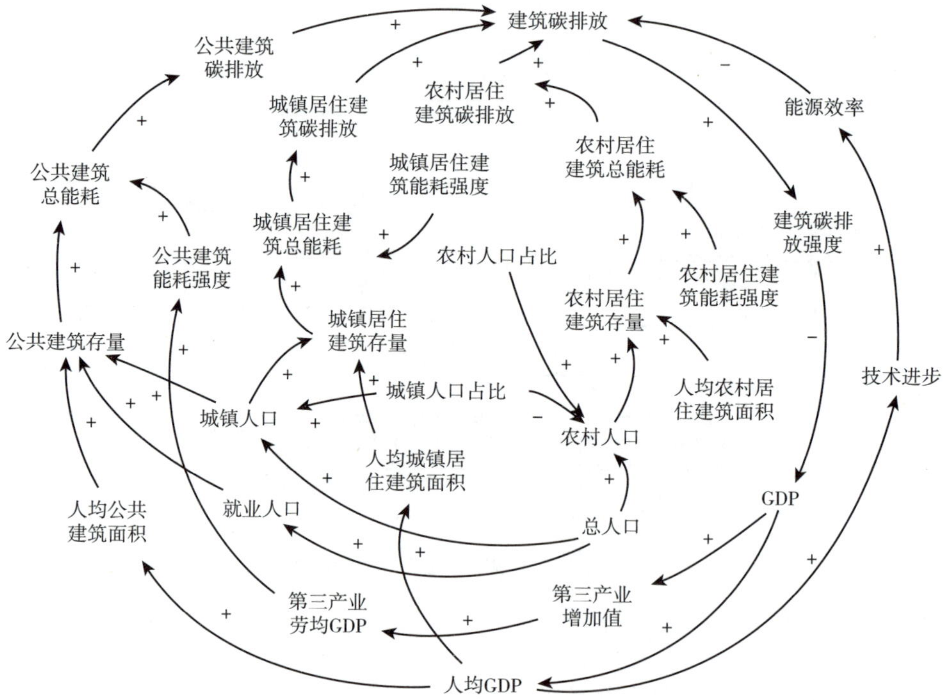

图 16－2　“城镇化—建筑碳排放”因果回路

注：“＋”表示箭尾变量对箭头指向变量具有促进作用，“－”表示箭尾变量对箭头指向的变量具有抑制平衡作用。

（三）存量流量

为更加清晰地反映“城镇化—建筑碳排放”系统的运行过程以及因素间的反馈机制，构建“城镇化—建筑碳排放”存量流量（见图 16－3），其包含 5 个状态变量、5 个速率变量以及其他辅助变量。状态变量是描述动态系统内因素时间范围内累计效应的变量，如总人口、GDP、人均公共建筑面积、人均城镇居住建筑面积和人均农村居住建筑面积。速率变量是表示状态变量变化速率或幅度大小的变量，如

① 茹雪，雷鹏飞，刘培．二氧化碳动态边际减排成本及其影响机制［J］．中国人口·资源与环境，2022，32（11）：43－57．

人均公共建筑面积增量、人均城镇居住建筑面积增量和人均农村居住建筑面积增量等；辅助变量是描述状态变量和速率变量之间信息传递和转换过程的中间变量。

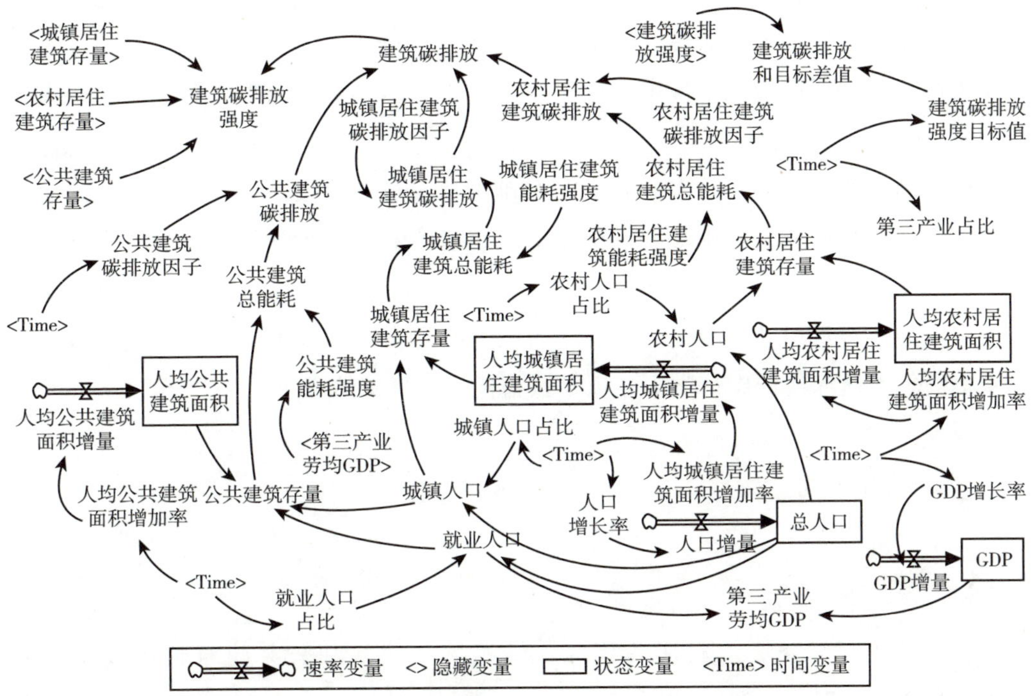

图 16 – 3　“城镇化—建筑碳排放”存量流量

（四）情景设计

为预测京津冀地区建筑碳排放的未来演变态势，本文借鉴中国政策要求以及相关文献参数设定，选取城镇化率、人均 GDP、劳均 GDP、建筑面积以及 3 类建筑的碳排放因子等作为调控变量，基于“城镇化—建筑碳排放”模型采用情景分析法对 3 类建筑的碳排放进行动态预测。本文设定 4 种情景，分别为基准情景、高碳情景、低碳情景和深度低碳情景，以下是不同情景下关键时间节点的参数设置指标，其他年份的数据采用函数拟合方式得到。

（1）基准情景：基于京津冀地区当前的发展现状和相关政策，经济和城镇化水平等发展方式和速度延续历史发展趋势，在不采取额外政策或技术措施情况下该地区建筑碳排放未来的变化情况。

（2）高碳情景：京津冀地区将经济发展作为首要任务，加快经济发展水平增长速度，推动城镇化发展进程，建筑节能减排政策执行力度不足，居民的低碳消费意识降低，清洁能源发电动力不足。因此高碳情景中各项参数指标均高于低碳情景。

（3）低碳情景：在基准情景的城镇化发展和经济发展的基础上，对建筑面积的增长速度适度控制，调整产业结构并优化能源结构，放缓建筑碳排放的增长。建筑节能减排政策力度加大，居民的消费意识提高，清洁能源发电力度加大，电力发电效率提高。所以低碳情景中城镇人口和 GDP 增长率参数指标与基准情景一致，其余参数指标均比基准情景小。

（4）深度低碳情景：在基准情景的基础上放缓城镇化发展和经济发展水平，进一步加大建筑领域节能减排政策，在低碳情景基础上进一步降低人均建筑面积增加速率，加速产业结构调整能源结构转型，经济发展速度受节能减排政策影响略微放缓；居民的消费意识进一步提升，清洁能源发电力度进一步加大，电力发电效率进一步提高。因此深度低碳情景中各项参数指标均比低碳情景小。

二、结论与建议

（一）结论

（1）基准情景下，农村居住建筑、城镇居住建筑和公共建筑碳排放的达峰时间分别是 2027 年、2028 年和 2037 年，峰值分别为 0.60 亿吨、0.99 亿吨和 1.95 亿吨。低碳情景下，3 种类型建筑的碳排放在达峰时间上均较基准情景提前，其中城镇居住建筑碳排放达峰时间提前最多为 4 年，在 2024 年达到峰值 0.88 亿吨。

（2）在深度低碳情景下，农村居住建筑、城镇居住建筑和公共建筑的达峰时间上均比低碳情景提前 3 年，到 2050 年 3 类建筑 CO_2 量分别比基准情景减少 0.09 亿吨、0.19 亿吨和 0.87 亿吨。根据情景分析得到的预测结果，可以看出按照当前的趋势无法完成 2030 年碳达峰的目标，需要进一步加大政策或技术支持力度。

（3）敏感性分析显示公共建筑碳排放因子和空间维度的人均公共建筑面积是影响建筑碳排放的主要因素。提高 20% 会使峰值较基准情景增加 0.19 亿吨，人口维度的城镇人口占比次之，提高 20% 城镇化率使得基准情景下的碳排放达峰时间延后一年。因此要重视京津冀地区公共建筑的节能减排，提高城镇化质量。

（二）建议

（1）遵循低碳发展理念，推动以节能减排为基础的城镇化高质量发展。积极推动城乡一体化建设，不断缩小城乡差距；优化城镇产业结构，鼓励第三产业的低碳转型，支持建筑行业的绿色低碳发展，不断深化城镇化高质量发展内涵。

（2）合理控制京津冀地区建筑规模，提升空间城镇化质量，是促进建筑碳减排的重要切入点。控制该地区的建筑存量，合理规划不同类型建筑的增量。对于城镇和农村居住建筑，应加大旧房节能改造力度，不断改善住房环境，完善老旧房拆除制度，持续转变居民住房理念，将购房理念回归理性。

（3）加强区域内合作和能源发展政策协同，优化升级产业结构，有利于发展经济城镇化。京津冀地区的产业结构尚不成熟，北京和天津重工业分布较少，能源结构升级以及节能减排政策体系比较完善，应发展低碳技术，加大低碳以及减碳技术研发力度，河北应着力加强对高污染产业的控制，淘汰落后产能，提高能源结构调整效应，北京市和天津市加强与河北省的可再生能源合作开发，提升京津冀地区建筑部门的电气化水平。

（4）京津冀地区应加强节能减排合作，充分考虑地区间的联动效应。根据京津冀各城市的功能定位，建立建筑部门碳排放协同治理的环境规制和合作补偿政策，从区域建筑业供应链各环节展开碳排放的防控，从而减少排放转移。

课程任课老师点评

霍腾飞副教授关于城镇背景下建筑领域碳达峰动态情景模拟的讲座，给我以及学生们都带来了深刻的启发。讲座深入浅出地探讨了随着中国城镇化进程的加速，建筑行业能源消耗和碳排放量不断攀升的现状，以及这一问题对环境和可持续发展的深远影响。

讲座首先从城镇化视角出发，对建筑行业的碳排放进行了详细的核算，这让大家意识到了碳排放问题的复杂性和紧迫性。通过探究建筑行业碳排放的影响机理，让师生们了解了各种纷繁复杂的因素如何相互作用共同影响着碳排放量的变化。霍老师研究团队构建的城镇化视角下建筑行业碳排放达峰动态仿真模型，也为理解碳排放的动态演化规律提供了一个有力的工具。模型不仅能够模拟当前的排放情况，还能预测未来的趋势，这对于制定有效的低碳治理对策至关重要。

最后，霍老师也根据研究结果和发现，提出了一系列的低碳治理的对策，包括提高建筑能效、推广绿色建筑、优化能源结构等。这些对策不仅有助于减少碳排放，还能促进经济的可持续发展，实现社会、经济和环境的和谐共生。

通过这次讲座，我相信参与讲座的师生都认识到了建筑行业在实现碳达峰目标中的关键作用，以及我们每个人在推动低碳发展中的责任。相信通过政府、企业和公众的共同努力，我们能够实现碳达峰和碳中和的目标，为子孙后代留下一个更加绿色、可持续的世界。

学生听课体会

张同学：

霍腾飞副教授关于城镇化背景下建筑领域碳达峰动态情景模拟的讲座聚焦于中国城镇化进程对建筑行业碳排放的深远影响，令我受益匪浅。讲座介绍了如何从城镇化的视角出发核算建筑行业的碳排放，并探究其影响机理。特别吸引我的是讲座中提到的通过建立城镇化视角下的建筑行业碳排放达峰动态仿真模型，深入剖析碳排放的动态演化规律。这一模型不仅有助于我们理解碳排放在不同发展阶段的变化趋势，更为预测未来的排放情况提供了科学依据。这种系统性的方法，让我意识到应对碳排放问题不能仅依赖于单一技术或政策，而需要综合考量城镇化进程中的各类因素。同时讲座中还提出了一系列低碳治理对策，为实现建筑行业的低碳转型提供了切实可行的路径。这次讲座使我更加清晰地认识到，面对日益严峻的气候变化挑战，建筑行业必须紧跟城镇化的步伐，主动采取低碳发展策略。只有这样，我们才能在城镇化和环境保护之间找到平衡，走出一条绿色发展的新路。

朱同学：

我国城镇化的快速发展使建筑行业的碳排放量持续增长，在经济、社会、环境等方面产生了诸多影响。霍腾飞老师从城镇化的视角，为我们详细介绍了建筑行业碳排放的核算方法，探究了建筑行业碳排放的影响机理，并且构建了一个碳达峰动态仿真模型进行情景模拟，来进一步探究建筑行业碳排放的动态演化规律，提出了有效的低碳治理对策。近年来城镇化转型成为普遍关注的议题，与城市建成环境紧密相关，而低碳治理也是政策导向和现实发展的需要，将两者结合起来进行研究，具有必要性和实践意义，这种分析视角值得学习。另外，将仿真模型应用在其中，可以提出更加宝贵的措施建议，我之后也将尝试学习系统动力学以及仿真模拟的相关内容，将其运用在自己的研究中。

第十七讲　中国增值税制度的演进和展望 *

讲座嘉宾：

刘佐，男，中国法学会财税法学研究会副会长，并在中国多所大学担任客座教授。对中国税制有比较长期、全面和深入的研究，曾参与许多税收法规和其他重要税收文件、涉税文件（文稿）的起草和修改；主持多项部级税收科研课题；发表多篇税收研究报告、论文和译文；出版多部税收专著；多项税收研究成果得到中共中央、全国人大常委会、国务院和财政、税务部门领导肯定，获得部级一等奖，1998 年享受国务院颁发的政府特殊津贴。代表性著作：《中国税制概览》（以中、英、日 3 种文字和 4 种版本在国内外 40 次出版），《新中国税制 60 年》（入选中共中央宣传部、国家新闻出版总署庆祝新中国成立 60 周年百种重点图书）。

---

* 法学院财税法课程讲座。课程名称：财税法；开课单位：法学院；授课教师：郭维真副教授；课程简介：本课程在本科财税法学习的基础上，重点介绍财税法的基础理论和基本制度。在基础理论部分，以政府与市场关系为基础，介绍财政、税收法律制度的基本范畴、基本理论及其适用。在基本制度部分，重点介绍制度的演进、制度内在和外在体系及逻辑关系，以及在司法案例中的适用。

在当今各国（地区）的税制中，增值税是一个年轻而重要的税种。各国（地区）对此税的称谓不尽相同。

增值税的基本理念始于 20 世纪早期。制度的创建始于法国。该国 1948 年在生产环节出现了增值税的雏形，1968 年增值税的征税范围延伸到零售环节，从而形成了一套比较完整的增值税制度，随后逐渐被其他国家采用。

在征收增值税的国家中，增值税不仅是商品税的主体，其收入在本国税收总额中也占有较大比重。

新中国成立初期的商品税制度，主要源于民国时期的税制（包括国民党政府的税制和中国共产党领导的红色政权的税制），也借鉴了当时苏联的税制，以货物税和工商业税的营业税部分为主。1978 年改革开放以后，根据经济发展和管理体制改革的需要，中国开始研究增值税制度。

一、增值税的引进和调研

改革开放初期，中国仍然实行传统的商品税制度，对内资企业和中外合资经营企业、外国企业等分别按照其商品销售收入征收工商税和工商统一税。随着经济的发展和改革开放的扩大，这种税制重复征税、不利于开展生产专业化和协作、“画地为牢”等弊端越来越明显，改革的呼声越来越高。

1979 年 3 月，财政部税务总局（以下简称税务总局）组织人员在江苏省无锡市就改革工商税制等问题调查研究以后提出：工商税重复征税、税负不平的问题由来已久，在工业改组方面表现更加突出，实行增值税可以解决这个问题，而且不至于大量减少税收，可以先对少数行业、产品试行。

在同年 5 月召开的全国税务工作会议上，税务总局局长刘志城在大会上所作的工作报告中论述了新形势下工商税制改革的重要性、指导原则、基本设想和大体步骤。由于当时对于中国是否应当引进增值税存在一些不同的认识，特别是有些人对于此税来自西方资本主义国家存在疑虑甚至强烈反对，上述报告中没有提及增值税。但是财政部财政科学研究所所长许毅教授在这次大会上的发言中提出：税制要有利于促进专业协作，对于中间产品应当征收增值税，克服重复征税的矛盾。不要嫌增值税这个词来自资本主义国家就全盘否定它。资本主义国家为什么搞增值税呢？这是因为资本主义国家之间要搞国际协作，互利、互惠。税不重征，使税负和价格合理，产品有竞争力，这是我们要借鉴的。5 月 26 日，财政部党组副书记、副部长忻元锡在这次会议的总结中说：在这次会议上，大家认为工商税可以不作大的变动，在现行办法基础上适当调整即可。关于专业化协作生产征税的问题，税收上一定要积极支持。待专业公司实行统一核算后，可以考虑采用增值税的办法。

二、增值税的早期试点

增值税的早期试点始于 1979 年。当年七八月间，湖北省财税部门在该省襄樊市机械行业经过调查和测算，起草了试行增值税的办法。9 月 14 日，经请示财政部，湖北省革命委员会财政局发出《关于增值税试点的通知》，决定自当年 10 月起在该省襄樊市机械行业开展征收增值税的试点。

同年 12 月，税务总局召开全国工商税专业会议，会上研究了试行增值税的问题，决定 1980 年上半年组织试点，同时将工商税制改革的总体设想在这个点上综合调查，整体设计，全面试行。

1980 年 3 月至 5 月，税务总局组织人员在广西壮族自治区柳州市开展了增值税、国营企业所得税等税种的调查、测算和设计方案工作。此后，在柳州、上海等地的机器机械行业中开展了征收增值税的试点。

同年 8 月 30 日，国务院副总理姚依林、财政部部长王丙乾分别在第五届全国人民代表大会第三次会议上所作的《关于 1980 年、1981 年国民经济计划安排的报告》《关于 1979 年国家决算、1980 年国家预算草案和 1981 年国家概算的报告》中提出，在机械、农业机械等行业试行增值税，并得到了会议的批准。

1981 年 1 月 16 日，税务总局局长刘志城在全国税务工作会议上谈到增值税试点工作时说：增值税已经在襄樊、长沙、株洲、柳州和上海等地的 345 户企业试行，对于平衡全能厂与非全能厂的税负，配合工业改组，支持专业化协作生产的发展，都具有积极的意义。

同年 7 月 11 日，根据国务院的有关文件，财政部发布《增值税暂行办法》，并于 1982 年先后两次修订。其中，第二次修订、自 1983 年 1 月 1 日起试行的《增值税暂行办法》规定：企业生产的机器机械、农业机具、缝纫机、自行车和电风扇在工业环节缴纳的工商税，改按本办法试行增值税；上述应税产品的适用税率分别为 6%、10%、12%、16% 和 25%；计税方法分为“扣额法”“扣税法”两种，前者的计算公式是：应纳税额 =（产品销售收入 - 购进原材料金额）×适用税率，后者的计算公式是：应纳税额 = 产品销售收入 × 适用税率 - 购入零配件已纳税额。上述公式中允许抵扣的购进金额和已纳税额，只能在应税产品销售以后抵扣；如果当期应税产品销售收入、应纳税额小于需要抵扣的金额，不足部分可以从以后的应税产品销售收入、应纳税额中抵扣。

三、《中华人民共和国增值税条例（草案）》的出台

1984年5月15日，根据中国改革和发展的需要，国务院提交第六届全国人民代表大会第二次会议的《政府工作报告》中提出，自当年第四季度开始实施国营企业“利改税”（笔者注：即将国营企业向政府上缴利润的制度改为缴纳企业所得税等税收的制度）的第二步改革，其中包括增设增值税，并得到了会议的批准。

同年9月18日，第六届全国人民代表大会常务委员会第七次会议通过《全国人民代表大会常务委员会关于授权国务院改革工商税制发布有关税收条例（草案）试行的决定》，授权国务院在实施国营企业“利改税”和改革工商税制的过程中，拟定有关税收条例，以草案形式发布试行，再根据试行的经验加以修订，提请全国人民代表大会常务委员会（以下简称全国人大常委会）审议。同时规定：“国务院发布试行的以上税收条例草案，不适用于中外合资经营企业和外资企业。”

同日，国务院根据全国人大常委会的上述决定发出通知，批转财政部报送的《国营企业第二步利改税试行办法》，其中提出将现行的工商税划分为产品税、增值税、盐税和营业税；并发布《中华人民共和国产品税条例（草案）》《中华人民共和国增值税条例（草案）》《中华人民共和国盐税条例（草案）》《中华人民共和国营业税条例（草案）》等税收法规，自当年10月1日起试行。同年9月28日，根据《中华人民共和国增值税条例（草案）》等税收法规，财政部发布《中华人民共和国增值税条例（草案）实施细则》等税收规章。

增值税条例（草案）中规定：增值税的纳税人为在中国境内生产和进口应税产品的单位和个人；共设机器机械及其零配件、汽车等12个税目；税率分为6档，从6%到16%不等；生产应税产品的纳税人，继续按照产品销售收入、适用税率和“扣额法”或者“扣税法”计算应纳税额，并沿用了以前的抵扣方法；进口应税产品的纳税人，按照组成计税价格和适用税率计算应纳税额。国家鼓励出口的产品，可以免税或者退还已征税款；避孕药品可以免税；列入国家计划试制的新产品，可以定期减税或者免税。

四、《中华人民共和国增值税暂行条例》的出台

1984年10月20日，中国共产党第十二届中央委员会第三次全体会议通过《中

共中央关于经济体制改革的决定》，进一步推进了中国的经济体制改革和对外开放。

1985 年 4 月 10 日，第六届全国人民代表大会第三次会议通过了《全国人民代表大会关于授权国务院在经济体制改革和对外开放方面可以制定暂行的规定或者条例的决定》，授权国务院对于有关经济体制改革和对外开放方面的问题，必要时可以根据《中华人民共和国宪法》，在同有关法律和全国人大及其常委会的有关决定的基本原则不相抵触的前提下，制定暂行的规定或者条例，颁布实施，并报全国人大常委会备案。经过实践检验，条件成熟时由全国人大或者全国人大常委会制定法律。此后，国务院据此陆续制定了一系列的税收法规，其中包括增值税等税种的暂行条例。

1993 年 12 月 13 日，国务院发布《中华人民共和国增值税暂行条例》《中华人民共和国消费税暂行条例》《中华人民共和国营业税暂行条例》，自 1994 年 1 月 1 日起施行，同时废止《中华人民共和国增值税条例（草案）》等税收法规。同年 12 月 25 日，财政部据此发布《中华人民共和国增值税暂行条例实施细则》等税收规章。

1993 年 12 月 29 日，第八届全国人民代表大会常务委员会第五次会议通过《全国人民代表大会常务委员会关于外商投资企业和外国企业适用增值税、消费税、营业税等税收暂行条例的决定》，规定在有关税收法律制定以前，外商投资企业和外国企业自 1994 年 1 月 1 日起适用国务院发布的关于征收增值税、消费税和营业税的暂行条例，同时废止《中华人民共和国工商统一税条例（草案）》。1993 年 12 月 31 日以前已经批准设立的外商投资企业，由于按照上述规定改征增值税、消费税和营业税而增加税收负担的，经过企业申请，税务机关批准，在已经批准的经营期限以内，最长不超过 5 年，退还其由于税负增加而多缴纳的税款。

增值税暂行条例中规定：增值税的纳税人为在中国境内销售、进口货物，提供加工、修理和修配劳务的单位和个人。一般纳税人适用的税率分为三档，其中基本税率为 17%（适用一般货物和加工、修理、修配劳务），低税率为 13%（适用粮食、自来水、图书和化肥等国务院规定的货物），出口货物一般适用零税率，以销项税额扣除进项税额以后余额为应纳税额；当期销项税额不足抵扣时，不足部分可以结转下期抵扣。小规模纳税人按照销售额和 6% 的征收率计算应纳税额，进口货物的纳税人按照组成计税价格和规定的税率计算应纳税额。农业生产者销售的自产农业产品，避孕药品和用具，古旧图书，直接用于科学研究、科学试验和教学的进口仪器、设备，外国政府、国际组织无偿援助的进口物资和设备，来料加工、来件装配和补偿贸易所需进口的设备，由残疾人组织直接进口供残疾人专用的物品，销售的自己使用过的物品，可以免税。

此后，为了建立规范的增值税制度，减少生产型增值税和货物、劳务分别征收增值税、营业税造成的重复征税，鼓励投资，优化产业结构，促进经济发展，根据中共中央、全国人大和国务院的部署，财政部、国家税务总局逐步推进增值税制度改革，先后完成了增值税的“转型”（即从生产型增值税转为消费型增值税，主要内容是允许抵扣购进固定资产时支付的进项税额）和“扩围”（即营业税改征增值税，简称“营改增”）两项主要任务。

五、逐步试行营改增

1994 年工商税制改革时，曾经有人主张增值税扩大征收范围一步到位，即货物和劳务统一征收增值税、不再设立营业税，但是考虑到即将建立分税制财政管理体制、省以下税务机构分设为国家税务局和地方税务局两个系统、征收管理条件等因素，上级研究以后认为此举难度比较大，所以暂缓考虑。

2010 年 10 月 18 日，中国共产党第十七届中央委员会第五次全体会议通过《中共中央关于制定国民经济和社会发展第十二个五年规划的建议》，其中提出扩大增值税的征收范围，相应调减营业税等税收。2011 年 3 月 14 日，第十一届全国人民代表大会第四次会议批准《中华人民共和国国民经济和社会发展第十二个五年规划纲要》，其中采纳了中共中央的上述建议。

2012 年 11 月，中国共产党第十八次全国代表大会召开，开辟了中国特色社会主义的新时代，也提出了全面深化经济体制改革，加快改革财税体制的任务。

2013 年 11 月 12 日，中国共产党第十八届中央委员会第三次全体会议通过《中共中央关于全面深化改革若干重大问题的决定》，其中提出推进增值税改革。营改增应当视为此项改革的主要内容，也是进入中国特色社会主义新时代以来的一项重大税制改革。

2017 年 11 月 19 日，国务院决定废止《中华人民共和国营业税暂行条例》，修改《中华人民共和国增值税暂行条例》，主要是补充了营改增的内容，即日起施行。

2018 年，为了理顺职责关系，降低征纳成本，提高征管效率，为纳税人提供更加优质、高效和便利的服务，根据中共中央、全国人民代表大会和国务院关于党和国家机构改革的决定，省级以下国家税务局、地方税务局两个系统合并为统一的税务机构，国内增值税由合并以后的税务机关征收，进口环节增值税继续由海关代征。

六、完善增值税制度的展望

根据落实税收法定原则的要求，制定增值税法是目前中国完善增值税制度的当务之急。因为增值税是中国第一大税种，立法意义非常重大。增值税制度的研究、引进、试点和完善工作已经持续多年，立法条件基本成熟。增值税立法曾经先后列入第十一、第十二、第十三届全国人民代表大会常务委员会的立法规划和部分年度的全国人大常委会、国务院立法工作计划，并于2019年11月27日由财政部、国家税务总局公布《中华人民共和国增值税法（征求意见稿）》，广泛征求意见。

2022年7月5日，经中共中央、国务院批准，国务院办公厅发布《国务院2022年度立法工作计划》，其中包括提请全国人大常委会审议的《中华人民共和国增值税法（草案）》。

同年12月27日，第十三届全国人民代表大会常务委员会第三十八次会议召开，国务院向上述会议提交了关于提请审议《中华人民共和国增值税法（草案）》的议案，会议初审了上述税法草案。12月30日，中国人大网全文公布上述税法草案共6章36条，征求公众意见。

就进一步完善中国的增值税制度而言，依然任重道远，主要措施可以考虑调整纳税人、税率、征收率、起征点制度和优惠规定。

第一，从纳税人看，为了更好地发挥增值税制度的优势，随着税制的完善和征收管理水平的提高，一般纳税人的范围应当逐步扩大，以便更好地通过进项税额抵扣制度减少重复征税和逃漏税，促进经济发展和产业结构优化。至于收入比较少、需要适当照顾的小型微利企业、个体工商户和其他个人，可以通过设置免征额、降低征收率等方式处理。

第二，简并税率和征收率。为了进一步增强增值税的中性、简化税制和便于征收管理，同时体现一定的社会和经济政策，目前一般纳税人适用的四档税率可以简并为三档，即适用一般商品的基本税率、适用人民生活必需品的低税率和适用出口货物的零税率。据中山大学法学院杨小强教授2023年初对155个开征增值税的国家增值税税率档次的统计，采用两档税率的国家有64个，占41.3%；采用三档税率的国家有37个，占23.9%；以上税率不超过三档的国家合计101个，约占三分之二。与此同时，适用简易计税方法的3%、5%的征收率和若干减征规定，也应当以适当方式简化和规范。

第三，降低税率和征收率的水平。目前中国增值税13%的基本税率偏高了一些，可以降低到10%，并根据中国的经济、财政情况逐步实施。为了改善民生，也可以先行适当降低粮食、食用植物油、燃料和药品等人民生活必需品的适用税率。为了平衡税负，在降低增值税税率的时候，适用简易计税方法的征收率也应当作出相应调整。

第四，实行免征额制度。为了适当照顾收入比较低的小型微利企业、个体工商户和其他个人，促进就业和平衡税负，将目前采用的增值税起征点制度改为免征额制度，并根据经济发展情况和物价、工资等因素适时适当调整。上述两种制度的区别在于：前者销售收入达到规定标准时就要按照收入全额征税，后者只就超过规定标准部分的销售收入征税，两者在临界点附近税负差异很大，显然后者比较合理。

第五，清理税收优惠。应当及时清理过时的和其他不适当的优惠（如某些减免税、进项税额加计扣除等），因为这些做法不仅不符合增值税的“链条”原理和中性原则，而且不利于规范税制、增强透明度、方便操作和提高效率。特别是国家重大政策和制度调整时，税收政策和制度必须与之协调。

课程任课老师点评

在法律解释中，目的解释是一种重要的解释方法，在目的解释下就势必要回溯到政策制度的制定史、探求立法者的立法目的。因此，立法史对于明晰现实问题有着重要的意义。增值税是市场经济的产物，市场是一只看不见的手，增值税的中性使看不见的手在发挥作用时不会受到税制的干扰，这种机制的作用需要法治的经济、政治环境作支撑。而财税问题事关国家治理，国家治理包含多个面向，研究财税问题应当有更广阔的视野，以政府和市场的功能为基础，客观评价税收的功能。

本次讲座，刘佐老师从增值税制度建立和发展的时代背景出发，梳理了增值税制度建立和发展的历程，并对我国增值税制度的发展完善进行展望。刘佐老师由浅入深，层层递进，用诙谐幽默的语言将增值税的发展史展现出来。讲座后，刘佐老师回答了同学们关于增值税问题的疑惑，如纳税期限和计税期间的区别、增值税法能否引入重课制度、我国增值税的最终承担者等，使同学们受益匪浅，也更加激励同学们在日后学习中继续保持探索精神，深入研究增值税的立法细节。

刘佐老师从增值税的历史发展出发，为同学们详细介绍了增值税从产生到成为中国第一大税种的发展过程，这也将启发同学们在未来的学习中能够关注税制发展历程，更具象、系统地了解我国财税制度。

学生听课体会

周同学：

我有幸参加了刘佐老师的关于中国增值税制度建设与展望讲座，这场讲座为我打开了一扇了解税收制度改革与未来发展的窗口。作为一名中财的在读法学生，我深感这次讲座的内容丰富而深刻，让我受益匪浅。

讲座伊始，刘老师首先为我们回顾了中国增值税制度的发展历程。从改革开放初期的传统商品税制度，到逐渐引入并完善的增值税制度，每一个阶段都充满了改革者的智慧和勇气。接着，老师为我们展望了中国增值税制度的未来发展趋势。随着全球化进程的加速和国际贸易的不断发展，增值税制度面临着新的挑战和机遇。因此，国内的增值税制度应当进一步完善。

刘老师讲得十分详细，讲座内容深入浅出。老师在讲座的最后鼓励我们积极提问，我也鼓起勇气向老师请教了关于增值税税率的问题，老师用领导和老百姓买同一瓶水的生动例子向我做了解释。通过老师的解释，我茅塞顿开，这也让我意识到自己在财经领域的知识储备还有待提高。我深刻感受到，作为一名对中财大学生，我需要不断学习、不断进步，我相信，在未来的学习和工作中，我将不断将所学知识运用到实践中去，为中国的经济发展和繁荣稳定贡献自己的力量。

刘同学：

在刘佐老师《中国增值税制度建设的回顾和展望》的讲座上，我受益匪浅。刘佐老师对于中国增值税制度建立和发展的历史、未来的展望以一种生动活泼的形式呈现在我们面前，刘老师作为老一辈学者、改革者，对于学术严谨的态度、实事求是的精神和推动改革发展的决心令我们印象深刻。

在讲座上，刘老师的讲解从改革开放前期增值税制度的讨论、考察、引进、试点，到后来的加快立法、完善税制，我看到了中国增值税制度建立的艰辛不易，也看到了老一辈改革先锋对于党的领导的坚决拥护，对于科学税制建设的“功成不必在我，功成必定有我”的精神境界和历史担当。

通过这次讲座，作为大一学生的我，从法律角度更加深刻认识到中国增值税制度建设的历史纵横、立法过程和未来展望。感谢刘老师鞭辟入里的讲解，刘老师的讲座像是在年轻人的心中播撒了一粒新的学术研究方向的种子，终会长成参天大树。

第十八讲　敲诈勒索罪中“被害人恐惧必要说”的相关问题 *

讲座嘉宾：

蔡桂生，德国波恩大学法学博士，北京大学法学院博士后，现为中国人民大学法学院副教授、硕士生导师，中国人民大学刑事法律科学研究中心研究人员。主要研究领域为：刑法原理、经济刑法。出版个人专著《敲诈勒索罪的规范论展开》《构成要件论》及 *Zur Taeuschung ueber zukuenftige Ereignisse beim Betrug*，译著《刑法总论教科书（第六版）》《德国最高法院判例：刑法总论》（合译）、《刑事政策与刑法体系》，发表《也论刑法中的财产概念》《医疗刑法中的假设被害人承诺》《论帮助犯的要件及其归属》等论文四十余篇，译有刑法解释、危险犯罪、诈骗犯罪、客观归属等方面的译文十余篇，参著著作多部。

---

* 法学院刑法分论课程讲座。课程名称：刑法分论；开课单位：法学院；授课教师：简爱副教授；课程简介：课程主要讲授刑法分论的基本问题，介绍各类犯罪以及各种具体犯罪的概念和犯罪构成，重点讲授常发犯罪的概念、犯罪构成、定罪及其刑事责任，培养学生运用刑法分则及相关理论区分罪与非罪、此罪与彼罪的能力，了解我国现行刑法的基本规定，提高学生的刑法理论素养，培养理论联系实际的能力。

一、问题的提出

财产犯罪的问题无论从实务上还是理论上都有研究价值，且实践中比较多发。敲诈勒索罪一方面与诈骗等财产转移类型的犯罪有关联，另一方面也与抢劫等暴力犯罪有关联，同时还涉及被害人同意理论当中的同意瑕疵、被害人承诺、共犯与正犯确定等刑法总则问题，具有重要的理论意义。

今天介绍的主要问题是敲诈勒索罪中的一个理论分支，即从“被害人恐惧必要说”这一成立条件入手展开讨论。刑法通说理论认为敲诈勒索行为“是通过对公私财物所有人、保管人实行精神上的强制，使其产生恐惧、畏惧心理，不得已而交出财物”，要求敲诈勒索行为必须使受害人产生恐惧心理，这得到了绝大部分通行教科书和学者论文的支持。依照我国法律界主流观点，要成立敲诈勒索罪，被害人必须产生了恐惧心理，被告人取得财物则必须建立于此种恐惧心理之上。全国人大常委会法工委编的《中华人民共和国刑法释义》中便以立法部门意见的方式说明，敲诈勒索行为，“是通过对公私财物所有人、保管人实行精神上的强制，使其产生恐惧、畏惧心理，不得已而交出财物”。基于该书的影响力，成立敲诈勒索罪需要“恐惧心理”的观点，在我国理论、实务界得到广泛传播，并非难事。然而，众口一词不意味着理论上就没有疑问。考察立法历史，1950 年《中华人民共和国刑法大纲草案》规定“以威胁方法使人恐惧而取得他人财物者，为恐吓，处四年以下监禁”，现行《中华人民共和国刑法》没有明确规定恐惧作为敲诈勒索罪的构成要件，在立法表述上有所转变。同时，在作为我国财产罪立法参考资料的苏联刑法条文和理论中，也未要求成立勒索罪必须造成被害人恐惧。有鉴于此，“被害人恐惧”是否确属敲诈勒索罪成立之必要，就仍有可斟酌的空间。

二、“被害人恐惧必要说”之证伪

敲诈勒索行为的最主要特征是造成精神强制，这不一定会带来恐惧；恐惧则必然来源于精神强制。有观点从类似角度出发认为恐惧并非形成精神强制的唯一原因，其他心理状态也可能导致精神强制，但这种观点实际上颠倒了心理状态和精神强制的关系，精神强制应当是在先产生的。例如，对于胆量不同的受害人而言，行为人同样的行为能否造成恐惧是不确定的，这就可能导致对敲诈勒索罪认定的不精准。传统上也有观点认为“被害人是否确实产生恐惧并被迫交付财物，不影响本罪的构成。”鉴于这样的思考，本文认为，“被害人恐惧必要说”难以成立，换言之，“被害人是否确实产生恐惧并被迫交付财物，不影响本罪的构成”。具体理由如下。

第一，被害人恐惧必要说无助于归纳社会生活现象。被害人面对被告人的行为时，产生的心理可能是多样的，被害人主观上的心理导致客观上不同的法律后果，特别是被害人形成复杂心理时，无从判断行为人行为既遂与否。

例如，被告人经预谋，事先将右手拇指砸成粉碎性骨折，于2007年4月17日上午，到丰台区分钟寺道口附近，骑自行车故意碰撞被害人驾驶的帕萨特轿车，并引发与被害人争执后，以右手指受伤为由向被害人索要人民币22000元。采用这种方法，被告人一共成功作案六起，并于第七次作案时被警察抓获。法院认定被告人的行为构成敲诈勒索罪。本案中交通事故的发生是捏造的，虽然这也可能导致被害人恐惧，但其定罪实际上来源于被害人心理，忽略了只有先存在强迫行为才可能成立敲诈勒索罪，导致胁迫行为要件被虚化。

第二，被害人恐惧必要说不符合敲诈勒索罪的规范目的和法益保护要求。原则上敲诈勒索罪作为财产犯罪，保护的核心法益仍然是财产，财产损失的存在才意味着保护目的落空并进而认定犯罪既遂。而被害人心理安全最多可能是附属法益，并且其是否具有这一地位具有不确定性。

第三，被害人恐惧必要说标准不明，无法在实务中贯彻到底，最后还是需要回归到被告人行为上，将某些足以威胁还价方重大利益（生命、身体、自由、名誉、财产等）的行为认定为足以产生恐惧心理，结果导致事实上放弃将恐惧心理作为敲诈勒索行为的定罪标准；并且，此种敲诈勒索行为与一般意义上的谈条件的行为也不容易区分。

第四，被害人恐惧必要说不符合刑法条文以被告人作为标准的对话者或者默认的对话者的表述模式。由于刑法条文中的举止规范是对被告人的要求，因而如果要求被害人恐惧心理作为构成要件要素，会导致法院评价的不再是被告人行为而是被害人胆量。虽然也有观点认为可以从社会实际出发列举被害人具体情况分析，但此种列举无法穷尽，并且也是不可能覆盖任何人的特别情况的，而且其充其量是一种心理学标准而不是法学标准，没有为刑法与被告人的对话提出一般性的规则。

第五，被害人恐惧必要说难以说明被害人是法人的情况，因为法人不可能如同自然人一样产生恐惧，但法人行为确实可能受到被告人影响。

第六，被害人行为往往是在事前起到作用，被告人通过了解被害人情况而选择对其可能造成恐惧的行为，但这种作用在事后是不存在的，因为被害人是否恐惧是不确定的，所以被告人行为的性质不会受到恐惧产生与否的影响，而一旦因为没有产生恐惧，损害结果没有发生（例如受控制的“钓鱼侦查”案件中），只能据此认定犯罪处于未遂阶段，而不能排斥犯罪成立。

因此，基于上述缺陷，认为以“意思形成自由受到强迫”代替“被害人恐惧”作为敲诈勒索罪认定的要素之一可能更为合适。与抢劫罪类似，敲诈勒索罪中的强迫手段所危及的人身权利或其他权利是附属法益，其本质仍应落在保护财产不受特定方式的侵害上。这意味着公民转移财产的意思之形成不受他人强迫的自由受到威胁是敲诈勒索罪认定的关键。这种意思形成自由不同于免于恐惧的自由，被害人恐惧是这种意思形成自由受到强迫所展现的一种特定状态。

三、出路：以“意思形成自由受到强迫”替代“被害人恐惧”

明确了敲诈勒索罪有主要法益和附属法益后，侵犯哪一法益可以认定犯罪既遂？过去有认为以构成要件齐备，侵犯主要法益为既遂的观点，但随着法益理论兴起，在例如抢劫等罪名中形成了只要侵犯到附属法益也可以构成犯罪既遂的裁判观点。对于敲诈勒索罪而言，不应该采取上述观点，意思强迫的单独形成仅能认定未遂。这一观点存在争议，例如有学者以强迫劳动罪为例，认为意思形成（决定）自由而非意思活动（实现）自由在本罪中是被保护的法益，其是一种实害犯罪，意思决定自由受侵害即可认定犯罪既遂。然而，考虑到本罪与拐卖妇女儿童罪在历史上的关系，这种观点是否成立值得商榷，强迫劳动罪的根本在于劳动而非强迫，被强迫但没有实际在胁迫下参与劳动的，不构成本罪的既遂，同样的敲诈勒索罪也采取相同方案，应认为对强迫未造成损害结果的行为认定未遂，已经足以对附属法益施加保护。

刑法附带地保护某些权益，并不意味着，这些附带地保护的利益受到侵犯，就足以认定犯罪既遂。应该说，只要认定未遂犯罪，从而科处相应的处罚或谴责，就已经对这些附属法益施加了保护。因此，俄罗斯刑法中所采纳的“不需要财产损失，只需要被告人提出交付财产的非法要求，即可成立勒索既遂”的理解不宜照搬入我国刑法学中。因刑法并未明确规定敲诈勒索罪是行为犯罪，而是通过数额的方式，明确了它是以财产损失作为结果的实害犯罪。针对敲诈勒索罪的既遂时点，行为犯说（只要实施了威胁、要挟方法迫使对方交付财物的行为，即既遂）、恐惧说（造成了对方的精神恐惧，即既遂）、索要说（实施敲诈勒索行为后，到约定地点提取财物时，为既遂）、取得说（被告人取得财物时，为既遂）都片面地强调了威胁或要挟造成他人精神恐惧、侵害人身的一面，没有注意到，取得对他人财物的占有，才是包括敲诈勒索罪在内的所有取得罪侵害他人财产权的实质，因此，被告人未取得被害人的财物，不可能构成本罪既遂。（刘明祥）实务部门也认为，侵犯财产罪属于结果犯，其危害后果主要在于直接造成公私财产的损失，因此，判断这类犯罪的既遂与未遂，一般应当以公私财物所有权是否实际遭到侵犯为标准。敲诈勒索罪的完成形态属于结果犯，即行为人使用了恐吓、威胁等手段，使被害人产生了恐惧感，从而被迫交出财物的，即为既遂；如果未因被告人的行为而产生恐惧或虽有恐惧感，但未交出财物的，均为敲诈勒索的未遂。尽管论者在该处以“被害人产生恐惧感”作为财产损失之前的中介，不甚合理，但论者在敲诈勒索罪既未遂上的理解，还是具有参考价值的。综上所述，敲诈勒索罪乃是实害的结果犯罪，应以财产损失之发生作为其犯罪的结果。这样，防止财产归属出现不当改变和保护财产以免受损失，便是该条款主要的规范保护目的。该主要法益遭受侵害，才意味着敲诈勒索罪构成要件之齐备，才是犯罪既遂。

被害人恐惧必要说被否定后，虽然被害人对行为的反应可能在一定程度上对定罪起到参考作用，但法院应当关注的是被告人是否遵守法律规范，而非被害人在具体案件中如何反应，故而只有被告人所预先估计并用于决定自己如何有针对性地对被害人行动的被害人材料，才可能在犯罪行为的认定上发挥作用，因而对本罪而言，被告人的行为是决定性的。同时，证明“强迫”的存在远较证明“恐惧”的存在容易，其标准也更加明确。综上所述，敲诈勒索罪乃是实害的结果犯罪，应以财产损失之发生作为其犯罪的结果。这样，防止财产归属出现不当改变和保护财产以免受损失，便是该条款主要的规范保护目的。该主要法益遭受侵害，才意味着敲诈勒索罪构成要件之齐备，才是犯罪既遂。

四、结语

采纳这种“被害人恐惧必要说”，既无助于归纳敲诈勒索案件中的社会生活现象，也不符合敲诈勒索罪这一刑法规范的保护目的和刑法条文以被告人作为标准的对话者或者默认的对话者的表述模式。同时，该观点不仅本身标准不明确，难以实际贯彻到底，而且难以说明敲诈勒索未遂和被勒索者是法人的情况。

应该承认，多数说之所以接纳“被害人恐惧必要说”，乃是出于对敲诈勒索罪所保护的法益缺乏研究所致。除了财产是敲诈勒索罪所保护的主要法益之外，它还保护一定的附属法益即被害人转移财产的意思之形成过程不受他人强迫的自由。并非每个敲诈勒索既遂的案件中，皆存在被害人恐惧。但是，意思形成自由受到强迫，却是每个敲诈勒索既遂的案件中都会发生的。在入罪条件上，应当以“意思形成自由受到强迫”替代“被害人恐惧”。敲诈勒索罪与抢劫罪的区别在于，后者以侵犯人身权利为手段取得财产时以绝对的力量彻底取消了对方的意思形成自由，具有针对被害人保卫财产之可能反抗的压制性，而前者缺乏这种压制性，是程度上的区别，例如某甲威胁某乙去打某丙，某乙的意思自由受到了强迫；如果某甲抓着某乙的手去打某丙，某乙事实上就没有意思自由。不过，如果被告人只是侵犯了意思形成之自由，尚未造成财产损失，则不足以认定敲诈勒索既遂。除非他以侵犯对方意思形成之自由的手段，相应地造成了对方的财产损失，才能成立敲诈勒索的犯罪既遂。

课程任课老师点评

简爱：

在学术研究中，我们对事后经验的归纳往往容易陷入一种惯性思维，过度简化或片面化，这种归纳方式其实隐藏着不少风险。特别是在处理复杂的实践问题时，我们必须摒弃这种思维模式，转而带入常识思考，以更宽广的视野和更深入的洞察去看待问题，这样让我们能够更加全面、客观地看待问题，从而找到更为合理和有效的解决方案。蔡老师提到的“被害人恐惧必要说”，这一观点在理论层面上对规范目的的解读过于主观，未能全面考虑被害人的实际感受。同时，在实际操作中，该观点对犯罪既遂、未遂的界定也造成了模糊，给司法实践带来了困扰。蔡桂生老师在博士、博士后期间对这一问题进行了长期而深入的研究。蔡老师凭借深厚的学术功底和不懈的努力，对“被害人恐惧必要说”进行了深入剖析，提出了全新的法律解释与判断标准。这一课题延续至今所取得的理论成果，无疑是对法学研究领域的一大贡献。这一成就，正是对蔡老师深厚学术功底和不懈努力的最好证明。蔡老师的研究也为我们解决类似问题提供了宝贵的思路和经验。同时，蔡老师的经历也启示我们：学术研究并非以文章数目计，而是以漫长的研究过程中推动学术创新的程度衡量。这种创新可能需要数年乃至数十年的积累和沉淀，但正是这样的坚持和付出，才能为学术界带来真正的进步和突破。

学生听课体会

徐同学：

今天听了蔡桂生教授关于敲诈勒索罪中“被害人恐惧必要说”的相关问题的讲座，感受颇深。首先是对敲诈勒索罪的重新认识：蔡教授的讲座让我对敲诈勒索罪有了更深入的理解。特别是他提出的“被害人恐惧必要说”的批判，让我意识到法律条文的解释和应用需要与时俱进，不能简单地将被害人的恐惧作为定罪的唯一标准，如果被害人的恐惧心理是必要的构成要件要素，那么，决定被告人在刑法上是否应负责任以及负多大责任的，将不再只取决于其是否违反了刑法上的规范，而是还要取决于被害人在被告人作出威胁行为之后所表现出的临场胆量大小。这将使法院沦为评定公民胆量的机构，而不再是考察被告人之行为是否违反刑法规范的司法机关。他强调敲诈勒索罪保护的不仅是财产权，还包括被害人的“意思形成自由”，同时，也引发了我对司法实践的反思：讲座中，蔡教授提到的司法实践中存在的问题，如“被害人恐惧必要说”的不确定性和难以操作性，让我对司法实践有了更多的思考。我认为，法律专业人士在处理敲诈勒索案件时，需要更加细致地分析案件的具体情况，而不是简单地依赖被害人的恐惧反应，应具体情况具体分析。

王同学：

蔡桂生老师的讲座深入浅出，就敲诈勒索罪中的一个经常被忽视的“被害人恐惧”这一构成要件要素展开了详细论述与批判，这启发我们在做学术研究时要跳出思维惯性，避免想当然，正如蔡老师所言：“众口一词不意味着理论上就没有疑问”，在学术研究中，我们常常会遇到一些看似已经被广泛接受的观点或理论，我们便更容易陷入一种思维惯性，认为这些观点或理论就是不容置疑的真理。然而，蔡老师的讲座让我们意识到，任何观点或理论都需要经过严格的推敲和批判，才能确保其合理性和正确性。因此，我们在做学术研究时，应当时刻保持一颗怀疑的心，敢于提出自己的疑问，用批判性思维去审视每一个问题，确保我们的研究是基于严谨的逻辑和深入的思考。

第十九讲　不法原因给付与财产犯罪*

讲座嘉宾：

王钢，德国弗莱堡大学（与德国马克思·普朗克外国与国际刑法研究所联合培养）法学博士，现为清华大学法学院副教授、博士生导师，法学院党委副书记。主要研究领域为：刑法学、比较刑法（德国、美国）。出版个人专著 *Die strafrechtliche Rechtfertigung von Rettungsfolter in Deutschland und den USA*（《营救酷刑在德国与美国的刑事合法化》）、《自由主义视野下的刑法问题研究》《德国判例刑法（分则）》等，在《中国法学》《法学研究》等权威期刊发表《自杀的认定及其相关行为的刑法评价》《营救者的损害与自我答责原则》《非法持有枪支罪的司法认定》等论文三十余篇。

* 法学院刑法分论课程讲座。课程名称：刑法分论；开课单位：法学院；授课教师：简爱副教授；课程简介：课程主要讲授刑法分论的基本问题，介绍各类犯罪以及各种具体犯罪的概念和犯罪构成，重点讲授常发犯罪的概念、犯罪构成、定罪及其刑事责任，培养学生运用刑法分则及相关理论区分罪与非罪、此罪与彼罪的能力，了解我国现行刑法的基本规定，提高学生的刑法理论素养，培养理论联系实际的能力。

一、问题的提出

不法原因给付和财产犯罪，是非常典型的刑民交叉话题，而且是刑民交叉领域一个非常困难的问题。在研究的过程中，这个问题的困难主要在于民法中的很多法律关系不易确定。要解决这个问题，首先需要把不法原因给付的一些相关的民法问题进行阐释，在确定了相应的民事法律后果的前提之下，才能够讨论不法原因给付与财产犯罪的关系。

我今天想要交流的内容主要是五个方面，前三个方面都是关于不法原因给付制度本身的，也就是不法原因给付制度的规范目的到底是什么？不法原因给付的构成要件是什么？不法原因给付导致的法律后果是什么？第四个方面和第五个方面就是把不法原因给付跟财产犯罪联系起来。在我看来，不法原因给付所影响的财产犯罪的成立条件其实主要是在两个方面，一个是对于财产认定的影响，另一个是对于认定非法占有目的的影响。

二、民法中的不法原因给付制度

不法原因给付的说法在民法中比较陌生，我们国家的民法更多的用履行一词，所以不法原因给付的研究，要想完全按照本土的民法角度理解也非常困难，因此我们现在大致把不法原因起诉理解为对于不当得利返还请求权的排除。在德国和日本民法中，包括我国台湾地区的“民法”明文规定了不法原因给付，也就是说如果行为人是基于不法原因把财物交给对方，那么这个时候就不能要求对方返还。例如，某人向国家工作人员行贿，把一个古董花瓶作为贿赂交给他，这个国家工作人员收下之后，这个事情无论是否办成，都不能要求他再返还花瓶，此即不法原因排除了返还请求权。

为什么民法中会有这样的制度？民法学界存在着很多的争论。比较早期的观点认为不法原因给付制度是对于不法原因给付者的惩罚。这种观点存在的问题是因为不法原因给付一律的排除返还请求权，而不问双方过错的比例，从公法的角度来看，不符合比例原则的。第二种观点认为不法原因给付保护司法机关的尊严，节约司法资源。这个观点的问题在于给付往往需要经过民事审判程序，才能知道是不是一个不法原因给付，在确认过程中司法资源就已经投入了。第三种观点认为不法原因给付制度是法秩序刻意的拒绝对不法给付者加以保护。这个观点有一定道理，但不是特别妥善的，原因在于在不法原因给付的场合，很多时候双方有对价给付的关系，例如，张三和李四拿枪支换毒品，双方都是不法原因给付，按照拒绝保护说的理论，谁先交换谁就倒霉，那么为什么民法在双方都有违法的时候，单独只保护其中一方而不保护其中另外一方？

现在民法学界特别是德国民法学界比较常见的是采用一般预防说，也就是说不法原因给付制度之所以排除给付者的返还请求权，就是为了增加不法给付者的经济风险，相比之下应该是更为合理的观点。如果我们认为不法原因给付的规范目的是一般预防，那么我们就可以从这个规范目的去建构不法原因给付的成立要件了。从定义上来讲可以大致认为，不法原因给付是指基于违反强制性法律法规或公序良俗的原因而为之给付。从这个定义中我们会发现不法原因给付其实包含了好几个成立的要件，必须有给付行为，必须出于不法原因，此外从一般预防的角度来说，还应该要求给付者对于不法原因至少有潜在的违法性认识，或者说有违法性认识的可能性。

在不法原因给付这个定义下，给付是指有意识、有目的地增加他人的财产，严格说起来跟我们国家说的履行有一些不同。特别地，认定给付或者说认定不法原因给付，必须遵循终局性标准，只有当给付人把相应的利益终局性的给付给对方的时候才构成给付。例如，把花瓶送给国家工作人员，当然是终局性给付，但是在有一些场合如财产出借情形中，把 10 万元钱借给张三用，那么这个时候到底给张三给付的是什么，可能就存在一些疑惑。又如张三在组织人偷越国边境，需要船只，某人将船只借给张三用，那么此时对张三的给付其实并不是船只本身，因为船只本身没有终局性的交付，给付的其实是对于船只加以利用的利益。

这里还涉及一个问题，也是刑法上分歧很大的地方，就是给付和委托需不需要加以区分。我个人认为还是应该要区分，但是也有很多学者认为不应该区分。之所以认为要区分，其实还是基于给付的这种终局性标准的要求，例如某人想向国家工作人员行贿，把古董花瓶交给国家工作人员，这是属于给付；但如果某人为了遮人耳目，自己不去，要求张三把花瓶带给那个国家工作人员，张三自己将花瓶侵吞了，那么这时候对张三交付花瓶是不是一个给付行为，是不是构成一个不法原因给付？有人认为这种情况不叫不法原因给付而叫不法原因委托，因为交付花瓶不是终局性的增加张三的财产，只有当张三把这个花瓶再转交给国家工作人员的时候，给付行为才是完成了。也有一些人不认为给付要遵循终局性的标准，只要把东西交出去就叫给付。

通过考察我们会发现一个很有意思的现象，受德国法影响的老师会强调给付的终局性标准，而受日本法影响的老师往往觉得不应该区分给付和委托。这个问题到底出在哪里？其实背后又隐藏着一个民法问题。日本大多数的刑法学者都认为不应该区分不法原因给付和不法原因委托，是因为日本民法学者认为给付和委托没有区别，日本对于所有权的变动采用债权意思主义，财产所属权利的变化，不需要有交付的行为，只要给付者和接受给付的人之间就转移财产的所有权形成了合意，财产的所有权就已经转移了，因此在日本民法中区分给付和委托根本就是无稽之谈。那么由于日本民法反对这种区分，日本刑法也受影响，我们受日本法影响的老师也会觉得不应该区分不法原因给付和不法原因委托。德国的物权变动跟日本是不一样的，要求有一个物权行为，德国的物权行为是无因的，本身就有法律效力，所以在德国给付和委托是明显有区别的两件事情。虽然我们国家是否承认物权行为在民法学界没有共识的，但是有一点是达成共识的，就是我们国家的物权变动与日本不同，动产的所有权要交付才可以转移，因此应该说给付和委托是有区别的，这对我们认定财产犯罪会有很大影响。

第二个成立的条件相对而言比较简单。当然对于什么叫作原因，什么叫作不法，其实在民法上的争议都非常大，不过我们在刑法中不需要去讨论，原因可以直接理解为给付目的，同时在刑事犯罪实务中碰到的也全是非常典型的不法原因。对于不法原因的认识也存在着很大的争议。也就是说构成不法原因给付，要不要求给付者认识到自己所谓的给付是违法的，或者至少要求他有可能认识到自己所谓的给付是违法的。我认为至少应当要求有潜在的违法性认识，这其实还是基于不法原因给付制度的规范目的在于一般预防，要达到这样的目的，只有当给付者可能认识到自己的行为是违法的时候才能实现。

那么不法原因给付的法律后果是什么呢？最直接的法律后果就是排除不当得利的返还请求权，至于是否有其他的法律效果，还需要考虑中国民法的一些特殊之处，不能完全照搬德国或者日本的制度。虽然德国和日本并不认为这个不法原因给付制度可以排除其他的返还请求权，但是在我们国家应当主张对于不法原因给付制度的类推适用，就是在排除不当得利返还请求权之外，还要承认不法原因给付可以排除所有物返还请求权。这是由于我们国家的民法关于物权的转移采用债权形式主义，物权发生有效的变动需要有一个合法的债权作为基础。例如，向国家工作人员行贿，把古董花瓶赠与国家工作人员，这个花瓶的所有权转移了吗？按我们国家的民法这个花瓶的所有权没有转移，因为没有一个作为基础的合法的债权关系，之所以把这个花瓶交给国家工作人员，是因为要向他行贿，作为基础的债权关系它是违法的。无法形成有效的物权变动，花瓶所有权其实还在行贿人这里。如果不法原因给付只是排除不当得利返还请求权的话，能不能基于所有权要求国家工作人员返还这个花瓶？如果可以的话，那不法原因给付的一般预防的功能可能就实现不了，会导致不法原因给付制度形同虚设，所以必须要让不法原因给付制度排除所有物返还请求权才能让这个制度发挥功能。

那么在什么情况下虽然存在不法原因给付，但是还有可能肯定行为人的返还请求权？首先是侵权责任，也就是受理人欺骗给付人实施不法原因给付。例如，张三欺骗李四称可以代替购买毒品，李四给张三 10 万块钱买毒品，但没有实际购买。那么这时李四的意图是想要买毒品，是一个不法原因，李四可以要求张三把这 10 万块钱返还给他吗？德国民法和日本民法都认为可以，理由就是张三是对李四进行欺骗，才导致李四给付了这 10 万块钱去买所谓的毒品，那么这个时候张三对于李四负有侵权责任。那么基于这种侵权责任，李四可以要求张三返还这 10 万块钱，这是德国民法采用的路径，日本民法采用的是另外一条路径，在民法中明确规定了不法原因给付制度的例外，即不法原因仅在于受理人一方的时候，不法原因给付制度是例外的，不排除返还请求权。我个人倾向于德国法的路径，因为日本法律的路径有一个问题，就是始终要去比较给付人和受理人之间的过错。在刚才我们举的这个例子中虽然张三是骗李四，可是李四想着去买毒品，怎么能说李四没过错呢？那么既然李四也有过错，怎么叫不法原因仅在于受益人一方呢？因此不如采用德国法的这种路径，认为不法原因给付不排除侵权责任返还请求权，就可以解决刚才我们说的这个问题。

然后还有第四点，由于给付要强调一种终局性的标准，所以在具体的情形下，需要谨慎地判断行为人到底是就什么构成一个不法原因给付的。比如像张三知道李四在组织他人偷越国边境，把自己的船只借给李四去使用，那么张三给李四进行的不法原因给付，到底给付的是什么？我们刚才说不是船只本身，因为张三并没有把船只终局性的给付给李四的意思，所以张三是可以要求李四把船只返还给自己的，那么张三不能要求李四给自己的是什么？是船只的使用利益，也就是说船只的租金，因为就船只的使用利益而言，张三是构成不法原因给付的。但是对船只本身而言，张三并没有不法原因给付，所以他其实是可以把船只要回来的，而且这个时候其实我们允许张三要回船只，李四组织他人偷越国边境的不法行为就很难实施，所以这种时候允许张三把船只要回来，对于阻止李四的这个进一步实施不法行为反而是有利的。

最后还有一点就是不法原因给付与没收制度。我们国家不太研究不法原因给付，也有一个很重要的原因，是因为不法原因给付的行为，往往是违反强制性的法律规定的。那么既然违反强制性的法律规定，不管是违反了行政法也好，还是违反了刑法也好，相应的财物要被没收，所以民法往往认为没收财产归于国家是既定结果，对于不法原因给付这个问题没有特别大的研究热情。但是从刑法上来说，财物在被没收之前，还有构成财产犯罪的问题，比如向国家工作人员行贿，把古董花瓶送给他之后又后悔了，又去他家里把这花瓶给偷回来了，那么这个花瓶作为一个贿赂物，最终要被没收，但问题是在它被没收之前，从国家工作人员家里把这个花瓶偷回来，这个行为在刑法上怎么评价？这里有两层不同的法律关系，不法原因给付解决的问题是当我把这个花瓶交给国家工作人员之后，我和这个国家工作人员就这个花瓶的民事权利的归属问题，这是一个民法问题。至于行贿人构成行贿，国家公务员构成受贿，所以这个花瓶要被没收，这是一个刑法的问题。所以在这种情况下，不能把不法原因给付跟没收制度混为一谈。例如，行贿人把花瓶给了国家工作人员，也没有去偷回来。案发之后这个花瓶肯定要被国家没收，虽然看起来国家只是实施了一个没收行为，但它其实背后有两层法律关系。严格来说，国家工作人员应该先把这个花瓶还给行贿人，然后国家再从行贿人那里把这个花瓶收走，虽然我们实务中不这么操作，但是实际上这两层法律关系是现实存在的。

三、财产的认定

不法原因给付在财产犯罪中主要影响两个犯罪成立条件，一个是财产的认定，还有一个是非法占有目的的认定。这里第一个问题就是涉及刑法中的财产到底是什么意思，有多种不同的学说，比较主流的学说有两种，一种是纯粹的经济财产，也就是说任何有经济价值的都叫作财产；另外一种观点是大多数学者包括我本人所支持的法律经济财产说，也就是说能够被认定为是财产的利益，首先它必须要有经济价值，其次它还必须是法律所认可的经济价值，如果是法律不认可的经济价值，不叫财产，例如黑社会之间的非法借贷也有债权形式和实现的可能性，但这种非法的债权不受保护，就不属于财产。

从法律经济财产说出发，再结合我们刚才关于不法原因给付制度的讨论，我们对于一些具体的案件在刑法中怎么处理就可以有一个大致的结论。首先对于不法取得的无权占有，原则上还是受法律保护的。比如说甲行贿把古董花瓶送给国家工作人员乙，乙后来被查处，甲把花瓶偷回，这是一个不法原因给付，所以甲是没有权利去把这个古董花瓶再重新要回来的，古董花瓶实际上已经变成了国家工作人员的财产，虽然国家工作人员是无权占有，但这种无权占有也受民事法律的保护，所以如果甲去把这个花瓶偷回的话，依然是侵犯了乙的无权占有，所以应该构成盗窃行为。然后是用于不法目的的财物，也就是欺骗他人实施不法原因给付，那么这个时候比如像我们刚才其实也提到这个例子，甲谎称向乙出售毒品，欺骗乙交付毒资，然后等乙交付毒资之后，甲又不向乙交付毒品，那么这个时候乙交付毒资其实是一种不法原因给付，但是还是可以要求甲返还相应的投资，因为乙对于毒资仍然有返还请求权，那么对于甲来说，甲对乙的毒资就可以构成诈骗罪。

对于不法的劳务或者服务，如果采用法律经济财产说，这些不法的劳务或者服务虽然有经济价值，但是不受法律保护，因此不能被认定为是刑法上的财产，行为人取得这样的不法劳务或者服务的，不能构成财产犯罪。例如甲谎称愿意支付嫖资，欺骗卖淫女提供性服务，就这个所欺骗的性服务而言，甲不能成立财产犯罪，因为性服务没有经济价值，即使有也不是一个被法律秩序所认可的经济价值。然后还有所谓的无效的请求权，由于它本身不受法律的支持，所以也不能被认定为是一种财物。比如说甲乙两个人合谋盗窃，约定说收到钱之后平分，然后甲偷得 10 万块钱，但是对乙说其实只偷了 6 万，平分给乙 3 万，那么甲对于欺骗而负的 2 万的所谓债务，是不能构成诈骗的，原因在于乙没有任何恰当的民法上的权利要求给付。

四、非法占有目的

最后一部分是关于非法占有目的的认定，我们国家的财产犯罪基本上都以行为人具有非法占有目的为成立前提，那么什么叫作非法占有目的？这个非法是指行为人意图造成的财产状态客观上不符合法律所确立的财产秩序。在这种情况下，对于非法占有目的的认定就要结合民事法律关系来认定。例如，甲委托乙将 10 万元现金转交给国家工作人员丙，乙取得这个现金之后自行侵吞。在甲把 10 万元现金交给乙的时候，甲其实还不构成不法原因给付，只是一种不法原因委托，就可以要求乙把这 10 万块钱现金返还给自己，乙违背甲的意思把 10 万元现金据为己有，所造成财产状态和法秩序所要求的财产状态不一致，所以应该认为乙对于这 10 万元具有非法占有目的。

第二种情形就是真正的不法原因给付的场合，那么在这种真正的不法原因给付的场合，行为人到底构不构成财产犯罪，构成什么样的财产犯罪，什么范围内构成财产犯罪，就都要结合不法原因给付的法律后果去判断。比如说甲向乙借 10 万块钱高利贷，按照合法的利率，甲应该向乙偿还本息 12 万元，但是按照非法的高额利润甲应该向乙偿还本息 25 万，那么甲还了 5 万块钱之后就无力偿还本息，于是把自己价值 30 万的私家车质押给乙，当天晚上甲反悔，从乙处把私家车拖回。这个案件中我们就会发现，虽然甲乙之间有违法的高利贷，但也有部分正当的债权债务关系，甲其实应该要向乙返还 12 万，甲只还了 5 万，也就是说甲还欠乙 7 万块钱，那么甲把这个自己价值 30 万的私家车质押给乙的时候，乙应该是合法地取得了这个质权，合法地取得对于车的占有，那么甲再从乙那里把这个车偷回的话，应该说是甲侵犯了乙对于这个私家车的合法占有，可以构成盗窃罪。但是还有一个问题，盗窃数额是多少？这个时候盗窃数额不能算 30 万，因为这个车虽然价值 30 万，但是它所承载的质押的价值其实只是甲还没有还的那 7 万块钱，所以盗窃数额应该是按 7 万块钱来计算。

还有一个例子就是甲非法出售境外彩票，并且组织开奖兑奖，彩民乙拿了 3 万元给甲，从甲处购买非法彩票后现场开奖都没有中奖，乙就趁甲不注意取回 3 万元现金逃跑。那么乙对于这 3 万元现金能不能构成盗窃罪，其实就取决于乙对这 3 万块钱有没有非法占有，而这实际上又取决于乙在民事法律上有没有权利要求甲返还这 3 万块钱。在这种场合下，我们应该认为乙向这个甲交付的 3 万块钱是用来购买非法的境外彩票，其实就是赌博，构成不法原因给付，乙没有权利要求甲返还购买彩票的款项，那么乙把这 3 万块钱窃回构成盗窃罪。我们国家的司法解释在这个问题上看法不一致，例如在抢劫的场合中以自己所输的赌资或者是所欠的赌债为对象实施抢劫的，不构成抢劫罪。这里其实存在一些问题，因为在赌博的场合，应该认为参与赌博的人所投入的资金构成不法原因给付，不应该允许参赌人员要回自己的资金，如果允许他要回来的话，赌博岂不是一种没有风险的行为，反而可能会导致赌博行为更加泛滥。

课程任课老师点评

简爱：

王钢老师奉献了一场非常精彩且翔实的讲座，无疑是一场知识的盛宴，王钢老师以深入浅出的方式，将复杂的法律问题讲解得清晰易懂，使在场的同学们能够轻松理解并深受启发。虽然之前也拜读过王钢老师的很多文章，但直到今天才真正理解为什么有德国留学背景的学者们非常重视对不法原因给付和不法原因委托的区分，以及自己之所以认为没有区分必要是因为在日本留学期间，深受日本刑法理论与民法理论的影响，所阅读的文献都倾向认为对二者无区分必要。王钢老师的讲座不仅关注理论层面的探讨，更将理论与实践相结合，从实际问题出发去寻找解决问题的途径。王钢老师在讲座中所举的案例生动形象，巧妙结合了刑法研究中的“不法原因给付”与“权利行使”两大难题，具有极高的代表性。此外，王钢老师对于刑民交叉问题的研究具有独到见解，极具启发性，为我们今后的研究提供了宝贵的参考。我们在坚持刑法的实质判断和相对独立判断的同时，并不是拒绝对民法知识的吸收，而是在了解和认同的基础上，从刑法的视角出发进行研究。在进行刑民交叉问题研究时，丰富的民法知识是不可或缺的，我也深深认同民法知识在刑民交叉问题研究中的重要性。王钢老师的讲座对同学们今后的学术探索具有重要的指导意义，也为我们本学期刑法分论课程拉上了一个圆满的帷幕。

学生听课体会

宋同学：

我有幸参加了王钢副教授关于“不法原因给付予财产犯罪”的讲座，从中受益颇丰。王老师从不法原因给付制度的规范目的入手，深入浅出地系统介绍了不法原因给付构成要件及其法律后果，并深入剖析了不法原因给付在财产犯罪认定中的影响，特别强调了民法中不法原因给付制度对于判断“财产”和“非法占有”目的的重要性。本次讲座不仅让我对不法原因给付制度有了更全面的了解，而且解决了我在课堂汇报时的疑惑，即按照不法原因给付制度的原理，抢劫所输赌债和所赢赌资理应构成抢劫罪。

王同学：

王钢老师的讲座将原本复杂的不法原因给付制度，以深入浅出的方式娓娓道来，使我们能够轻松理解并吸收其中的精髓。整个讲座过程一气呵成，通过生动的案例和精准的分析，解开了我们心中的许多疑惑，这也体现了王钢老师深厚的学术功底，在讲座中，王钢老师详细阐述了不法原因给付制度的规范目的、构成要件，将其与财产犯罪中的“财产”和“非法占有目的”联系起来，使我们对这两者之间的关联有了更为深刻的认识。可以看出，王钢老师在民法领域的知识储备同样深厚。这种跨学科的融合与贯通，为我们提供了宝贵的启示，我们应该向王钢老师学习，不断探索和拓展自己的知识领域，提高自己的专业素养和综合能力。

第二十讲　人类认知的计算建模研究：认知心理学视角 *

讲座嘉宾：

本次讲座嘉宾为陈琦教授。陈琦教授是比利时根特大学心理学博士，深圳大学心理学院特聘教授、博士生导师，深圳大学心理学院院长；教育部“青年长江学者”。担任《心理科学》和 *Frontiers in Neuroimage for Cognitive Neuroscience* 副主编、国际心理学期刊：*Neuropsychologia* 编委、国内心理学期刊《心理科学进展》和《应用心理学》编委；担任中国心理学会情绪与健康专委会副主任委员以及多个学术组织分委员会委员和理事。长期致力于建立心理认知过程的计算模型，近期主要聚焦在强化学习与认知的计算模型的构建和计算精神病学；同时，采用多种实验方法和技术验证计算模型的预测并探讨心理认知过程的脑神经活动机制。

---

* 社会与心理学院应用心理学前沿讲座下课程讲座。课程名称：应用心理学前沿讲座下；开课单位：社会与心理学院；授课教师：张丽 教授；课程简介：应用心理学前沿讲座将邀请专业嘉宾进行分享，深度探讨当今心理学领域的最新进展和研究趋势。通过探讨前沿理论和最新研究成果，旨在为学生提供全面的视角，激发学生在研究中持续创新。这些分享将为学生提供与心理学专家互动的机会，帮助学生了解最新的理论和实践动态，从而不断拓展自己的学术视野，并在未来的研究和实践中取得更大的成就。

首先，陈琦教授做了背景介绍。第一，介绍了人类认知的定义，即人类认知反映了一系列关于获取，存储，改变和回溯信息的心理过程，该定义相当于建构了一个模型，它把人类认知类比为了计算机，用计算机的术语来解释人类的认知。之后解释了建构模型的意义，即我们可以用计算模型来理解不同的认知功能背后的计算机制，也就是架构一个可以来模拟人怎么产生注意，记忆等认知过程的理论模型，这种模型最后可以列成公式，可以运用到机器上去，使得机器可以像人一样来思考，产生注意，记忆等认知过程。第二，介绍了目前研究人类认知的方法，包括认知心理学和认知神经科学，以及它们的局限：认知心理学是通过测量反应时和准确率等，来研究和推断认知背后可能的机制，它的局限在于它是通过反应时和准确率反推人类认知机制，无法有效解释复杂心理学现象；认知神经科学是通过测量大脑反应，来研究人类大脑如何编码、处理和实现认知功能的，它的局限在于，它也是通过反应时和准确率与大脑信号的相关反推神经机制，容易因为复杂的大脑系统而导致任务相关信号难以被发现。

进而引出了计算模型，陈琦教授讲解了人类认知建模的历史，并着重讲解了影响很深远的 David Marr 的三层次理论，该理论告诉了我们怎样去实现计算的基本的三层结构，即当我们要理解人类的认知，我们可以从三个计算层面去理解：第一个是计算层面，它用很抽象的算法回答了为什么，如何去解决问题；第二个是表征层面，它回答了到底操纵了什么，表征了什么，体现了什么规律；第三个是物理层面，它回答了在神经层面是如何实现的。之后点明了计算模型和传统的方法的区别在于，当我们对一个刺激进行加工，并且测量了相应的反应时，准确率和大脑的活动后，从刺激出现到做出行为之间这段时间大脑是如何工作的，不是靠猜测的，而是通过数学公式把这个认知过程描述出来，之后再看这个数学公式是不是能很好地解释我们的行为数据和影像数据，也就是把之前猜测的过程用数学公式来表示了。

之后，陈琦教授给我们展示了人类认知计算建模的例子：

该研究用的概率反转学习任务，并记录它的脑电信号，然后建立一个强化学习计算模型，来模拟这个过程，进而揭示层级学习的计算行为与神经基础。

第二部分，陈琦教授简述了一下建立认知模型的战略意义，包括对于计算精神病学，人工智能，自然科学，人类发展进步等的意义。

第三部分，陈琦教授讲解了发展现状，陈琦教授引入数据，发现近 10 年，国际学术界的人类认知的计算建模成果众多且逐年递增，但是国内发展相对缓慢。

之后重点讲解了目前主要有哪些计算模型，可以用在理解人的认知过程中：

一、强化学习模型

它是一种允许智能体（agent）与环境直接进行交互的机器学习算法，是一种以最大化收益为目标的时序建模框架。也就是我们会和外界刺激产生互动，互动完后会有一个预期，但是预期和现实是有误差的，它就会根据这个预期误差调整行为，有可能下次它就不会做这个行为了，即该模型的核心概念为预期误差和学习率（也就是一旦发生预期误差后，我们用多快的速度能调整自己）。这个模型可以用在认知领域的决策，学习，记忆中。

之后陈琦教授还运用了两个研究来加深我们的理解：一个是 Daw 等研究者用两阶段决策任务来研究人类如何根据奖励信号调整决策行为的研究，在被试做任务的同时扫描他的大脑，并用强化学习模型来模拟做这个任务的过程，最后得出结论：人类决策既表现出无模型学习的特征，又表现出基于模型学习的特征，纹状体和 mPFC 既反映无模型奖励预期误差，又表征基于模型的状态预期误差[①]。

另一个是将该模型应用到社会决策领域的研究，该文献运用多阶段群体决策任务，并用强化学习模型来模拟该过程，想要研究在社交情境下，人类如何结合直接学习和观察学习进行个人决策，最后得出结论：基于直接经验和社会经验的估值在 vmPFC 和 ACC 中具有可分离但相互作用的神经表征。

二、神经网络模型

该模型是由大量的人工神经元连接起来进行计算。在机器学习和认知科学领域，它是模仿生物神经网络的结构和功能，用于估计或近似函数的数学模型或计算模型，它主要用在人工智能的自动驾驶、ChatGPT，人类认知的模式识别、语言处理等领域。

同样地，陈琦教授也列举了两个研究来让我们更好地理解该模型：

一个是 Mei 等研究者用掩蔽图片识别任务，来研究大脑如何表征无意识视觉信息。最后得出结论：在无法识别图片的时候，图片的信息依然能够从人脑和模型中读取出来；无意识信息加工涉及前额叶，而且无意识和有意识信息表征的大脑区域

---

① Daw, N. D., Gershman, S. J., Seymour, B., Dayan, P., & Dolan, R. J. (2011). Model - based influences on humans' choices and striatal prediction errors. *Neuron*, *69* (6), 1204 - 1215. https://doi.org/10.1016/j.neuron.2011.02.027.

是相同的。该结论为拓展 Global Workspace 意识理论提供了计算建模的证据①。

第二个是 Flesch 等研究者研究神经群体如何编码多个可能相互冲突的任务。因为我们大脑中的神经元在表征东西的时候是正交的，而不是相关的，所以如果我们训练机器记住一个规律，另外一个之前记住过的规律就会被遗忘，但是该研究中研究者把训练的环境进行了变化，创造了两个环境，一个是“lazy”的环境，也就是快速学习；另一个是“rich”的环境，也就是精细学习。他没有改变神经网络本身，而是用不同的训练方式，可以完成之前不能完成的任务，使得这些算法可以更像人一样来完成这些事情。最后研究结果发现：任务两个维度的神经编码在 dlPFC 等脑区表征。在“lazy”时，模型表征结构集中在低维度（很快就学完了）；在“rich”时，模型表征结构拓展到高维度（精细地学习任务特征）。

三、贝叶斯模型

该模型可以处理不确定性，它是基于似然，先验概率和后验概率来解释个体对不确定状态的推理过程，主要用在人工智能的 AI 识别，人类认知的不确定性、感知、推理等领域。

陈琦老师讲解了应用该模型的例子。第一个是研究在不确定环境下，贝叶斯信念更新如何影响注意分配过程，这一过程将如何反映在大脑活动中。研究者运用运用 Posner 中央线索范式，创造了一种不确定的环境，之后看人是怎么来完成相应的任务的，同时记录他的脑电，之后运用数据拟合一个贝叶斯模型。研究结果发现：波动环境下，层级贝叶斯信念更新是注意分配的计算神经基础。

Alpha 编码的不是注意资源本身，它编码的是贝叶斯信念，也就是从主观角度算出来要放多少注意资源在这个刺激上，也就是注意加工的贝叶斯信念更新过程反映在 Alpha 频段活动上，这拓展了贝叶斯模型在感知觉研究领域的应用②。

第二个是研究大脑进行知觉推理时，对规则切换是如何表征的。该研究用的任务是规则匹配任务，研究者发现光栅到底是匹配左手还是右手，大脑是通过贝叶斯的方式推导出来的，也就是运动皮层到视觉皮层链接的强弱，反映的是贝叶斯信念，

① Mei, N., Santana, R., & Soto, D. (2022). Informative neural representations of unseen contents during higher-order processing in human brains and deep artificial networks. *Nature Human Behaviour*, *6* (5), 720-731. https://doi.org/10.1038/s41562-021-01274-7.

② Li, X., Friedrich, P., Patil, K.R., Eickhoff, S.B., & Weis, S. (2023). A topography-based predictive framework for naturalistic viewing fMRI. *NeuroImage*, *277*, 120245. https://www.neurosciences-duesseldorf.de/news-detailansicht/li-et-al-neuroimage-2023.

我们依靠计算模型可以算出贝叶斯信念①。

四、统一模型架构

自由能理论是对大脑功能的统一解释，能够统一贝叶斯推理、预测编码等思想。贯穿自由能理论的主题是：优化。即大脑寻求最小化的自由能，就是把人脑的 surprise 降低。有研究者用线索预测性调节任务验证了这个理论，他发现仅在线索任务相关时，预测性能够提高反应准确率，并反映在 MTG 和 TPJ 的 Beta 波中，支持了大脑产生内部预测以优化行为②。

传统的认知模型会为个体的判断配置一个确定的概率，但量子理论要求认知系统既有不确定性（波动性），也有确定性（粒子性）。从神经影响层面可以印证该理论的研究只有一个研究，就是 Li 等研究者在 Nature Human Behaviour 上发表的用爱荷华赌博任务来研究量子强化学习的，该研究发现不确定性和选择结果（惩罚/奖励）的可区分性反映在大脑的 MeFG/ACC、中央前回、脑岛、MiFG、顶下小叶和梭状回区域③。

随后，陈琦教授又深入讲解了一下现在的发展热点——计算精神病学：计算精神病学结合多个层次和类型的计算，与多种类型的数据，以努力提高对精神疾病的理解、预测和治疗。还讲解了几个例子。

第一个是 Peng 等人用 PIT 实验范式和 Rescorla - Wagner 计算模型来揭示强迫症患者强迫行为异常的计算机制④。

第二个是研究精神分裂症幻听产生的心理与计算神经机制，我们知道精分的病人会有幻听的症状，幻听是大脑想象出来的还是真实存在的，通过功能核磁和巴普洛夫学习任务，研究者们发现精分病人两者都有，精分病人虽然没有听到声音刺激，但是他的听觉皮层会有激活；正常人听到声音是通过外部输入产生的，但精分的病

① Van den Brink, R. L., Hagena, K., Wilming, N., Murphy, P. R., Büchel, C., & Donner, T. H. (2023). Flexible sensory - motor mapping rules manifest in correlated variability of stimulus and action codes across the brain. *Neuron*, *111* (4), 571 - 584. e9. https://doi. org/10. 1016/j. neuron. 2022. 11. 009.

② Auksztulewicz, R., Friston, K. J., & Nobre, A. C. (2017). Task relevance modulates the behavioral and neural effects of sensory predictions. *PLOS Biology*, *15* (12), e2003143. https://doi. org/10. 1371/journal. pbio. 2003143.

③ Li, J. - A., Dong, D., Wei, Z., Liu, Y., Pan, Y., Nori, F., & Zhang, X. (2020). Quantum reinforcement learning during human decision - making. *Nature Human Behaviour*, *4* (3), 294 - 307. https://doi. org/10. 1038/s41562 - 019 - 0804 - 2.

④ Peng, Z., He, L., Wen, R., Verguts, T., Seger, C. A., & Chen, Q. (2022). Obsessive - compulsive disorder is characterized by decreased Pavlovian influence on instrumental behavior. *PLOS Computational Biology*, *18* (10), e1009945. https://doi. org/10. 1371/journal. pcbi. 1009945.

人更多的是通过前额叶的信号在调节，同时这个调节信号可以通过计算模型来模拟出来。所以最后得出的结论为：幻听受到先验信念影响；颞上沟、脑岛、小脑活动反映不同层级的信念[①]。

第四部分，陈琦教授讲解了未来的发展趋势为融合深度学习和强化学习、融合贝叶斯和强化学习、构建通用人工智能理论以及揭示异常认知的计算机制。

最后，陈琦教授简述了一下目前的关键科学问题，我国研究基础与优势，以及政策建议。

① Powers, A. R., Mathys, C., & Corlett, P. R. (2017). Pavlovian conditioning - induced hallucinations result from overweighting of perceptual priors. *Science*, *357* (6351), 596 - 600. https://doi.org/10.1126/science.aan3458.

课程任课老师点评

张丽：

陈琦教授远道而来给我们带来的这场讲座非常精彩！讲座内容真正地走在国际前沿，让我受益匪浅。之前对建模只是浮于表面的理解，但是今天陈琦教授从现有研究方法的局限引入计算建模的必要性，让我们真正明白了在心理学领域采用计算建模的重要性和意义。陈琦教授结合具体研究深入讲解了我们现在常用的模型，比如强化学习模型、贝叶斯模型等。这些模型目前广泛应用在决策和学习领域，开阔了我们的视野，让我们知道未来如何应用这些模型。

我觉得今天这场讲座对我很有心理建设作用。第一个方面这次的讲座降低了我对于人工智能的焦虑。目前人工智能技术飞速发展，比如ChatGPT不断更新，我们的很多职业是否会被取代呢？很多人都对这个问题感兴趣，担心我们的工作未来会被替代。不过今天陈琦教授的讲座让我了解到虽然现在人工智能发展得很快，但是它也只是一个机器而已，和我们的人脑加工还是有云泥之别的，比如一旦涉及规则转换，机器的智能就无法与人类相媲美，它缺乏人类思维的灵活性；第二个方面是它使我信心增强了。之前对认知建模是有所了解的，知道它是现在国际前沿发展的一个潮流，是我们必须要去学习的一个方法，但是一直在心理上会有抵触，觉得它学起来门槛很高。但是今天陈琦教授讲完后，我对计算建模的底层逻辑有了更加清晰的认识，对于去学习运用建模也更有信心了。学习计算建模不仅对我们的研究有极大的意义，对以后的就业也会有很大的帮助，希望同学们可以积极参与到计算建模的学习中来。

学生听课体会

段同学：

计算建模如何与心理学研究相结合？AI 如何与心理学研究相结合？今天陈琦教授的讲座给了我答案。

很长时间以来，人类的心理过程总被称作一个“看不见摸不到的黑箱”。主流的心理学行为实验试图通过测量行为指标来反推心理过程，比如采用反应时与准确率，但如何从心理反映到行为仍旧是个谜；而认知神经科学在测量技术上取得了突破，通过 fMRI 与 EEG 等技术来探寻心理活动的脑区与脑电波，但心理的具体过程仍只能依靠推测。

而今天介绍的人类认知计算建模方法试图揭开这个“黑箱”。该研究方法将行为任务、计算建模与大脑影像相结合，用数学建模来描述人脑中的心理过程，从而解释外界刺激到人脑反应的中间过程。该方法已经揭示了部分人类认知机制，比如利用概率反转学习任务提出高速滤波器模型、揭示精分的幻听机制等。解释人类思维的同时，这种机制的解释还能将算法迁移至人工智能领域，从而促进 AI 的发展。

翟同学：

这次讲座中，陈琦教授为我们讲授了从认知心理学出发的人类认知的计算建模研究，这是一项旨在理解和模拟人类思维过程的跨学科领域。通过可量化、可预测和有限制的模型，和大脑信号一起，解释认知功能背后可能的计算机制。

这场讲座中最令我印象深刻的是，这一研究能够为计算精神病学领域带来的价值与贡献。通过建立正常人的模型，然后让精神病患者完成同样的任务，对比二者的行为和信息加工异同，这种方法为研究精神疾病提供了全新的视角。通过这种比较，我们可以揭示精神疾病背后的计算机制的异常，确定疾病对认知功能的具体影响，从而为精准诊断和治疗提供更可靠的依据。陈老师在讲座中生动讲述了“强迫症患者异常的操作行为如何受线索影响”的研究实例，既帮助我深刻理解了相关研究的原理和实操过程，又为我未来的研究提供了新的思路和方向。

第二十一讲　应用眼动技术考察经济决策的心理机制 *

讲座嘉宾：

刘洪志：南开大学社会学院社会心理学系讲师，博士毕业于中国科学院心理研究所，主要研究兴趣在于运用眼动追踪技术考察行为决策的心理机制。以独立或一作身份在《心理学报》、《心理科学》、*Cognition*、*Journal of Experimental Psychology*、*Journal of Behavioral Decision Making*、*Judgment and Decision Making*、*Acta Psychologica*、*Asian Journal of Social Psychology*、*Frontiers in Psychology* 等刊物上发表论文 10 余篇，主持国家自然科学基金和教育部人文社科基金各 1 项。

---

* 社会与心理学院应用心理学前沿讲座下课程讲座。课程名称：应用心理学前沿讲座下；开课单位：社会与心理学院；授课教师：张丽 教授、孙玲 副教授；课程简介：应用心理学前沿讲座将邀请专业嘉宾进行分享，深度探讨当今心理学领域的最新进展和研究趋势。通过探讨前沿理论和最新研究成果，旨在为学生提供全面的视角，激发学生在研究中持续创新。这些分享将为学生提供与心理学专家互动的机会，帮助学生了解最新的理论和实践动态，从而不断拓展自己的学术视野，并在未来的研究和实践中取得更大的成就。

一、引言

眼动技术是一种科学方法，用于测量和记录个体在观察或阅读时眼睛的运动。通过追踪眼睛的注视点、眼跳和瞳孔大小等参数，这项技术能够提供关于视觉注意力分配、信息处理速度和认知负荷的重要信息。在经济决策领域，眼动技术发挥着重要作用，它可以帮助研究者了解个体在面对经济决策时如何分配注意力，揭示他们在决策过程中的信息搜索策略，以及他们如何在不同选项之间进行比较。此外，眼动技术还可以用于推断个体对风险的态度和偏好，研究时间压力对决策行为的影响，以及情绪状态如何影响经济决策。结合神经成像技术，眼动技术还能提供关于经济决策神经基础的深入了解。在消费者行为研究中，它有助于理解消费者对广告和产品的视觉注意力模式。在实验经济学中，眼动技术可以用来研究参与者如何处理实验信息，并将其整合到决策中。此外，眼动技术还可以揭示不同个体在决策风格和策略上的差异，这可能与性别、年龄、文化背景或经验有关。总的来说，眼动技术为经济决策研究提供了一个独特的视角，增进了我们对经济行为的理解，并为设计更有效的决策支持系统和改善经济政策提供了可能。

二、眼动技术在经济决策研究的应用

（一）风险决策中为自己－为所有人决策差异的眼动研究

本研究是一项关于风险决策理论的研究，特别是探讨了基于期望值最大化的理论在不同决策情境下的适用性。研究通过眼动追踪技术，比较了个体在为自己单次决策、为自己多次决策以及为所有人决策时的风险决策行为及信息加工过程的差异。

本研究提出了以下四个假设：

H1：*为所有人决策任务和多次决策任务的扫视轨迹模式的相似性应高于为所有人决策任务和单次决策任务的相似性。*

H2：*为所有人决策任务和多次决策任务的信息获取深度和信息加工复杂度应高于单次决策任务，且比单次决策任务更多采用基于选项的信息搜索模式。*

H3：*眼动指标（即信息获取深度、信息加工复杂度和信息搜索方向）可中介决策任务对个体的选择是否符合期望值（EV）预测的效应。*

H4：*结果维度差异的量级（简称结果差异）应当影响单次决策任务的信息加工*

过程（如信息获取深度），而选项间期望值（EV）差异的量级（简称 EV 差异）不会有此效应；EV 差异应当影响为所有人决策任务和多次决策任务的信息加工过程（如信息加工复杂度），而结果差异不会有此效应。

实验 1，即“为所有人决策任务”（D - everyone task），旨在探究个体在面对需要为所有人作出决策的情景时，是否会采用期望值最大化理论来指导其决策行为。在这个实验中，52 名大学生作为参与者，他们被要求在一系列风险选项中做出选择，这些选项涉及不同的期望值（EV）差异和结果差异条件。每个决策都被假设为所有面临相同选择的人的最终决定，即每个人会接受相同的选项但可能面临不同的结果。实验过程中，使用 Eye - Link 1000 眼动仪记录参与者的眼动数据，以分析他们的视觉注意力和信息加工过程。正式实验前，参与者完成校准和练习试次，以熟悉任务要求。实验结果显示，与单次决策任务相比，参与者在为所有人决策任务中更倾向于遵循期望值最大化理论，这体现在更高的理论预测准确率和更长的决策时间上。眼动数据分析揭示了为所有人决策任务的扫视路径模式与多次决策任务相似，但在信息获取深度和加工复杂度上与单次决策任务存在显著差异，表明在为群体作出决策时，个体的决策策略和信息加工过程与为个人单次决策时不同。这些发现为理解期望值最大化理论在不同决策情境下的适用性提供了重要见解。

实验 2，即多次决策任务（D - multiple task），是为了研究个体在面对需要重复作出相同决策的情况时，其决策行为是否与单次决策时有所不同。在这项实验中，参与者被告知他们所作出的选择将被重复执行 100 次，这意味着他们需要考虑决策的长期影响。实验设计模拟了重复决策的情境，旨在观察个体是否会因为决策结果的累积效应而更倾向于采用基于期望值最大化的理论。通过眼动追踪技术，研究者详细记录了参与者在面对重复决策时的视觉注意力分配和信息处理模式，以期揭示在多次决策中，个体是否会展现出更加系统和全面的信息搜索行为。实验结果表明，与单次决策任务相比，参与者在多次决策任务中表现出更高的期望值理论预测准确率，以及更长的决策时间，这可能反映了在重复决策中，个体更加重视选项的期望值，从而更可能采用期望值最大化的策略。此外，眼动数据分析显示，多次决策任务的扫视路径模式与为所有人决策任务相似，但在信息加工深度和复杂度上与单次决策任务有显著差异，这进一步支持了在重复决策情境下，个体更可能采用基于期望值的决策策略。

实验 3，也就是单次决策任务（D - single task），旨在探究个体在为自己作出只执行一次的决策时是否会采用期望值最大化理论。在这项实验中，参与者面对的是两个选项，他们需要在这两个选项中作出选择，并且明确知道这个选择只会应用于他们自己，且只执行一次。这个设置模拟了个体在日常生活中常见的单次决策情境。通过眼动追踪技术，研究者能够捕捉到参与者在作出决策时的实时视觉注意力模式，包括他们注视选项的时间和顺序，从而推断出他们的信息处理方式。实验结果显示，在单次决策任务中，参与者的选择行为、决策时间和眼动指标与为所有人决策任务和多次决策任务存在显著差异。具体来说，单次决策任务的扫视路径模式内部一致性较低，表明个体在单次决策中可能更多地依赖启发式或非期望策略，而不是期望值最大化理论所预测的全面信息加权求和过程。这些发现为理解个体在单次决策中的行为提供了新的视角，并提示在描述个体决策行为时，可能需要考虑除了期望值最大化以外的其他决策模型。

研究通过眼动追踪技术进行的风险决策研究表明，基于期望值最大化的理论在描述个体为所有人决策或在多次决策情境下的行为时是有效的，但在个体为自己进行单次决策时则预测力不足。研究发现，当个体为所有人或在多次决策任务中作出选择时，他们更可能采用期望策略，表现为更高的期望值理论预测准确率和更长的决策时间，而眼动数据分析也显示了更深入的信息获取和更复杂的信息加工过程。相反，在单次为自己决策时，个体更可能依赖于启发式或非期望策略。此外，实验结果还揭示了“为所有人”与“为每个人（every one）”在决策策略上存在差异，表明基于期望值最大化的理论并不总是能够描述个体的实际决策行为。这些发现有助于我们更好地理解风险决策理论的界限，并为理论的进一步划分和完善提供了实证基础，同时对于解决实际决策问题，如医患关系中的决策差异，具有重要的现实意义。尽管累积预期理论（CPT）在单次决策任务中表现出较高的预测准确率，但其通过最大化正确率的方法进行参数估计，虽然提高了预测力，但也牺牲了模型的简约性。

（二）跨期决策中的维度差异偏好：眼动证据

本研究通过两个眼动实验探讨了跨期决策中个体如何基于结果和延迟两个维度的主观差异进行选择，即维度差异偏好（PDD）。研究者使用权衡模型来估计 PDD，并通过模拟天平任务验证了其有效性[①]。

---

① 刘洪志，李兴珊，李纾，饶俪琳．(2022)．基于期望值最大化的理论何时失效：风险决策中为自己 – 为所有人决策差异的眼动研究．*心理学报*，*54*（12），1517 – 1531.

刘洪志，杨钘兰，李秋月，魏子晗．(2023)．跨期决策中的维度差异偏好：眼动证据．*心理学报*，*55*（4），612 – 625.

刘洪志，魏子晗，盈嘉，贺祉秋，李东启．(2022)．因果与权重：决策的眼动模型．*心理科学*，*45*（1），242 – 249.

本研究提出四个研究假设：

H1：基于权衡模型所估计的PDD与天平判断相关。

H2：反应时与PDD负相关。

H3：眼跳注视熵和静态注视熵与PDD负相关。

H4：基于维度的注意分配与维度差异判断正相关。

实验1通过让75名平均年龄20.9岁的大学生参与，使用EyeLink 1000 plus眼动仪记录他们在面对小而近与大而远的收益选项时的眼动信息，旨在探索跨期决策中个体的维度差异偏好（PDD）与信息加工过程的关系。实验包括跨期选择任务，其中参与者需要在两个选项间做出选择，并记录他们的眼动，以及模拟天平任务，要求参与者用1到7的数字表达对结果与延迟维度间差异大小的主观判断。通过混合效应模型的数据分析，研究发现，权衡模型估计的PDD与模拟天平任务的维度差异判断显著相关，证明了PDD估计方法的有效性，同时揭示了反应时、眼跳注视熵、静态注视熵与PDD的负相关关系，以及结果维度注视比例与维度差异判断的正相关关系，从而证实了个体在跨期决策中的信息搜索过程能够反映其维度差异偏好。

实验2在实验1的基础上进行了改进，目的是重复验证反应时、注视熵等指标与维度差异偏好（PDD）之间的关系，并检验PDD与选择反转的关系。实验共招募了59名大学生，平均年龄21.9岁，其中33名为女性。与实验1不同的是，实验2增大了跨期选项的金钱结果与延迟时间的量级，以验证所发现效应在更大量级决策中的存在性。实验任务和流程基本与实验1相同，但要求参与者在跨期选择任务中重复两次相同的选择，以观察是否会出现选择反转。此外，实验2还修改了激励方式，告知参与者在全部实验结束后，将随机选取其中一次选择给予额外奖励。数据分析结果表明，PDD与模拟天平任务的维度差异判断显著相关，并且能够负向预测随后的选择反转，这进一步验证了PDD估计方法的有效性。同时，实验2也发现反应时、眼跳注视熵、静态注视熵等指标与PDD负相关，而结果维度注视比例与维度差异判断正相关，这些结果与实验1相似，为基于维度的跨期模型提供了更加稳健的过程证据。

该研究通过2个实验考察了跨期决策中的维度差异偏好与信息加工过程的关系，得出如下结论：（1）基于权衡模型可有效估计个体在跨期决策时的维度差异偏好。（2）反应时与维度差异偏好负相关。（3）眼跳注视熵和静态注视熵与维度差异偏好负相关。（4）基于维度的注意分配与维度差异判断正相关。

(三) 因果与权重：决策的眼动模型

本研究通过采用基于注视的操纵范式（Gaze－Contingent Manipulation，GCM），研究发现了眼动注视与价值基础决策之间的因果关系，并且揭示了在决策过程中，后期累积的证据对决策结果的影响力大于早期累积的证据，即表现出近因效应。这些发现支持了漂移扩散模型（Drift－Diffusion Model，DDM）中的近因假设，并为理解决策过程中视觉注视与选择行为之间的动态关系提供了新的见解。

本研究提出三个研究假设：

H1：操纵被试注视事先随机确定的目标选项更长时间，可导致其更可能选择该选项。

H2：注视操纵导致被试在决策后期对目标选项注视更长时间，从而更可能选择该选项，即决策后期的选项注视时间可中介目标选项对选择行为的效应。

H3：模型参数估计结果更支持近因模型。

在这项研究中，实验通过基于注视的操纵范式（Gaze－Contingent Manipulation，GCM）来探究眼动注视与价值基础决策之间的因果关系。研究团队招募了 50 名大学生参与实验，最终得到 45 名有效被试的数据。实验中，研究者监测被试在面对食品图片选项进行二择一选择任务时的眼动行为，并在被试对某一选项的注视时间达到预设阈值时中断选项呈现，促使被试做出选择。实验结果显示，被试更倾向于选择他们注视时间更长的选项，尤其是在决策的后期阶段。此外，通过逻辑斯特回归分析和中介效应分析，研究者确认了注视时间的延长直接影响了被试的选择行为，并且在决策后期对目标选项的注视时间增加是导致选择该选项的关键中介变量。模型参数估计结果也支持了漂移扩散模型（Drift－Diffusion Model，DDM）中的近因效应，即在决策过程中后期累积的证据对最终决策具有更大的权重。整个实验为理解决策行为中的视觉注意和信息处理机制提供了新的视角。

三、结论与讨论

眼动技术在经济决策研究中的应用提供了对个体决策过程的深入理解。通过精确追踪眼睛运动，研究者能够揭示个体在面对经济决策时的视觉注意力分配、信息处理速度和认知负荷。在风险决策领域，眼动技术帮助研究者比较了个体在不同决策情境下的行为差异，如为自己单次决策、多次决策以及为所有人决策时的风险偏好。研究发现，个体在为群体或多次决策时更可能采用期望值最大化理论，而在单次个人决策时可能依赖于启发式或非期望策略。

此外，眼动技术在跨期决策研究中也显示出其价值，通过分析个体在结果和延迟两个维度上的主观差异，研究者能够估计个体的维度差异偏好，并发现个体在跨期决策中的信息搜索过程能够反映其偏好。在因果与权重的决策研究中，基于注视的操纵范式揭示了眼动注视与价值基础决策之间的因果关系，并支持了漂移扩散模型中的近因效应，即决策过程中后期累积的证据对最终决策具有更大的影响力。

总体而言，眼动技术为经济决策研究提供了一个独特的视角，不仅增进了我们对经济行为的理解，还为设计更有效的决策支持系统和改善经济政策提供了可能。通过眼动技术，研究者能够更深入地探索决策背后的复杂过程，从而为经济决策理论和实践提供新的见解和工具。

课程任课老师点评

眼动技术作为一种先进的研究工具，为经济决策研究提供了一种独特的视角。它能够以不同的方式解决各种各样的问题，尤其是在理解个体如何处理经济信息、如何做出选择以及这些决策过程背后的心理机制方面。

首先，眼动技术通过追踪个体在面对经济决策时的视觉注意力分配，揭示了决策过程中的信息搜索策略。这种技术可以量化个体在不同选项之间的视线转移，从而推断出他们对不同信息的重视程度。然而，尽管眼动技术能够帮助我们简化决策过程的某些方面，但它也揭示了决策行为的复杂性。头脑的复杂性在于，决策不仅受到认知因素的影响，还受到情绪、社会环境、文化背景等多种因素的影响。眼动技术通过捕捉个体在面对复杂经济决策时的视觉模式，有助于我们理解这些复杂因素是如何相互作用的。在经济模型拟合方面，眼动技术的应用可以提高模型的准确性和预测力。通过分析个体在决策过程中的视觉注视模式，研究者可以更精确地估计个体对不同选项的偏好，从而改进经济模型中的效用函数或预期效用理论。此外，眼动数据还可以揭示个体在面对不确定性时的风险偏好，这对于理解和预测市场行为至关重要。眼动技术还能够揭示个体在决策过程中的认知负荷。在复杂的经济决策中，个体可能需要处理大量的信息，这会增加他们的认知负荷。通过测量瞳孔大小和眼跳频率，眼动技术可以提供关于认知负荷的客观指标。这些指标可以帮助研究者理解决策者在面对复杂决策时的信息处理能力，以及他们如何通过简化决策策略来应对认知负荷。此外，眼动技术还可以用于跨学科的研究，结合心理学、神经科学、社会学等领域的理论，为经济决策提供更全面的解释。例如，通过结合神经成像技术，眼动技术可以揭示决策过程中大脑活动的变化，从而为我们提供关于决策神经机制的深入理解。最后，眼动技术在经济决策研究中的应用，不仅可以增进我们对个体决策行为的理解，还可以为政策制定者提供有价值的信息。通过理解决策过程，政策制定者可以设计出更有效的政策干预措施，以促进经济和社会的福祉。

总之，眼动技术是一种强大的工具，它能够以不同的方式解决经济决策研究中的各种问题。它不仅有助于简化决策过程的研究，还揭示了决策行为的复杂性，并为经济模型的拟合提供了新的视角和数据。通过不断地探索和整合眼动技术的应用，我们可以更深入地理解经济决策过程，并为经济理论和实践的发展作出贡献。

学生听课体会

钟同学：

眼动技术作为一种先进的心理学研究工具，其在考察经济决策心理机制方面的应用，为我们提供了一个深入了解决策行为的新视角。通过追踪个体在面对经济选择时的眼动轨迹，研究者能够揭示决策过程中的视觉注意分配、信息处理顺序以及潜在的认知偏好，这些都是传统问卷或自我报告方法难以捕捉的细节。刘老师在讲座中为我们介绍了眼动技术的指标，让我们对这一技术有了更多的了解。随后，刘老师介绍了在风险决策理论中眼动技术的应用。将眼动技术应用于经济决策研究，不仅可以丰富心理学和经济学的理论，还有望为金融服务设计提供人性化的改进建议，比如优化信息展示方式以减少认知偏差的影响。总之，这种结合了心理学、认知科学和经济学的跨学科研究方法，为我们打开了一扇理解人类复杂决策行为的新窗口。刘老师的讲座让我们通过这扇窗口，更加精准地把握经济决策的心理本质，这对于学术研究和实际应用都具有重要的意义。

肖同学：

南开大学刘洪志博士带来的题为《应用眼动技术考察经济决策的心理机制》的讲座使我受益匪浅。刘老师从眼动的基础知识，风险决策中常用的眼动指标开头，引出并讲解了一系列决策领域中应用眼动技术的研究，条理清晰，逻辑严明，由浅入深层层递进，丰富了我的知识储备，开拓了我的思路，让我对眼动这个技术，以及它在决策领域的应用有了更深刻的认识。让我尤为深刻的是，刘老师在讲座中介绍的基于注视的眼动操纵范式（GCM 范式），该范式背后的原因是如果我们增加被试对某个选项的注视时间，被试就更可能会选择这个选项，所以我们可以通过当被试对某一个目标选项的注视时间达到某一个数值，就停止呈现该目标选项来操纵被试对于选项的选择，并且该范式还可以和风险决策，跨期决策的研究相结合，这为我后续进行相关领域的实验设计提供了新的思路。

第二十二讲　内幕交易的特征、行为与预测 *

讲座嘉宾：

沙叶舟，2018 年毕业于英国诺丁汉大学，获金融与风险博士学位。现为首都经济贸易大学金融学院教授、博士生导师，国际合作交流处处长助理、金融科技和金融计量学科创新引智基地联络员。主要研究市场异象、投资基金、个人和家庭投资组合分析等在内的资本市场和财富管理问题。近年在《管理科学学报》《经济学动态》以及 *Journal of International Financial Markets, Institutions and Money* 等期刊发表二十余篇论文，主持国家自科青年项目等各级项目四项，参与国家社科重大项目、科技部重大项目子课题各一项。

---

* 信息学院经济学与管理学前沿问题研究课程讲座。课程名称：经济学与管理学前沿问题研究；开课单位：信息学院；授课教师：金鑫教授；课程简介：经济学与管理学前沿问题研究是一门旨在深入探讨经济学和管理学领域最新研究动态、理论发展和实际应用的课程。通过专题讲座、案例分析和学术研讨，该课程帮助博士生了解和掌握学科前沿问题，提升他们的研究能力和创新思维。

在资本市场中，内幕交易一直是一个备受关注的话题，它不仅违背了市场的公平原则，也破坏了资本市场的健康发展。为了深入理解内幕交易及其对市场的影响，沙叶舟教授在讲座中对内幕交易的定义、在中国资本市场中的表现形式进行了详细解读，并结合实证研究深入探讨了经济政策不确定性对企业并购决策的影响、非法内幕交易收益率及其与地区法治环境间的关系。本次讲座不仅揭示了内幕交易的内在机理，也为同学们理解资本市场的健康发展提供了宝贵的视角。

首先，叶老师指出同学们需要明确内幕交易的定义及其在中国资本市场中的表现形式。内幕交易指的是利用未公开的重要信息进行证券交易，以获取不正当利益的行为。这种行为不仅违背了市场的公平原则，也破坏了资本市场的健康发展。沙老师详细解读了内幕交易在上市公司并购与重组期间频繁涌现的原因，并深入探讨了经济政策不确定性对企业并购决策的显著影响。他借助2001—2018年中国上海和深圳证券交易所上市的所有公司以及涉及的4188起并购交易数据，研究发现：（1）在经济政策不确定性较高的时期，中国企业更倾向于进行并购活动，这与美国企业的行为模式相反。（2）在经济政策不确定性高的时期，国有企业相比于非国有企业更不太可能进行并购，表现出更高的谨慎性。（3）国有企业在经济政策不确定性高的时期，更倾向于不使用现金作为唯一的支付方式，这可能反映了它们在这种时期对风险的敏感性和谨慎态度。（4）在经济政策不确定性高的时期进行的并购活动，与收购方股东财富的增加有关。对于国有企业而言，这种正面的财富效应更为显著。

为了让同学们加深对内幕交易的理解，沙老师分享了他在 *Journal of Political Economy* 期刊上读到的一篇引人入胜的论文，题目为“*Those Who Know Most: Insider Trading in Eighteenth - Century Amsterdam*”。这篇论文讲述了18世纪欧洲两大证券交易中心——伦敦和阿姆斯特丹之间的内幕信息传递故事。在18世纪的欧洲，存在两个主要证券交易中心：伦敦和阿姆斯特丹，两地同时交易一些英国公司的股票。由于缺少现代通信技术，如电话、互联网等，内幕信息的传递主要依赖于信件、口头传播等较为缓慢的方式。两国之间通过每两周一艘的大船传递报低和个人信件，但是当恶劣天气发生时（该纬度多发风暴），伦敦就会得不到阿姆斯特丹的信息。这种信息获取的迟滞最终反映在：（1）如Kyles（1985）所述的内幕交易定价机制，来自阿姆斯特丹的内幕消息经过两周时间才会被伦敦的市场消化掉；（2）由阿姆斯特丹价格变化驱动伦敦资产变化的关联在风暴期间不那么有效了。这篇论文为同学们理解金融市场中信息如何影响价格提供了历史视角，并且展示了如何利用历史数据来测试现代金融理论。

在中国，内幕交易行为时有发生，且伴随着资本市场的快速发展，呈现出多样化和复杂化的趋势。沙老师通过对中国证监会及各地法院判决文书的分析，发现内幕交易案件在中国呈现出以下特点：一是案件数量逐年上升，显示出监管力度的加大和社会对此类问题关注度的提升；二是内幕交易行为多围绕上市公司的并购重组、重大事件公告等关键信息展开，这些信息对股票价格具有重大影响；三是内幕交易行为的参与者不仅包括公司高管，还可能涉及更广泛的知情人群体。

同时，沙老师指出在中国的大量研究中，常常将内幕交易（illegal insider trading）和知情交易（informed trading）的概念混为一谈，尽管这两个概念在实际中是有明确区分的。沙老师强调，知情交易的范围实际上比内幕交易要广很多。知情交易指的是那些可能或直接在某些公司、上市公司担任总监高的人，他们作为内部信息的知情人，进行的与本公司股票相关的交易。如果这些交易涉及非公开信息，那么它们可能涉嫌内幕交易，这是非法的。然而，知情交易中也包含了相当大比例的合法交易，例如董监高的限售股解禁后的正常买卖。沙老师提到，由于概念界定不清晰，导致在研究和实践中对这两个概念的混淆。这种混淆不仅在学术研究中存在，在司法监管和行政主管机关的实际操作层面上也造成了困难。

接下来，沙老师详细介绍了当前进行内幕交易研究的难点。第一，有限样本（limited sample）。内幕交易行为由于其隐蔽性和非法性，导致能够被监管机构发现并记录在案的案例相对较少。这造成了研究样本的局限性，即研究者难以获得大量内幕交易的实例来进行分析。样本量的限制直接影响了研究结果的普遍性和可靠性，因为基于小样本得出的结论可能无法推广到整个市场。此外，由于只有部分内幕交易案例被发现，样本可能存在选择偏差，不能全面代表所有内幕交易行为。第二，有限参与（limited participation）。内幕交易的参与者通常限于能够接触到敏感信息的内部人士或其密切联系者。这种有限的参与度意味着，并非所有市场参与者都有机会或能力进行内幕交易。因此，研究者在分析内幕交易对市场影响时，需要考虑到这种参与度的限制。内幕交易的这种非普遍性可能导致市场信息传递不畅，市场效率降低，而这些影响很难通过有限的案例来全面评估。第三，有限计量经济学方法（limited econometrics）。在短面板数据中，传统的固定效应和随机效应模型可能不适用或效率较低。短面板数据可能导致统计检验力不足，特别是在进行多重比较或复杂模型估计时。

接下来，沙老师围绕他的研究成果展开详细介绍。他通过对中国金融市场 328 起非法内幕交易案例的手工收集数据库进行评估，探讨了非法内幕交易是否真的能够为内幕者带来稳定的收益。研究发现，21% 的内幕交易以净亏损告终，60% 的内幕交易收益跑不赢大盘，这与之前关于内幕交易可以获得异常场收益的研究结果不一致。进一步地，沙老师对法律环境与内幕交易收益率之间的关系进行了探讨。他指出，在中国，法律环境的完善程度与内幕交易的超额收益率存在正相关关系。这可能是因为在法律环境较为完善的地区，内幕交易行为更易被发现，从而增加了行为者的风险，迫使其要求更高的收益作为补偿。此外，不同地区的经济发展水平、上市公司的密集程度以及行业特性等因素，也在一定程度上影响了内幕交易行为的发生及其收益率。

除了传统计量经济学方法外，沙老师还结合社会网络分析方法。在社会网络分析中，中心性是用来衡量一个节点（个体或公司）在网络中的重要性或影响力。讲座中提到，如果独立董事的中心性程度高，他们可能在传递内幕信息上起到重要作用。结构洞是指社会网络中两个关系人之间的非冗余关系。在讲座中，结构洞指的是能够跨行业、跨公司传递信息的个体，他们可能利用自己的位置在内幕交易中起到关键作用。沙老师通过这些概念来探讨内幕交易者的行为模式，以及他们是如何通过社会网络中的特定位置来传递信息的。

特别值得一提的是，讲座中还介绍了融券制度对内幕交易行为可能产生的影响。融券制度的实施，为投资者提供了做空股票的机制，这一创新无疑为市场增添了新的活力，并显著改变了投资者对信息的反应机制。做空机制的存在使投资者能够更加灵活地根据市场变化进行交易，进一步提升了市场的效率和流动性。然而，由于中国融券制度起步较晚，且在其发展过程中经历了多次政策调整和市场适应，其对内幕交易行为的具体影响尚未完全显现。一方面，融券制度的引入可能为内幕交易提供了新的操作空间，使一些不法分子利用做空机制来掩盖或放大内幕信息的影响，进而谋取非法利益。另一方面，融券制度也可能成为监管层打击内幕交易的有力工具，通过做空机制的引入，使得市场对信息的反应更加敏感和及时，从而增加内幕交易被发现的概率。因此，对于融券制度对内幕交易行为的影响，需要保持高度关注，并进一步加强研究。

最后，沙老师向同学们介绍了他未来的研究方向。第一，内幕交易知情人如何内幕信息。沙老师指出，内幕交易知情人通常是公司内部或与公司有密切联系的人士，他们可能因为职责所在或特定地位而接触到敏感信息。这些知情人可能通过直接或间接的方式传递内幕信息，例如通过亲友圈、业务伙伴或社交网络等非正式渠道。沙老师提出，研究这些人如何传递信息对于理解内幕交易的机制至关重要。他强调了社会网络分析的重要性，特别是中心性和结构洞的概念，来识别那些在信息传递中起关键作用的个体。第二，为什么内幕交易收益率低。沙老师提出，尽管内幕交易看似能够带来超额收益，但实际收益率可能并不如预期那样高。这可能是由于多种因素，包括市场效率、监管力度、交易成本以及知情人的风险偏好等。此外，市场可能对内幕交易行为有一定的预期，从而降低了内幕交易的实际收益。沙老师认为，深入研究这些因素对于解释内幕交易收益率低的现象至关重要。第三，非法内幕交易的可预测性。沙老师认为，尽管内幕交易行为通常具有隐蔽性，但通过分析市场数据、交易模式以及知情人的行为特征，内幕交易的某些方面可能具有可预测性。他提出，利用大数据和机器学习技术，可以构建模型来识别异常交易行为和潜在的内幕交易风险。沙老师强调，这种预测模型不仅可以帮助监管机构更有效地监管市场，还可以为投资者提供警示，避免因内幕交易而遭受损失。沙老师表示希望能够与对这三个方向感兴趣的同学及老师开展合作。

本次讲座深入剖析了中国股市内幕交易的复杂性，为我们揭示了一个往往被忽视但至关重要的市场现象。内幕交易，即基于未公开的重要信息进行的证券交易，一直以来都是金融监管和市场公平性的重大挑战。通过详细讲解内幕交易的定义、特征、动机及其对市场的影响，讲座为我们提供了一个全面了解中国股市内幕交易的全新视角。通过对内幕交易行为的深入分析，同学们可以更好地理解市场动态，为监管实践提供理论支持，同时也为投资者提供了宝贵的参考信息。随着中国资本市场的不断成熟和完善，我们有理由相信，内幕交易行为将得到更有效的控制，市场环境将变得更加公平和透明。

课程任课老师点评

沙老师的讲座为信息学院的同学们提供了一次深入了解中国资本市场内幕交易行为的机会。讲座内容翔实、条理清晰，不仅对内幕交易的相关概念进行了详细介绍，更深入阐释了中国市场上存在的“内幕交易低收益率之谜”，为同学们揭示了内幕交易行为背后的复杂性和多维影响因素。

首先，沙老师通过丰富的数据和案例分析，介绍了中国非法内幕交易的现状和特点。特别是对并购重组期间内幕交易行为的分析，为同学们理解内幕交易的动机和机制提供了宝贵的视角。这种结合实证研究的方法，对于博士生课程中的学术训练具有很好的示范作用。

其次，沙老师对内幕交易与知情交易的区分和混淆问题进行了深入探讨。这一点对于学生理解资本市场的复杂性和法律规制的精细度非常有帮助。在博士生教育中，培养学生对概念的精确理解和适用能力是非常重要的，沙老师的讲座无疑提升了学生在这方面的认识。

此外，沙老师提到的计量经济学方法在内幕交易研究中的应用，以及对社会网络分析方法的引入，都显示了跨学科研究方法在解决复杂金融问题中的潜力。这对于激发博士生的研究兴趣和拓展研究视野具有积极作用。

最后，沙老师对未来研究方向的展望，包括内幕交易知情人的信息传递机制、内幕交易收益率的影响因素，以及非法内幕交易的可预测性，为学生提供了研究思路和灵感。这对于博士生规划自己的学术研究方向，开展独立研究具有重要的指导意义。

综上所述，沙老师的讲座不仅内容丰富、观点鲜明，而且具有很强的学术价值和实践意义。对于博士生课程的授课，这样的讲座无疑能够极大地丰富教学内容，提高教学质量，激发学生的学习热情和研究兴趣。希望未来能有更多类似的高水平学术讲座，为学生的学术成长提供更多的营养。

学生听课体会

段同学：

通过沙老师的课程，我在内幕信息研究领域有了一定的了解。通过这门课程，我不仅掌握了一些核心知识，更重要的是，沙老师的研究过程对我产生了深远的影响。我深刻体会到，一项真正优质的研究应该具备以下几个显著特点。

首先，选题新颖是进行任何研究的基础。传统的选题尽管具备一定的学术价值，但新颖的选题能够引起学术界及社会的广泛关注，从而在理论和实践方面带来更大的影响力。在沙老师的课程中，他不断强调要跳出传统研究的框架，选择具有现实意义且能够引发共鸣的题目，使我们的研究具备独特的视角和创新性。

其次，研究应以数据实证经济理论，而不是盲从现有的理论框架。许多经典理论奠定了经济金融学的基础，但它们也有可能与现实有所脱节。沙老师在授课过程中，提倡我们进行实证分析，通过大量的数据研究和验证，找出符合当前经济环境和本国国情的经济理论。

最后，扎实的理论基础是做好研究的重要前提。在课程中，沙老师不仅传授了大量的经济金融理论，还展示了如何将这些理论应用到实际研究中。特别是在经济热点问题的探讨和计量方法的应用方面，他展现出了极高的水平。通过他的深入讲解，我更加理解了诸如供求关系、市场均衡、金融风险管理等重要概念，这些理论为我们进行深入研究提供了有力的支持。

刘同学：

沙老师为我们细致剖析了内幕消息在金融交易中的作用机制，深入解读了其背后的经济逻辑，以几个有趣的案例探讨了地域性、科技发展程度等原因对金融交易和监管的影响。沙老师不仅从理论层面详细阐述了内幕消息对市场行为的影响，还结合实际案例展示了如何创新性地运用这些理论进行研究。他强调了博士生在日常研究中找到创新性问题的重要性，并分享了如何围绕研究问题来构建分析框架。

在计量方法的选择上，沙老师凭借其深厚的学术积淀和丰富的实践经验，为我们提供了非常实用的指导和建议。他强调了选择适合研究问题的计量方法的重要性，并分享了如何根据数据特性和研究目标，灵活运用统计方法，最后还给出了未来机器学习、深度学习等在资产定价领域的具体应用的一些研究方向，这些经验对我们在未来的研究中更加精准地分析数据都有很大的帮助。

沙老师的精彩讲解为我们提供了一次难得的学习机会，他对资产定价领域的全面思考和深入剖析，让我们对内幕消息等复杂金融行为有了更为清晰的认识，大大拓宽了我们的学术视野，更激发了我对深度学习和金融领域交叉学科的兴趣和热情，也更加明确了自己未来的研究方向和目标。

第三部分　实务篇

第二十三讲　新个人所得税法实施回顾及政策前瞻*

讲座嘉宾：

王欢，德勤税务部雇主人力资源全球服务组及私人客户服务组北方区主管合伙人。拥有超过二十五年提供税务服务的经验，包括合规申报、税务优化咨询、为客户在税务机关的检查中提供技术支持、针对新颁布的税法及规定为客户对其运作所产生的影响提供咨询、根据税法及规定下的优惠规定，协助客户向税务机关申请税收减免。参与了 CCH 香港 2012 年出版的 *Tax Planning for Expatriates in China* 的撰写工作，并深度参与中国个人所得改革的建言献策。她拥有中国注册税务师资格，并被“全球税务”（World Tax）评为“女性税务领袖”（Women In Tax Leaders）。

---

* 财政税务学院税务管理与实践应用课程讲座。课程名称：税务管理与实践应用；开课单位：财政税务学院；授课教师：樊勇 院长、王玺 教授；课程简介：本课程分为 5 大模块，分别为：流转税、所得税、财产行为税、环境资源税及税收管理，围绕当前税制现状、问题、热点、难点及未来的改革方向进行设计。本课程的教学旨在使学生系统了解税收基本理论和当前中国税收制度现状，扎实掌握中国现行税收制度的业务技能，熟练应用现行税收制度中的较复杂的业务知识，如税制要素理论、税制结构理论，熟练掌握现行税种的基本要素和主要税种应纳税额的计算，了解各税种的其他要素，并具备相应能力分析未来税制改革的方向。

一、新个人所得税法立法和实施过程回顾

个人所得税（以下简称“个税”）税收收入在我国财政收入的占比并不高，但2018年的第七次个税改革引起了较大的社会反响，这正是由于此次改革的内容并不如同之前的六次修订，仅对较为细节上的变动。例如，这次改革对免征额（即工资薪金所得的基本减除费用标准）的提高、对所得分类的修改、工资薪金所得的低档税率级距的扩大以及增加了个人所得税反避税条款。尽管个人所得税税制在这次改革中发生了较大的变化，并且也在与国际惯例接轨中，但这次税改并不是个税税制改革的终点，个税的制度仍然处于逐步完善的过程中。税制的改革对于纳税人、税务机关和税务专业服务机构都是一次全新的挑战，新旧法的衔接、改革施行后的纳税申报如何进行、对新出台法规的相关补充文件内容的了解，这些都是需要在纳税过程中进行仔细考虑和学习的。

二、新旧个人所得税法对比

首先，对此次个税改革所彰显的改革方向进行小结。第一，个税体系重塑。此次改革对于整个个人所得税税制进行了一次较为整体的变动，比如从完全的分类税制走向分类与综合税制的结合；针对居民个人取得的综合所得，计税从按月改成按年计算。第二，接轨国际惯例。发达国家大部分都按年计征，施行完全的综合税制，以上这些变动可以看出我国的个税税制正在与国际实践接轨。同时，对于判断无住所个人成为税收居民的居住时间的规定，我国从“一年”到“183天”的改变也正是参考了国际上大部分国家的居住时间为183天的这一标准，这也体现了我国对于防范国际偷逃税方面作出的贡献。但是，税改一方面需要参考国际经验，另一方面更需要结合我国的国情。第三，兼顾公平效率。此次改革对综合所得的前几档中低税率进行了调整，以降低中低收入人群的税负。第四，加强个税征管。

同时，王老师对新旧个人所得税法的主要差异从九大方面进行了详细的讨论。第一，居民身份判定的变化包含了较多的内容，首先税法对“居民”定义和判定标准进行了更为明确的规定。只有确定了个人的居民身份，才能确定是否应税，如何征税，征收多少。税务居民是一个较为基础性的东西，目前我国采用的是居住时间和住所的标准，新税法对于无住所个人所需要满足的居住时间的条件进行了调整。王老师详细谈到，在实践中，对于税务居民身份的判定会更为复杂，需要了解更为

详细的信息，需要从家庭情况、经济利益等多个方面综合来考虑纳税人与中国的绑定性是否紧密。例如对于高净值人群来说，通常其家庭成员可能具有不同国家的国籍，但国籍身份的变化并不等同于税收居民身份的变化，也并不代表与中国的绑定性就变弱了。对于分析纳税人是否满足居民身份的条件，可以从投资去向、收入来源、与当地的绑定性等维度来进行梳理。同时，对于无住所个人是否需要就其境外所得纳税所得的判定从“五年规则”升级为“六年规则”，即无住所个人在当年满足了居民身份条件，如果此前六年的任一年在中国境内累计居住天数不满 183 天，当年也不需要就来源于境外且不是由境内机构或个人支付的所得交税。王老师结合香港居民的具体案例阐述了该规则的相关应用。第二，调整所得分类，从 11 项所得变为 9 项所得，将“其他所得”剔除并将“个体工商户的生产、经营所得”和“对企事业单位的承包经营、承租经营所得”合并为一项，即“经营所得”。与此同时，分类税制转变为分类与综合相结合的税制。第三，调整优化综合所得的税率级距，如前所述，变动集中在中低档税率，有效税率降低，降低中低收入人群的税负。第四，提高综合所得基本减除费用标准，取消附加减除费用。对于外籍个人的附加扣除额的取消来消除国民差别待遇。第五，设立专项附加扣除，根据个人生计费用的状况来进行税前扣除，不再是单一的基本扣除费用。王老师谈到，每个人的生活负担情况的不同，这一改变促使个人所得税更好地体现对于收入的调节作用。另外，设立符合规定的个人补充养老金的税前扣除（自 2022 年起），体现了养老制度改革的趋势，我国正努力建立多层级、多支柱性的养老制度，包括国家强制性的“五险一金”、公司提供的补充养老保险、个人的补充性养老。第六，调整纳税申报制度，对于居民个人综合所得按纳税年度合并计算个税，进行年度汇算清缴。第七，建立离境税务清算机制，对于需要注销中国户籍的纳税人需要办理税款清算。王老师引用了“美国弃籍税”进行对比。第八，引入个人反避税条款，包括一般反避税规则、独立交易原则、受控外国企业规则。例如，对于在税率偏低的国家或地区建立的公司无合理的经营理由不分配利润给个人的情况，税务机关有权进行纳税调整。个人所得税法引入反避税规则将消除一些在个人层面企图避税的行为。第九，加强个人所得税纳税信用建设。

除此之外，王老师还补充了以下的内容。第一，对于符合居民个人条件的外籍人员，可以在专项附加扣除和“八大项”免税补贴进行选择。第二，我国对于工资薪金所得缴纳个税采取了累计预扣法，并对此方法下的具体预缴预扣方法进行了举例说明。第三，讲述了 2023 年年度个税汇算清缴的新增要点及变化事项；明确一年内从不同机构取得多次股权激励合并申报的要求；明确汇算有关文书送达规定；对于分享扣除的系统核查；专项附加扣除准确性提示；优化服务举措。第四，对居民和非居民的纳税申报制度进行了对比总结，表现在计税基础、工资薪金的个税扣缴、税前扣除项目、综合所得的年度汇算清缴的适用等四个方面。

三、居民个人境外所得年度申报

首先王老师从税收居民身份、计税基础、境外税款抵扣三个方面讲述了关于居民个人境外所得年度申报的一般规定。接着，王老师强调了明确境外所得的重要性。境外所得的明确影响着境外税款是否能够抵扣，因为就我国税法规定而言，只有当这笔所得为境外所得时，纳税人才有进行境外已缴纳税款的税收抵免的权利。然后，王老师就如何进行境外税款抵免，结合具体示例进行了总结，分别为分项算抵免，凭证有规定，分国不分项，超限抵 5 年，应缴并实缴，抵免可追溯这六点。最后，王老师还从申报时限、申报地点、办理渠道、政策时效、境内派出单位责任和义务、适用汇率和法律责任等多个维度解释了应当如何就境外所得合法合规地办理申报。

四、股权激励个税

股权激励作为有效的长期激励工具，相比于其他短期奖励制度能够督促个人更好地工作的同时也让员工更有主人翁意识，将个人和公司更为紧密的、长期地绑定在一起，以实现个人和公司同步成长的目标。

王老师以股票期权为例，将上市公司和非上市公司对于一般个人所得税的处理进行了对比。对于股权激励征税来说，重要的是区分以下三个时点，授予员工权利、员工行权、员工出售股票。对于上市公司而言，员工在行权的时候，按照约定的价格行权购买了股票，虽然没有获得现金收入，但以低于市场价格购买股票产生的收益需要按照“工资、薪金所得”纳税，在之后转让股票时，根据具体情况，按照“财产转让所得”适用的征免规定计算缴纳个人所得税。而对于非上市公司来说，规定与上市公司大体相同，但存在一些差异。由于非上市公司的股票流动性较差，国家对符合条件的非上市公司股票期权等实行递延纳税政策，即员工在取得股权激励时可暂不纳税，递延至转让该股权时纳税。股权转让时，按照“财产转让所得”项目，按照 20% 纳税，将适用税率从累进税率转化为比例税率，税率存在降低的可能。除此之外，股权激励还有一些优惠的计税方法，例如在符合条件的情况下，单独计税，不用纳入综合所得。这些政策一定程度上可能会降低纳税人个人所得税负担，企业可根据政策规定的条件判断是否可以适用上述政策。王老师也谈到，股权激励税务涉税事项较为复杂，在合法合规的前提下进行恰当的税务处理是对纳税人的挑战同时也是对税务专业服务机构的挑战。

五、高净值人士个人所得税征管

王老师指出，高净值人士的主要收入来源往往并不是工资薪金，而是投资性所得。高净值人士需关注个人税务居民身份、与投资所得相关的税务影响、持股架构、公司混同及境外所得申报等事项。

王老师还特别强调了个人股东借款的问题，根据《财政部、国家税务总局关于规范个人投资者个人所得税征收管理的通知》（财税〔2003〕158 号）如果纳税年度终了而没有归还借款，将视同为企业对个人投资者的分红缴纳个人所得税。因此在股东借款问题上需要谨慎处理。

六、未来个人所得税改革前瞻与展望

当前，综合所得主要涵盖的是工资薪金、劳务报酬等积极劳动所得，未来的改革将进一步深化综合与分项相结合的税制。

个税优惠政策能否延续或延期也将是未来政策讨论的重点。全年一次性奖金、股权激励所得、外籍人员的三项福利等政策是否在 2027 年之后进一步延期值得关注。

在谈及税务机关的征管时，王老师预测，在大数据时代背景下，金税四期和涉税信息的多部门联网将逐步实现，跨境涉税信息交换机制（CRS）也将在税务征管中发挥更大作用。个税和社保的统一管理将逐步实现，异地缴纳个税和社保将更为规范化。

鉴于税务征管模式走向由扣缴义务人扣缴和纳税人自行申报纳税双管齐下的模式，个人纳税申报管理的要求将得到强化，相关的检查制度以及纳税信用体系也将进一步完善。

课程任课老师点评

王欢老师对新个人所得税法的深入剖析，不仅展现了她在税法领域的专业素养，也为在座的同学们提供了一次难得的学习机会。

首先，王欢老师对新旧税法的对比分析十分到位，清晰地指出了改革的核心要点和实际意义。这种对比不仅帮助学生理解税法变化的具体内容，更引导大家思考这些变化背后的立法意图和社会效应。特别是对于综合与分类相结合的所得税制度的讨论，王欢老师不仅阐述了其对税收公平性的促进作用，还对未来的改革方向提出了前瞻性的见解。

其次，王欢老师对于股权激励个人所得税的讲解，体现了对现代企业激励机制的深刻理解。通过将理论与实际案例相结合，不仅使学生明白了股权激励的税务处理流程，还指出了税务规划的重要性和实际操作中的难点，这对于即将走上工作岗位的同学来说，无疑是极具价值的实务指导。

在高净值人士个人所得税征管的讨论中，王欢老师展现了其对当前税收征管趋势的敏锐洞察。通过对相关政策和案例的分析，同学们认识到税收征管的复杂性和挑战性，还提醒大家关注税收政策对财富管理的影响，这对于高净值人群的财务规划具有重要的指导意义。

最后，王欢老师对未来个人所得税改革的前瞻与展望，为大家描绘了一个税法不断完善、税收体系日益成熟的蓝图。这种前瞻性的思考，不仅激发了学生对税法未来发展的兴趣，也为税收政策研究提供了新的思路和视角。

综上所述，王欢老师以其深厚的专业知识、丰富的实践经验和敏锐的政策洞察，为我们带来了一次内容丰富、见解独到的讲座。这对税务专业的同学们来说是一次宝贵的学习经历和难得的启发和教育。

学生听课体会

靳同学：

参加这次关于新个人所得税法的讲座，我作为一名学生，深受启发。特别是讲座中对居民定义及其判断标准的明确化，让我对税法的精细性和实用性有了更加深刻的认识。老师通过翔实的案例分析，使我们了解到税收居民身份的认定与国籍的区别，这提醒我们在规划个人税务时，不仅要关注国籍，还要关注实际居住地、经济利益中心等因素。

通过这次讲座，我更加清晰地认识到，税法不仅是一套规则体系，更是与我们每个人的生活和工作息息相关的重要工具。我将会在未来的学习和生活中，更加注重税法知识的学习和应用，以更好地适应社会的需求和个人的发展规划。

周同学：

王老师以个人所得税的第七次改革为主题，从对个税税制的回顾、当前改革的要点以及个税未来改革的方向对我国个人所得税税制进行了深刻的剖析，并结合具体案例和个人在实操中的经验，使本次讲座生动、有趣、易懂。通过本次讲座，同学们不仅对我国个人所得税税制从宏观角度上有了更为深入的了解，对个人所得税税制中的核心内容，如专项附加扣除、股权激励、境外所得等方面也有了细节上的认识。除此之外，老师对于本次改革的讨论使同学们学习到我国税制改革的底层逻辑以及国际上对于个人所得税税制改革趋势的观点。总之，本次讲座使同学们收获颇多，对于个人所得税的知识不仅在理论上更加完善，也在实务进行了拓展。

第二十四讲　养老金制度中的养老金融产品 *

讲座嘉宾：

闫化海，西安交通大学管理学博士，北京大学金融学博士后，现任中国人民大学金融信息中心副主任，济安金信公司副总经理、养老金研究中心主任，担任养老金融 50 人论坛特邀研究员，中国财富管理 50 人论坛青年研究员。2007 年起，参与并承担人力资源和社会保障部等部门和行业协会等二十多项养老金融课题研究工作。在《保险研究》《保险理论与实践》《清华金融评论》等杂志上发表十余篇养老金融文章。

---

* 保险学院创新实践课程讲座。课程名称：创新实践；开课单位：保险学院；授课教师：马冰　副教授；课程简介：本门课程邀请保险学院研究生校外导师到校利用创新实践课程机会为研究生进行讲座分享，同时联合保险学院郑苏晋老师的本科生课程资产负债管理，讲座同时开放给部分本科学生。这两门课有相通之处，为打通本硕贯通培养，合班听专家讲座。

一、养老金融和养老金融产品

（一）养老金融概念

贺强（2011）[①] 认为中国早已进入老龄化社会，构建统一的中国养老金融体系势在必行；杨燕绥等（2012）[②] 提出以养老基金和房产残值管理为核心，综合资产管理和理财服务的养老金融的理论和实务；随着中国人口的迅速老龄化，未来的养老金将面临着巨大挑战，胡继晔（2012）[③] 认为要大力发展养老金融，并逐步上升为国家层面的发展战略来解决之；党俊武（2013）[④] 认为老龄金融既是金融体系的重要组成部分，又是老龄产业的重中之重，关系到未来这个金融业的发展方向。发展老龄金融既是中国应对人口老龄化挑战的重要战略制高点，也是构建适应老龄社会要求的金融体系的重要支撑。

2015 年，董克用教授较系统地阐述了养老金融概念，养老金融包括三个部分：养老金金融、养老服务金融、养老产业金融。养老金金融指的是为储备制度化的养老金进行的一系列金融活动，包括养老金制度安排和养老金资产管理；养老服务金融指的是除制度化的养老金之外，社会成员为了满足自身养老需求所采取的财富积累、消费及其他衍生的一系列金融活动；养老产业金融指的是为与养老相关产业提供投融资支持的金融活动。

百度查询养老金融的结果显示：养老金融是一个概念体系，是指为了应对老龄化挑战，围绕着社会成员的各种养老需求所进行的金融活动的总和。由此可见，养老金融是一个非常宽泛的概念，例如：养老金融与老龄金融、养老产业与养老事业之间的异同？养老服务金融与养老产业金融的交集有哪些？目前尚未对养老金融概念形成一个统一的标准化定义。不过，目前市场上所讲的养老金融概念，大多采用董克用界定的养老金融概念。笔者认为，狭义的养老金融概念，仅指养老金金融；广义的养老金融概念同时包含养老金金融、养老服务金融、养老产业金融。

做好养老金融大文章，积极应对人口老龄化。国家高度重视养老金融工作，2023 年 10 月 31 日，中央金融工作会议上提出要做好科技金融、绿色金融、普惠金融、养老金融、数字金融五篇大文章；2024 年 1 月 15 日，国务院办公厅 1 号文件

---

① 贺强，中国养老金融体系势在必行，国际融资，2011（4）.
② 杨燕绥，胡乃军，刘懿，养老资产和养老金融，金融市场研究，2012（10）.
③ 胡继晔，养老金融：为了国家层面的发展战略，中国社会保障，2012 年 10 月.
④ 党俊武，老龄金融是应对人口老龄化的战略制高点，老龄科学研究，2013 年 10 月.

《关于发展银发经济增进老年人福祉的意见》发布。明确指出要丰富个人养老金产品，推进专属商业养老保险发展。加强养老金融产品研发与健康、养老照护等服务衔接；2024 年 3 月的“两会”上，养老金融首次写入政府工作报告。

（二）养老金融产品概念界定

大家对养老金融概念的理解非常多样化，没有一个统一的定义。由此衍生出的养老金融产品的概念，也没有统一的界定。在 2022 年中国保险学会的课题《养老金融产发展研究》中，闫化海（2022）① 提出了养老金制度中养老金融产品的概念界定方法，即同时满足以下三个条件的产品，才能称之为养老金制度中的养老金融产品。这三个条件为：（1）以金融产品形态存在；（2）产品名称有“养老”字样；（3）产品存在于我国三支柱养老金体系中。

1. 金融产品形态存在

在中国，金融业务是特许经营业务，发行金融产品需要特定的金融牌照，需要严格的机构准入、产品准入和基金经理准入。

机构准入：个人养老金试点初期，对准入机构有明确的要求，例如：11 家理财子公司发行养老理财产品，23 家银行发行养老储蓄产品，符合监管要求的保险公司发行养老保险相关产品，符合监管要求的基金公司发行养老目标基金。

产品准入：金融机构发行金融产品有严格的准入要求。需要说明的是，这里的金融产品不包括投资标的（股票、债券等）。此外，美国 401k 可直接投资股票，但在中国是不可以的。

基金经理准入：基金经理的任职资格有严格要求和准入程序。

2. 产品名称规范使用“养老”字样

在中国金融严格监管环境下，金融机构发行养老金融产品有严格的准入管理和规范管理要求。

（1）个人养老金基金产品。

2018 年 3 月 2 日，证监会发布《养老目标证券投资基金指引（试行）》。要求养老目标基金应当采用 FOF 形式运作。

2022 年 11 月 4 日，证监会发布《个人养老金投资公开募集证券投资基金业务管理暂行规定》。暂行规定明确个人养老金基金名录由中国证监会确定，每季度通过中国证监会网站、基金业协会网站、基金行业平台等向社会发布。

---

① 闫化海，《养老金融产发展研究》课题研究报告，中国保险学会 2022 年课题。

（2）个人养老金储蓄、保险、理财产品。

2021 年 8 月 31 日，银保监会发布《开展养老理财产品试点》通知，要求各理财公司应当规范养老理财产品名称使用，持续清理名不符实的“养老”字样理财产品。

2022 年 5 月 10 日，银保监会发布《关于规范和促进商业养老金融业务发展的通知》，对于符合本通知规定的商业养老金融产品，银行保险机构可在产品名称和营销宣传中使用“养老”字样。其他金融产品不得在名称和营销宣传中使用“养老”或其他可能造成混淆的字样。

对名称中带有“养老”但不符合本通知规定的金融产品进行更名或清理，于 2022 年 6 月 30 日前向监管部门报送整改情况。

3. 存在于我国三支柱养老金体系

养老金融产品存在于我国的养老金三支柱体系中，不在养老金三支柱体系中的金融产品不是本讲界定的养老金制度中的养老金融产品。

养老金产品最早出现在 2013 年，最初只是第二支柱企业年金基金的投资产品，后来养老金产品逐渐纳入第一支柱基本养老保险基金（2015 年）、第二支柱职业年金的投资范围（2016 年）、国家储备养老金的社保基金（2024 年）中。需要说明的是，目前的监管政策下，养老金产品仅向养老金机构定向销售。

随着第三支柱个人养老金制度的建立，个人养老金四类产品（储蓄产品、保险产品、理财产品和基金产品）于 2022 年 11 月 25 日开始销售，这四类个人养老金产品是面向个人投资者销售的养老金融产品。

在本讲中，养老金制度中的养老金融产品包括养老金产品、个人养老金产品（含储蓄产品、保险产品、理财产品和基金产品）。具体如表 24－1 所示。

表 24－1　　中国养老金制度中的养老金融产品

<table>
<tr><th colspan="2">中国的养老金体系</th><th>养老金融产品</th></tr>
<tr><td>国家储备养老金</td><td>社保基金</td><td rowspan="5">养老金产品</td></tr>
<tr><td rowspan="2">第一支柱
基本养老保险</td><td>城镇职工基本养老保险基金</td></tr>
<tr><td>城乡居民基本养老保险基金</td></tr>
<tr><td rowspan="2">第二支柱
职业养老金</td><td>企业年金基金</td></tr>
<tr><td>职业年金基金</td></tr>
<tr><td rowspan="4">第三支柱
个人养老金</td><td rowspan="4">个人养老金</td><td>储蓄产品</td></tr>
<tr><td>保险产品</td></tr>
<tr><td>理财产品</td></tr>
<tr><td>基金产品</td></tr>
</table>

数据来源：2022 年的中国保险学会课题《养老金融产发展研究》，作者整理。

二、养老金融产品的发展现状和不足

（一）养老金产品

根据人社部的规定，养老金产品是由 22 家企业年金基金投管人发行的、面向企业年金、职业年金、基本养老保险基金销售的企业年金标准化投资组合。发行养老金产品的初衷是促进企业年金市场健康发展，提高企业年金基金和职业年金基金投资管理效率。

养老金产品的类型主要有股票型、混合型、固定收益—普通型、固定收益—债券型、货币型等。经过十年发展，养老金产品类型丰富、形成了齐全的养老金产品线、数量多规模大，可在不同产品类型、不同类型投管人、不同区域市场间进行配置。养老金产品已经成为第二支柱职业养老金（含企业年金和职业年金）中重要的配置产品，据统计，近五年来，养老金产品在第二支柱职业养老金中的规模占比持续超过 40%。

人社部最新披露数据显示，截至 2024 年第一季度，22 家企业年金投管人备案的养老金产品数量为 649 只，实际运作的养老金产品数量为 581 只，第一季度末养老金产品的规模为 22733.24 亿元，第一季度的养老金产品投资收益率为 0.83%。

目前政策上社保基金、基本养老保险基金都可以投资养老金产品，但在实际操作中，这两类养老金实际投资养老金产品的规模很小，仅占 3% 左右。第二支柱的企业年金基金和职业年金基金是配置养老金产品的主力。

在养老金产品发展中也存在一些不足：（1）目前养老金产品采用的估值方法不能及时反映各类资产风险暴露和公允价值的变化，特别是对于风险债券的估值方法，不能及时揭示违约风险，也不符合资管新规的要求；（2）投管人在养老金产品信息披露过程中容易出现公平性问题。在实际工作中，受托人及委托人对养老金产品的个性化报告及数据需求较为频繁，内容主要涉及产品收益率、持仓资产情况、业绩归因分析等多个方面，由于养老金产品的投资是以自己产品投资为主，实际操作中容易出现公平性问题；（3）在实际管理过程中，委托人和代理人缺乏有效评价养老金产品配置效率的方法或工具问题。实操中投管人多从自身利益出发，更多配置自己的养老金产品，并不是从受益人利益最大化角度出发，在全市场更加高效地配置更适合的养老金产品。

（二）个人养老金产品

自 2022 年 11 月 25 日，个人养老金在 36 个城市开始试点工作。截至 2024 年 5

月 25 日，个人养老金制度试点一年半时间，据人社部的国家社会保险公共服务平台公开数据显示，在售的个人养老金产品数量为 758 只，其中储蓄产品 465 只，保险产品 78 只，基金产品 192 只，理财产品 23 只。据中国网财经报道，目前，个人养老金开户的人数已经超过了 6000 万人。个人养老金规模方面，有媒体报道，截至 2023 年末，个人养老金缴存金额约 280 亿元，以储蓄产品为主（财新，5 月 25 日报道）。

个人养老金试点一年半时间，虽取得积极进展，试点效果整体不及预期。出现一些痛点难点问题，如“三低三不”问题。“三低”问题是指建立账户人数占基本养老保险参保人数比例低、已缴费人数占建立账户人数比例低、实际投资的资金比例较低；“三不”问题是指产品供应不均衡、选购渠道不畅、民众参加意愿不强。

三、养老金融产品的发展政策建议

（一）第二支柱养老金产品的政策建议

关于估值方法，建议明确养老金产品调整估值方法的实施方案，一是有利于强化统一监管，顺应净值化管理趋势。二是有利于解决年金资产会计估值中遇到的实际问题，提升会计估值信息质量。

关于信息披露的公平性问题，建议从监管层面明确规范法定报告之外的信息披露频率和内容。同时，建立更加公开透明的产品信息获取渠道，可以借鉴公募基金的信息披露方式，减少信息不对称导致的投资策略偏差，有助于受托人和投管人在年金组合和计划层面整体把控投资效果。

2021 年养老金产品市场上已经出现了养老金产品的公开评级报告，基于公开市场数据，济安金信开展独立第三方的养老金产品评价工作，形成市场上独立第三方的养老金产品及管理人评级月度报告。提高第三方的养老金产品评级报告，可以及时有效地了解和掌握投管人所配置的养老金产品的评级情况，是否是市场上前三分之一的养老金产品？所配置的养老金产品的收益情况如何？是否给自身的组合带来正收益？如果不是，则可以考虑配置市场上前三分之一分位同类型的优质养老金产品，真正做到以受益人利益最大化为投资目标。

（二）第三支柱个人养老金产品的政策建议

在 2024 年的“两会”上，明确今年要在全国范围内推广个人养老金，为了更好地在全国范围内推广个人养老金业务，政策建议如下：

（1）加强产品信息披露（合同、净值、业绩等）和监管平台建设，提供可购买全市场各类产品的信息平台；

（2）创新和完善个人养老金产品，减少个人养老金产品的同质性；

（3）大力发展第三方个人养老金产品的评价机构或投顾，为市场个人投资者提供便捷和好用的产品选择方法和配置建议；

（4）个人养老金的税收优惠吸引力不大。在个人养老金制度建立初期，可以考虑 EEE 模式或通过适当的补贴来增加这些中低收入人群的参与积极性；

（5）未参加企业年金计划的员工，建议政策创新，可以使用企业年金政策中个人法定范围内的缴费额度，通过购买第三支柱个人养老金产品的形式，增加员工的养老金储备。

课程任课老师点评

闫化海博士从养老金融这一热点话题为同学们带来了非常精彩的讲座。讲座结束后还和在场师生进行了热烈的互动，闫博士回答了同学们关于我国养老金三支柱体系、个人养老保险产品与基金产品的比较、养老金融的监管与风险控制、个人养老金的展望等问题，现场气氛热烈。

闫化海博士的分享结合了重要的政策理论与丰富的实务经验，向我们展示了从大量产品中总结出的市场实际情况，还讲授了与我们个人未来养老规划息息相关的实用性内容，对于了解我国养老金体系、进行理论与现实的结合具有重要意义。讲座最后部分还基于目前我国养老金制度和养老金融的发展现状给出了政策建议，为国家相关政策制定提供了智力支持。

通过此次活动，学生们对于养老金融有了更深的认识，对市场上的养老金融产品也有了更清晰的认识，使学生有机会将课堂所学内容与行业实践进行结合，在夯实知识基础的同时，也明晰了行业发展动向，为择业、就业提供了新的思路。

学生听课体会

刘同学：

听了今天闫博士关于养老金融和养老金融产品的详细介绍，我深受启发。闫博士系统地阐述了养老金融的概念、养老金融产品的定义及其发展现状，让我对这一领域有了更全面的认识。特别值得注意的是，养老金融产品在应对人口老龄化挑战中扮演着重要角色，不仅关系到老年人的福祉，也是金融体系发展的关键。从养老金金融到养老服务金融，再到养老产业金融，每一个部分都是构建完善养老体系不可或缺的。闫博士还指出了当前养老金融产品存在的问题，并提出了切实可行的政策建议，这为未来养老金融产品的发展提供了明确的方向，具有很强的现实指导意义，也使我对个人养老的问题与发展产生了更深的理解。

刘同学：

今天的讲座深入探讨了养老金融及其产品，让我对这一复杂而重要的议题有了更深刻的理解。闫博士首先明确了养老金融的广泛概念，包括养老金金融、养老服务金融和养老产业金融，这种分类有助于我们更清晰地看到养老金融的全貌。随后，闫博士对养老金融产品进行了细致的界定，强调了金融产品形态、产品名称规范以及其在养老金体系中的位置，这些都是确保养老金融产品健康发展的关键因素。闫博士还指出了养老金融产品在发展中遇到的挑战，如估值方法的不足、信息披露的公平性问题等，并针对这些问题提出了建设性的建议。这些内容不仅增进了我的知识，也为我思考如何更好地规划个人养老提供了宝贵的视角，激发了我对这个行业的热情。

第二十五讲　寿险公司财务管理的转型与挑战：从负债经营到资产负债管理 *

讲座嘉宾：

金鹏，普华永道的精算咨询合伙人，毕业于北京大学和中国人民银行金融研究所研究生部，是英国精算师协会会员，在英国和中国保险行业工作超过25年。金鹏先生在财务报告、内含价值、风险和资本管理方面有着丰富的实践经验和深入的理解，是一位具有国际视野和行业洞察力的资深精算师，善于理论联系实际，运用先进精算技术和思维解决复杂的实际问题。金鹏先生长期参与保险合同新准则的制定和实施，近年来协助国内外保险公司进行新准则的实施，在保险公司财务转型的实践中向保险公司管理层提供咨询服务。

---

* 保险学院高级保险财务管理课程讲座。课程名称：高级保险财务管理；开课单位：保险学院；授课教师：郑莉莉　教授；课程简介：高级保险财务管理以会计学、财务会计、财务管理、公司理财、保险学原理、财产保险和人身保险为依托，以保险公司财务的内容为基础，主要针对非常规性业务的财务管理，具有财务专题的性质，需要掌握的主要内容包括：保险公司并购、兼并与重组财务管理、保险公司估值、保险公司股利理论与政策、保险公司国际财务管理、保险公司财务战略管理、保险集团财务管理、保险公司财务内部控制与风险管理、保险公司经济资本、保险公司财务管理前沿问题等内容。

一、寿险公司财务管理基本原理

（一）寿险公司经营的特点

寿险公司经营，本质上是对承保业务带来的“负债经营”。寿险产品是典型的“先收费，后服务”型产品，投保人往往是风险厌恶的，因此其愿意支付的保费水平也往往要高于其损失的期望值，这也是寿险公司可能产生承保利润的基础，即总保费＝纯保费＋附加保费，其中，纯保费为投保人的期望损失，附加保费中包含了保险公司的运营费用、资本回报和利润。寿险公司采取的是平准化保费，而其期望损失很可能应该是逐年上升的，导致其前期保费将大大超过被保险人的期望赔付。因此，寿险公司需计提负债，并考虑资产和负债的合理匹配情况。

（二）大数定律的应用

大数定律，假设X1，X2，X3，……，XN是从均值为μ、方差为σ^2的分布中抽取的一个样本，那么当样本足够大时，样本的均值可以无限地接近真实分布的均值。中心极限定理，假设X1，X2，X3，……，XN是从均值为μ、方差为σ^2的分布中抽取的一个样本，那么当N趋向于无穷时，如下随机变量的分布也逐渐逼近正态分布。随着保单数量的增长，保险公司面临的相对风险（每张保单面临的风险）不断下降，并趋近于零，而公司面临的绝对风险（整个产品线的风险）随着保单数量的增长而不断上升。

从资产面看，基础理论是现代投资组合理论，非系统风险可通过分散投资规避，系统风险可通过对冲规避，但需额外成本。从负债面看，基础理论是大数定律，相对风险通过大量出售保单规避，绝对风险通过不同产品线组合规避，无成本。

（三）传统财务管理理论与寿险公司的差异

1. 寿险公司的负债为被动负债

寿险公司的负债几乎全部是由其承保业务带来的，因此其资本结构很大程度上不受公司控制，而由其业务特性决定，或者说寿险业务本质上是由负债驱动的。

2. 寿险公司的价值与资本结构关系不明显

传统公司通过研究资本结构以寻找最合理的资本结构，从而最大化公司的价值。寿险公司，公司的资本结构和公司价值之间的关系并不明显，其关系更多的取决于公司的产品结构。

3. 传统资本结构理论中的负债比率指标失去意义

负债率指标是传统资本结构理论中最基本的指标。传统的财务理论认为，负债率越高，公司的风险越大，但是寿险公司的负债基本全部来自业务拓展，其负债由准备金构成，与一般公司的负债性质完全不同。因此，负债比例指标对于寿险公司并没有指导意义。

（四）保险公司的财务分析框架

1. 会计指标

反映公司的经营与盈利情况，侧重于短期经营表现。包括保险公司总资产、净资产、净利润。

2. 价值指标

反映保险公司未来能创造出的价值，侧重于长期经营表现。包括内含价值、新业务价值和新业务价值率。

3. 偿付能力指标

反映的是保险公司的债务偿还能力，侧重于资本对业务的支撑和约束。包括核心偿付能力充足率、综合偿付能力充足率和最低资本结构。

二、寿险公司财务管理的核心是资产负债管理

（一）资产负债管理的目标和四大任务

1. 使公司资产价值和投资回报最大化

资产价值的稳定性，资产整体价值不出现大幅缩水，避免因资不抵债导致公司偿付能力不足甚至破产。投资回报最大化管理（“开源”），制定科学合理的投资策略。做好投资收益管理，匹配未来负债现金流的情况；准确地预测投资收益。充分意识到寿险公司的资产负债管理具有动态特征。

2. 尽量降低公司的资金成本

通过良好的负债管理，降低自身的（负债）资金成本（“节流”）。准确地分析和把握公司负债的资金成本（重点关注各产品线的产品利率）。积极地通过产品线的组合策略，主动降低公司的资金成本（充分考虑不同产品线之间的自然对冲）。

3. 做好资产和负债的现金流匹配

流动性风险是寿险公司经营管理中面临的一个重要风险，充分考虑影响寿险

公司现金流状况的因素，包括利率风险、退保、大规模投资支出、分支机构建设等。

4. 管理和控制偿付能力不足风险

充分考虑偿付能力规则对于公司资产配置的要求。如果偿付能力不达标，资产配置的风险容忍度较低，可供选择的资产配置类型也会受限。资产负债管理在偿付能力方面的工作主要包括：准确分析和评估公司的利润和资本盈余，通过资产负债管理保证充足的偿付能力。

（二）寿险公司资产负债的主要工作

1. 资产端

一是寿险公司的战略资产配置。在不同的投资类别（股票、债券、另类投资等）上应该分别配置多少资产，包括资产价值的稳健性，即资产的安全性、资产配置应获得足够的收益以满足其负债成本的要求。二是寿险公司的风险容忍度。由于偿付能力监管的要求限制，以及公司内部的风险偏好水平，寿险公司必须从公司整体的角度了解自己的风险水平以及风险容忍度，从而更好地了解自己的经营风险状况，指导承保、投资等工作。三是资产端的利率风险管理。通过久期、凸性等工具度量公司所面临的利率风险，并指导资产配置过程中不同资产的选择、动态调整等实务操作。四是管理资产负债匹配的风险。通过现金流分析、免疫分析、动态财务分析等多种手段，管理资产负债的现金流匹配。对应地，资产端面临的主要风险有资产的贬值和投资收益风险、交易对手的信用风险、汇率波动带来的风险、流动性风险。

2. 负债端

一是寿险公司的产品线组合。大数定律的应用是基于某个特定的产品线的，因此不同的产品线存在天然的对冲关系。例如，人寿保单和年金产品。二是寿险公司的负债资金成本。了解负债端的资金成本水平，以及资产端的负债资金成本水平（即要求的资本回报率），指导资产负债管理工作。三是准备金和现金流评估。准备金评估的准确度对资产负债管理有重要影响。准备金提取过于保守，经营效率将受到影响；准备金提取不足，公司面临的风险会上升。四是评估和定价寿险合同中的隐含期权。是否可以通过模块化的产品设计提高寿险合同透明度，进而将隐含期权的风险变得透明化和易于管理。对应地，负债端面临的主要风险有死亡率偏差带来的流动性风险、退保导致的流动性风险、销售误导带来的流动性风险、利率波动给负债端带来的风险、通货膨胀带来的风险。

（三）寿险公司资产负债的两大工具

1. 财务工具

一是利率风险管理工具。目前，寿险公司在向监管报送的资产负债管理报告中需包含利率风险相关指标的计算和预测结果。麦考利久期和修正久期管理利率平行变动模式的风险，适用于基本的资产和负债现金流不随利率的变化而变化的场景。有效久期当由于合同中“嵌入”了某些选择权，使得现金流对利率敏感时，有效久期可以更好地衡量现金流对利率平行变动的价格敏感度。凸性分析通过资产和负债的凸性匹配，降低非平行利率移动的风险（特别是收益率曲线坡度的变化）。关键利率久期当收益率呈曲线状变化（即非平行的曲线运动）时，关键利率久期用来衡量资产负债对收益率曲线形状变化的敏感性。二是动态财务分析方法。通过模拟公司未来的经营环境和运营状况，显示公司的财务状况如何受外部环境变动和内部管理决策变化的影响。其特点是随机性、动态性，同时可以反映各种风险之间的相关性。首先，确定型情景分析。考虑企业可能出现的各种确定的情景，并分析各种情景下企业的财务状况。风险因素包括：经济风险、负债风险、资产风险及经营风险等。其中，对于比较重要的利率风险，应考虑利率风险本身的情景以及与利率相关的经济假设的情景。其次，随机模拟情景分析。考虑可能出现变化的几种情景，获知可能的财务结果范围。通过产生和分析大量的情景，从而确立各种情景下分析指标的总体概率分布以及相应的统计特征量。例如，死亡、投保人行为、利率等风险因素及轨道模拟。

2. 精算工具

寿险公司负债端的现金流与产品责任、未来发生率预期、投保人行为预期等相关，这直接影响寿险产品的定价（负债成本）和准备金评估，因此，往往需要借助精算工具来完成。自然对冲是根据公司当前的风险图谱了解公司的风险暴露分布，通过自身的产品线组合实现自然对冲，例如保障业务和年金业务等。资本成本评估包括保底和保底利率之上的市场期望水平。准备金评估需要满足不同目的的多套准备金评估基础，并根据资产负债管理的目的，确定和选择准备金基础。

寿险公司的现金流入和现金流出天然具有“时间差”和“金额差”，如前所述，投保人的风险偏好，使得保费往往高于期望损失。理论上，寿险公司出现现金流不足的可能性较低。但是，过去一段时间，一些寿险公司的“后起之秀”为了实现公司规模的快速增长，主营的短期趸交型产品，可能增大了现金流入和现金流出的时间差。同时，由于保证利益较高，公司不得不将其配置在长期资产上，以获取较高收益，即“短债长配”。寿险公司在管理现金流时，往往按照如下三个维度进行管理，同时区分新老业务或区分不同账户等细分管理维度：经营活动现金流、投资活动现金流、筹资活动现金流。现金流管理工具包括现金预算、敏感性分析和流动性风险监管指标。目前，寿险公司在向监管报送的偿付能力报告、压力测试报告以及资产负债管理报告中均涉及现金流及相应指标的预测结果。

（四）寿险公司资产负债管理的主要应用

公司应在产品开发结算和产品管理的全过程中引入资产负债管理，而不仅仅是在产品销售后，对已经形成的负债进行被动管理：定价利率、出售给投保人的期权。

资产负债管理在资金运用的应用，主要是指资产配置策略，即资产配置时考虑负债的期限、成本要求等特征利率敏感型负债的免疫投资策略、衍生工具投资等方式管理和规避市场风险。对于资产配置时，考虑某项投资对于偿付能力的影响。资产负债管理，从资产和负债两个方面综合考虑，度量不同决策方案对公司未来财务结果和经济价值的影响。

三、寿险公司的数据与报表管理

（一）实现数据标准化，奠定数据管理的基石

当前数据问题，一是数据口径不一致，相同名称的数据和指标拥有不同口径，例如，保费包含财务保费、规模保费、标准保费、年化保费、年化标保等；来自不同系统的同一数据存在口径差异，例如，同一信息在渠道系统、财务系统中口径不同。二是数据整理不及时，数据清理不及时、数据庞杂、报表繁多。

数据标准化的预期成果有以下几个方面：规范的指标体系，统一的定义、口径、负责人等属性，规范的口径变更控制流程；标准的公司整体指标到各部门指标的分解，指标间的逻辑关系，形成从上到下统一的管理语言和标准化指标体系；统一的报告管控体系，报表规范化的管理思路和流程，形成系统化、标准化、高效的新一代报表体系。

（二）寿险公司预算编制的基本思路

一是业务规划，制订量化的业务计划、利润目标等核心要素，并以此作为经营的依据。二是协调沟通，企业内部充分沟通、资源合理分配，以有限的资源实现最大的生产效率和价值增长。三是过程管控，年度预算进一步细分为每月的保费收入、投资收益、费用支出等细分目标，持续追踪和分析经营成果和预算的偏差，及时采取措施予以修正。四是考核激励，以预算目标为基础，对公司整体、各部门以及员工的绩效进行评估，根据评估结果进行激励或惩罚。

课程任课老师点评

在本次讲学中，嘉宾深入探讨了寿险公司的经营特点，特别强调了与传统财务管理理论的区别。寿险公司的经营本质上是对承保业务带来的“负债经营”，这种负债是被动负债，其特征与传统企业主动融资形成的负债截然不同。嘉宾指出，传统资本结构理论中的负债比率指标在寿险公司中失去意义，因为寿险公司的负债与资本结构关系不明显，主要是由承保业务所产生的负债。

寿险公司财务管理的核心在于资产负债管理，通过有效的资产负债管理，寿险公司可以实现公司（股东）价值最大化，同时降低偿付能力风险。嘉宾详细阐述了资产负债管理的重要性和实施方法，包括资产配置、负债匹配和风险管理策略等。他通过具体案例展示了资产负债管理在实际经营中的运作，使学生能够理解其在降低风险和提升公司价值中的关键作用。

在管理资产负债过程中，寿险公司利用财务和精算两大工具。财务工具主要用于投资管理和资本配置，而精算工具则用于评估负债和控制风险。嘉宾深入介绍了这些工具的具体应用，特别是如何通过精算模型和财务分析优化资产负债结构，提高公司的偿付能力和盈利能力。

此外，嘉宾还强调了寿险公司数据与报表管理的重要性，特别是在国际财务报告准则（IFRS17）下，寿险公司逐步实现与国际会计准则的接轨。嘉宾详细解释了 IFRS17 的核心要求及其对寿险公司财务报告的影响，包括数据管理、报表编制和风险披露等方面。他分享了寿险公司在应对 IFRS17 准则时的实际操作经验，使学生了解了国际准则在财务管理中的应用和挑战。

通过本次讲学，学生不仅获得了丰富的理论知识，还通过实际案例和互动答疑，提升了对寿险公司独特财务管理模式的理解。嘉宾的讲解启发了学生的思维，增强了他们的风险管理意识和实际应用能力。本次嘉宾讲学全面深入，既有理论高度，又有实践深度，为学生提供了宝贵的学习和思考机会。嘉宾的精彩讲解和丰富经验极大地提升了学生的专业素养和实际操作能力，期待未来能有更多类似的高质量学术交流和实践指导。

学生听课体会

包同学：

寿险公司作为金融服务行业的重要组成部分，其财务管理不仅关乎公司自身的稳健发展，也直接影响到客户的利益保障和社会的金融稳定。本次课程使我认识到了寿险公司在资金运用方面的策略与挑战。寿险公司需要灵活运用资金，以确保在保险合同到期时能够履行赔付义务，同时也要追求投资收益最大化。然而，资金投资涉及市场风险、流动性风险等多方面因素，需要寿险公司具备精准的风险控制和投资管理能力。另外，我学习到了保险公司财务报表的编制与解读。财务报表是寿险公司财务状况的镜像，通过分析财务报表可以全面了解公司的经营状况、盈利能力和偿付能力等关键指标。因此，保险公司需要建立完善的财务报告制度，确保报表的准确性和及时性，为内部管理和外部监管提供可靠的数据支持。综上，通过金老师细致讲解，我们不仅对保险公司的财务管理有了更深入的理解，也为我们未来在保险行业的发展和实践提供了宝贵的指导。

杨同学：

通过金老师深入浅出的讲解，我对于保险公司财务报表的编制和解读有了更清晰的认识。财务报表不仅是对外公布的重要信息载体，更是保险公司内部管理和监管机构监督的重要依据。在课程中，我们学习了如何编制财务报表，以及如何分析其中的财务指标，从而全面了解公司的财务状况和经营情况，为公司未来的发展提供参考和支持。此外，我也深刻认识到了寿险公司在资金运用方面的复杂性。资金是保险公司运营的生命线，如何有效地运用资金成为一项极具挑战性的任务。

第二十六讲　量化投资组合及风险管理*

讲座嘉宾：

宋兴华，正则基金合伙人，负责量化投资组合管理。拥有16年的投资研究经验，历任公募基金、保险资管和金牛私募基金的研究员/基金经理，拥有丰富的量化投资和风险管理经验。曾为清华大学经管学院、北京大学光华管理学院、中国证券业协会、中国人寿、泰康资产、易方达基金、建信基金及头部券商研究所讲授量化投资和业绩归因等相关内容。

---

* 统计与数学学院金融统计与风险管理课程讲座。课程名称：金融统计与风险管理；开课单位：统计与数学学院；授课教师：刘玉涛　副教授；课程简介：金融统计与风险管理是本学院风险管理专业硕士和博士的一门专业必修课程。本课程主要介绍银行和其他金融机构所面临的风险。内容包括金融风险的基本概念、相关基础理论和模型、风险的度量以及金融机构如何管理自身面临的风险。

一、中国量化投资的发展

2010年，中国开启了投资领域的崭新时代，这一年被誉为中国量化投资元年。在这一历史性的一年，袁宇掌舵的鸣石投资横空出世，迅速在行业中崭露头角。紧接着，任思泓在2011年创立了金锝资本。随后，在2012年王琛和姚奇聪共同创立了九坤投资，徐晓波于2013年成立了锐天投资，何文奇在同年创办了诚奇资产，这些新兴机构共同推动了量化投资行业的发展。到了2014年，明汯投资、灵均投资、天演资本相继成立，为量化投资市场注入了新的活力。而在之后，幻方量化、启林投资由于同年2015年成立，高亢在2019年创办衍复投资，这些机构的崛起使中国的量化投资领域呈现出多元化发展的繁荣景象。

在2014年年底，我国量化投资领域遭遇了一场突如其来的风暴，即"α黑天鹅事件"的突发。2014年年末（见图26-1），上证指数的增长率迅速攀升，市场的乐观情绪达到了高潮，投资者对市场充满了无限期待。然而，好景不长，这种迅猛的增长势头并未能够持久，增长率急剧回落，呈现出前所未有的显著下降。这一重大转折无疑给整个市场带来了深刻的影响。这一系列事件不仅揭示了市场的复杂性和不可预测性，也是对投资者的一次严峻警告：在追求高额回报的道路上，必须时刻保持警惕，审慎评估并防范那些潜藏在投资收益之下的风险。

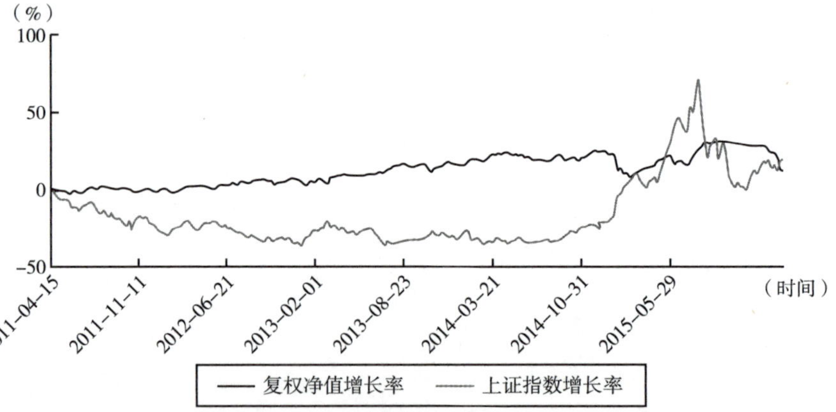

图26-1 2014年"黑天鹅事件"中复权净值增长率与上证指数增长率的变化

"α黑天鹅事件"后又有中股灾的爆发，量化投资经历了一段至暗时期后终于在2016年到2017年迎来量化小年的时刻，并在2018年获得了重生与繁荣，多只量化基金凭借其投资模型和风险管理策略，实现了优秀的业绩。以九章幻方中证500

量化进取 1 号、灵均中证 500 指数增强 2 号、明汯价值成长 1 期 A 号、九坤日亨中证 500 指数增强 1 号四只基金为例，与中证 500 指数相比，四只量化基金从 2019 年后的表现如图 26－2 所示。

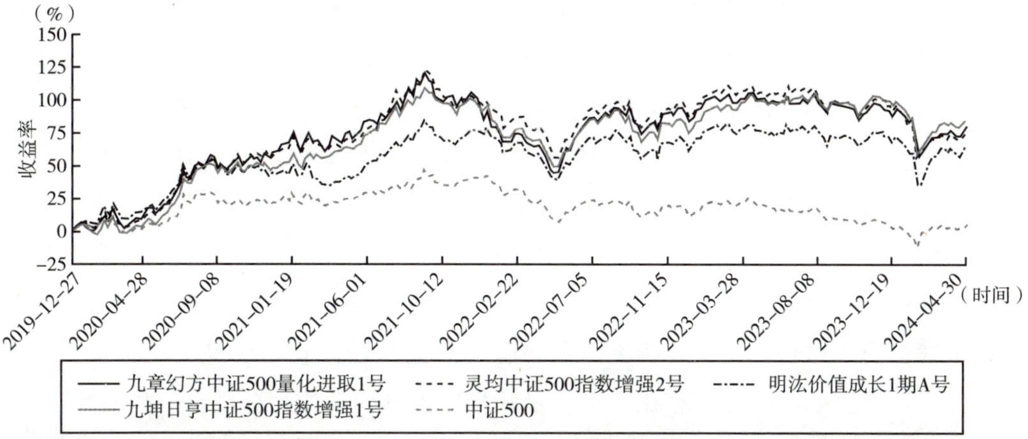

基金名称	区间收益（%）	超额区间收益（%）	年化收益率（%）	超额年化收益率（%）	超额胜率（%）	夏普比率	超额夏普比率	阿尔法（%）	信息比率	卡玛比率
九章幻方中证500量化进取1号	80.22	71.54	14.53	13.23	64.25	0.68	1.04	13.39	1.12	0.42
灵均中证500指数增强2号	74.98	68.69	13.79	12.83	65.91	0.69	1.33	12.71	1.44	0.46
明汯价值成长1期A号	64.22	56.32	12.10	10.84	62.61	0.57	0.93	11.05	1.03	0.46
九坤日亨中证500指数增强1号	84.73	75.84	15.18	13.88	68.78	0.75	1.35	13.70	1.42	0.53
中证500	5.06	0.00	1.14	0.00	0.00	0.08	−999.00	0.00	—	0.03

图 26－2　2019—2024 年四只量化基金的收益变化

由图 26－2 可看出，这几只基金自 2019 年年底以来的收益率整体呈现上升趋势。2019 年年末至 2021 年上半年，四只基金的上升趋势十分明显，在 2021 年 9 月左右达到最高峰，收益率均超 50%。在 2021 年下半年之后，收益率出现明显回落，但仍高于 2019 年的表现。2022 年年初，四只基金的收益迎来反弹，之后其收益率在 50% 至 100% 区间内波动，除 2024 年年初出现明显下跌外，整体情况较为平稳。

相关数据显示，在目前我国的证券私募行业中，管理规模达到 50 亿元以上的管理人占据了市场 60% 的份额，大型管理机构在行业中占据主导地位。同时，量化管理人的数量占比达到了 26%，这一比例显示出了量化投资策略在私募行业的普及和应用。此外，有 55% 的量化产品实现了清算，这揭示了量化产品在实际操作中的表现和退出情况。这些数据不仅在一定程度上反映了我国证券私募行业的现状，也反映了市场风险和投资者需谨慎决策的重要性。

二、如何理解量化投资

在投资领域，量化投资策略与主观选股（基本面分析）之间存在着鲜明的对比。第一，从管理人的背景来看，主观选股策略倾向于招募具有深厚行业背景和专业知识的投资人才，而量化投资则更偏好拥有数理和金融专业背景的人才。第二，在投研方法上，主观选股依赖于投资经理对宏观经济和行业趋势的经验判断，注重前瞻性预测，而量化投资则基于海量数据和精密模型来执行市场预测。第三，二者的决策模式也存在着明显差异，主观选股往往由投资经理独立作出决策，而量化投资则采用流水线式的决策流程，不同部门间要分工合作。第四，在组织架构上，主观选股中投资经理、研究员和风险控制等职能角色划分清晰，风控分工明晰，而量化投资则趋向于打造一个集投研、风控和信息技术于一体的综合团队。第五，至于投入门槛，主观选股对技术硬件的要求相对较低，量化投资则对数据获取和软件支持有着更高的要求。第六，在交易频率方面，主观选股通常交易活跃度较低，而量化投资则根据策略特性，交易频率可高可低。第七，在持仓集中度上，主观选股往往表现为较为集中的投资，相比之下，量化投资更倾向于构建分散化的投资组合。

在当今快速发展的金融市场中，量化投资作为一种高效、系统化的投资策略，正日益受到投资者的青睐。它通过运用数学模型和统计技术来分析海量数据，从而揭示市场规律和投资机会。量化投资具有以下显著优势。

（1）投资的客观性与纪律性：依托数学模型和算法，量化投资在交易决策中摒除了人为情绪和主观偏见，从而显著提升了决策的客观性和纪律性。

（2）交易的高效性与迅捷性：量化投资通过计算机程序自动化交易，实现了交易执行的高效率和快速响应，大幅降低了交易成本和延迟，极大提高了操作效率。

（3）大数据与技术优势的运用：量化投资依托先进的数据分析和技术手段，对市场信息进行全方位、深层次挖掘，揭示市场潜在的模式和规律，以发掘宝贵的交易机会。

（4）精细化的风险管理：量化投资通过精确的风险管理模型，对投资组合进行严格的风险控制，采取多元化的策略和资产配置，以及设置止损和止盈等机制，有效降低了投资波动性和风险。

（5）稳定收益与长期回报的追求：量化投资致力于实现稳定的收益和长期的投资回报，通过系统的交易策略和风险管理，能够在多变的市场环境中保持稳定的收益，为长期财富积累奠定基础。

（6）策略的适应性与灵活性：量化投资策略具备良好的市场适应性和灵活性，能够根据市场变化及时调整和优化，确保在不同市场条件下都能保持优异的投资表现。

量化投资策略具有三个主要层面：数据层、模型层与优化器层。数据层是量化投资的基础，涉及结构化与非结构化的数据类型，包括低频与高频的数据信息。这些数据是构建有效投资模型的基石。模型层指的是在收集到足够的数据之后，需要利用多因子模型、机器学习或深度学习等技术来分析数据，建立预测市场走势的投资模型。这一层次的技术选择和应用直接影响到投资策略的有效性和准确性。最后，为了实现最优的投资组合，会采用线性或非线性优化的方法对模型进行调校和完善，即优化器层。这确保了投资策略能够在风险可控的前提下追求最大收益。量化投资的三层架构——从数据处理到模型构建再到策略优化，形成了一个完整的闭环系统，旨在提高投资的效率和精确度。

从国际视角进行剖析，量化策略背后的收益来源主要依赖于两个核心要素：Alpha（阿尔法）和 Beta（贝塔）。其中，Alpha 代表的是投资组合的超额回报率，即通过选股能力获得的超过市场平均水平的收益；而 Beta 则反映了投资组合相对于市场的整体波动性，包括因子贝塔、区域贝塔、国家贝塔以及行业贝塔等不同层面。这些因素共同作用，决定了量化股票策略的整体表现。在实际操作中，投资者需要深入理解并准确把握这些收益来源，以制定有效的投资决策，实现资产的稳健增值。

“因子”通常指的是影响资产价格和回报的可识别和可量化的特征或变量。因子选择即为从众多潜在的投资因子中挑选出能够有效预测资产未来表现的因子。因子选择是构建有效投资策略的关键环节之一。通过深入分析市场数据和市场动态，投资者可以识别出影响资产价格变动的关键因素，即所谓的“风格因子”。这些因子不仅包括传统的波动性、分红和质量等基本面指标，还包括反映市场情绪和技术分析的动量、价值以及规模等因素。

然而，确定所需的风格因子数量却并非易事。过多的因子可能导致模型复杂化，增加计算成本和管理难度；而过少的因子则可能无法充分捕捉市场的多样性特征，从而降低预测准确性。因此，在实际操作中，投资者需要根据自身风险偏好、资金规模以及市场环境等因素进行权衡，以确定最适合自己的因子组合。

在模型选择层面，风险主要来源于经验驱动和数据驱动两种模式。经验驱动模型通常是基于专家或从业者的经验和见解建立的，它们常使用规则、经验法则或基于专家意见的定性分析。这种模型的解释性强，容易理解和解释，便于沟通和验证，适用于小样本情况或在数据不足时更为实用。

相比之下，数据驱动模型则依赖于大量数据进行建模和预测。通过数学和统计分析来发现数据中的模式和关系，常用的方法包括机器学习、深度学习等。这些模型能够自动学习和适应新的数据，适用于动态和变化的环境，尤其擅长处理高维度和大规模的数据以及非线性、复杂的关系。

然而，尽管数据驱动模型具有诸多优势，但它们也有其局限性。例如，过度依赖数据可能导致忽略某些非量化的重要因素，而且复杂的算法也可能增加模型的不可预测性和风险。因此，在实际应用中，需要根据具体情况权衡这两种模型的优缺点，以作出最合适的选择。

从中国视角进行剖析，量化策略背后的收益来源主要可以从以下几个方面来理解：首先，市场回报是基础。它涵盖了行业/风格、周期、消费、科技、金融、防御等成长性因素以及价值、质量、低波、红利、市值、流动性等因素的综合影响。其次，交易成本与跟踪误差也是重要考量点。这包括交易换手与滑点成本、成分股约束等，它们共同构成了投资过程中的摩擦成本。最后，制度套利也不容忽视。通过打新、T0 等方式，投资者可以在市场中寻找并利用各种制度差异带来的机会。除此之外，风险控制至关重要。在追求收益的同时，必须注意管理好潜在的风险，确保投资的稳健性和可持续性。量化策略的成功实施需要综合考虑多个方面的因素，既要关注市场的宏观趋势，又要精细化管理交易细节，同时还要善于捕捉制度套利的机会，并在整个过程中严格控制风险。

离散度可以反映出基金之间的策略差异程度。对我国的主观多头与量化投资策略进行对比分析，可以发现：采用主观选股策略的基金数量高达 10460 只，这显示了该策略在市场中的广泛应用，其离散度（以截面标准差表示）为 26.47，说明基金之间的差异很大。与主观选股不同，量化投资依赖于数学模型和算法来指导投资决策，量化投资通常涉及高频交易和算法优化，旨在系统性地捕捉市场机会。从离散度来看，量化投资的离散度明显低于主观多头。例如，沪深 300 指数增强涉及 132 只基金，旨在超越沪深 300 这一广泛跟踪中国大型上市公司的指数，其离散度为 10.62。中证 500 指数增强，主要关注中小型上市公司，其包括 901 只基金，离散度为 11.36，略高于沪深 300 指数增强基金。中证 1000 指数增强涉及 354 只基金，关注更小市值的公司，与前面二者相比，其基金之间的策略差异最大，离散度为 13.76。

除了离散度以外，还可以从主动管理公式的视角来看不同策略。随着投资宽度的增加，策略预期精度呈现出下降的趋势。具体来讲，在投资宽度较小时，主观 CTA（Commodity Trading Advisors）领域中“主观多头”的优势在于较高的策略预测精度，其权益表现通常较为突出；而在量化 CTA 领域，当投资宽度中等时，权益的“量化中低频”适用，能保证较高的策略预期精度；而随着投资宽度的增加，“量化高频”就更为适用，但随着投资宽度的进一步加大，策略预期精度明显降低。

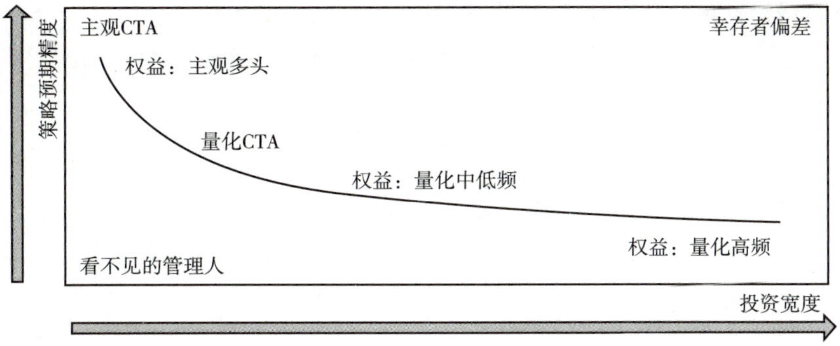

图 26－3　从主动管理公式的视角来看不同策略

三、2024 年中国量化投资发生的变化

在当前金融市场中，不同资产类别与策略之间的相互关系正日益受到重视：权益类资产包括多头和空头策略，以及 ETF 等多样化投资工具，如沪深 300 和中证 500 指数基金，还有聚焦于特定行业或主题的投资选择；债券市场则提供了利率、信用等多样化的投资途径，包括国债、政金债、城投债、企业债、高收益债等，投资者可根据风险偏好进行灵活配置；商品市场涉及 CTA 策略，通过对时间序列和横截面分析捕捉投资机会，同时涵盖跨市场和跨品种交易，乃至期货与现货间的套利操作。此外，另类投资领域不断丰富，不仅有权益市场中性策略以应对价格波动，还包括统计套利、期权曲面套利及可转债套利等多种复杂策略。在这些策略的选择与应用过程中，理解其方向性与非方向性特征至关重要，前者关乎趋势、动量和价值判断，后者则需要深入剖析波动率、价差及相关性的变化。随着市场的深化发展，投资者需更加注重各类资产与策略内在联系的把握，以实现更为精准和高效的投资决策。

2024 年初，资本市场风云突变。从元旦到农历新年前夕，“国家队”汇金持续加码沪深 300ETF，这不仅是对市场信心的一次重大提振，同时也微妙地改变了市场的投资风向——从之前的小票行情逐渐转向了更为稳健的大盘蓝筹。这种转变在 1 月 22 日至 26 日尤为明显，尽管沪深 300 指数因雪球产品的敲入而出现短暂回调，但中证 500 和中证 1000 指数却在预期升高的推动下展现出强劲的上升势头，仿佛在暗示着新的投机机会正在酝酿之中。到了 1 月 29 日至 2 月 2 日，小票的流动性危机突然爆发，雪球产品的集中敲入导致期指贴水迅速扩大，中性策略的投资组合面临着前所未有的考验。多头资金的集中平仓行为如同雪崩一般，进一步加大了小票的价格下行压力。与此同时，大量的中性产品和指数增强型产品也经历了大规模的回撤，投资者们的心情也随之跌入了谷底。就在市场气氛一片低迷之时，“国家队”再次挺身而出。2 月 5 日至 7 日，他们大手笔买入中证 500ETF 和中证 1000ETF，这不仅带动了期指的大幅上涨，也加剧了基差的波动。非成分股中的微型股票流动性进一步枯竭，走势疲弱，相关的中性和 DMA 策略也遭受重创，不得不进行集中的平仓或是换仓操作。至此，微型股票的流动性危机达到了顶点，市场的紧张氛围几乎可以触摸。所幸的是，到了 2 月 8 日，情况终于出现了转机。微型股票的流动性危机得到了一定程度的缓解，资金开始逐步回流至那些前期超跌的板块。

从时间上来看，2024 年 1 月 29 日至 2 月 8 日，股市经历了显著的波动。在这段时间内，上涨股票数量从 474 只到 4671 只不等，下跌股票数量则从 4591 只至 400 只不等。在主板市场，跌停家数变化较大，从 83 家至 1368 家不等。上证 50 指数、沪深 300 指数和中证 500 指数均呈现不同程度的涨跌互现态势，其中中证 2000 指数表现尤为突出，最大涨幅达到 8.75%。

在此期间，头部量化机构的超额收益出现了明显的波动。具体来说，在 2023 年 12 月 29 日至 2024 年 4 月 30 日这一时间范围内，这些机构的表现如下：

从图 26－4 中可以看出，九章幻方中证 500 量化进取 1 号、灵均中证 500 指数增强 2 号、明汯价值成长 1 期 A 号、九坤日亨中证 500 指数增强 1 号、中证 500 自 2023 年 12 月 29 日以来，超额收益率由 0 开始一路下跌，随后在 2024 年 1 月底更是出现了明显的断崖式下跌，超额收益率在－20% 到－15% 左右范围内。在 2 月后出现明显反弹回升。自 3 月之后，表现得较为平稳，但超额收益率基本为负值。

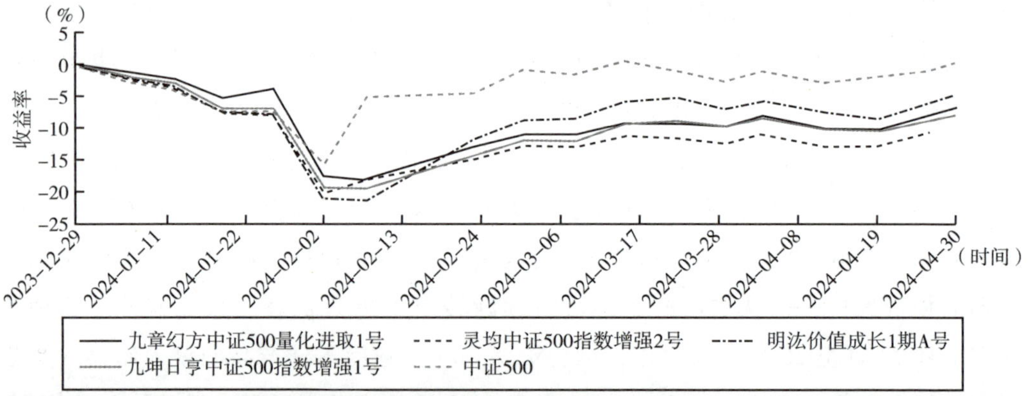

基金名称	区间收益（%）	超额区间收益（%）	年化收益率（%）	超额年化收益率（%）	超额胜率（%）	夏普比率	超额夏普比率	阿尔法（%）	信息比率	卡玛比率
九章幻方中证500量化进取1号	−6.71	−6.92	−18.64	−19.17	70.59	−0.60	−0.74	−19.46	−0.76	−1.02
灵均中证500指数增强2号	−10.84	−9.89	−29.68	−27.36	50.00	−1.21	−1.67	−33.98	−1.59	−1.48
明汯价值成长1期A号	−4.88	−5.08	−13.80	−14.36	47.06	−0.27	−0.39	−11.82	−0.41	−0.64
九坤日亨中证500指数增强1号	−7.84	−8.05	−21.54	−22.05	52.94	−0.76	−0.97	−23.67	−0.97	−1.11
中证500	0.22	0.00	0.65	0.00	0.00	0.12	−999.00	0.00	--	0.04

图 26－4　2024 年以来头部量化机构收益率的变化

四、如何度量投资组合中的风险

随着量化投资的普及，关于其效能和实践的诸多神话及误解也应运而生，对投资者的认知和决策产生了深远的影响。首先，有人认为量化投资如同黑箱子一般难以理解，过分依赖数据而忽视了基本面分析。但实际上，量化投资并非完全摒弃人的判断，而是在大数据的基础上进行深入分析和挖掘，从而辅助投资者作出更为明智的投资决策。其次，一些人担心量化投资会导致组合过于分散，缺乏对个股的关注。但事实上，量化投资通过科学的资产配置和风险管理手段，实现了资产的多元化和风险的分散化，有助于降低极端风险，提高整体收益水平。此外，还有人认为量化投资会剥夺个人投资者的机会，使市场变得更加不公平。然而，量化投资的发展并未阻碍个人投资者参与市场，反而为他们提供了更多的投资选择和机会。同时，我们需要明确的是，量化投资确实利用了先进的人工智能技术，但这并不意味着它已经达到了完美的境地。量化投资同样存在局限性，如因子失效、过度拟合等问题。因此，投资者在选择量化投资产品时，应保持理性态度，充分了解其特点和风险，避免盲目跟风。

投资管理过程始于明确的第一性原理——投资目标的确立。首先，应选择合适的资产类别进行配置，如权益、债券或商品等，以满足既定的风险收益特征，确认交易成本。其次，应根据可承受的风险水平确定相应的投资策略类型。然后，依据不可置信度，确认构建组合的方式。接着，应对所构建的组合进行实时评估，跟踪其风险是否偏离投资目标。最后，在交易执行阶段，选择适当的交易算法与执行方案。

投资管理过程中的风险度量是一个多维度的概念，它揭示了投资可能面临的各种不确定性：波动率是衡量资产价格变动幅度的指标，上行/下行波动率进一步细分了波动率的概念，分别衡量资产价格上涨和下跌时的波动性，反映了资产的不稳定性；最大回撤是衡量投资组合可能遭受的最大损失的指标，它显示了从投资组合的最高点到最低点的下降幅度。尾部风险关注极端市场情况下的潜在损失；流动性则描述了资产能够多快且无显著影响价格的情况下被买卖的能力，流动性的高低直接影响投资者在需要时将资产转换为现金的能力，同时也是最容易忽视的风险预期。

在现实的量化投资实践中，投资组合的实际表现往往与既定的投资目标存在偏差，造成跟踪误差的主要因素有以下几点：第一，外部宏观政策的冲击是影响投资组合表现的一个主要外部因素，政策变动，如利率调整、贸易政策或税收改革，都可能对市场产生广泛影响；第二，投资者行为的变化也不容忽视。市场情绪的波动、投资者风险偏好的改变，或是对市场信息的不同解读，都可能导致投资行为的变动，进而影响投资组合的走向；第三，市场微观结构的变化，如交易规则的调整、市场流动性的波动，或是交易技术的更新，都可能在不经意间影响投资策略的有效性；第四，行业/风格的偏离度和成份股的偏离度也是导致投资目标偏离的重要因素。投资组合在行业配置或风格偏好上的偏差，可能导致其表现与整体市场或特定基准产生显著差异；第五，持股数量也是影响投资组合表现的一个关键因素。持股过于集中或分散，都可能增加投资组合的非系统性风险，从而影响投资目标的实现。除此之外，宏观条件、市场条件、行为条件对于量化投资的共同作用越来越明显，三种条件之间的界限越来越模糊，它们不再是孤立的个体，而是相互交织、共同作用于量化投资决策的每一个环节。

在行业竞争的视角下，策略竞争与进化是量化投资领域的重要主题。“策略不可能三角”体现了投资策略中三个理想属性之间相互权衡的概念。这三个理想属性通常包括：(1) 高超额收益，指的是投资策略相对于某个基准（如市场指数）所获得的额外收益，也被称为阿尔法（Alpha）。一个策略如果能持续产生高超额收益，意味着它能够在市场上获得超越平均水平的回报。(2) 低超额波动（风险），指超额收益的波动性，或者说是策略获得超额收益的稳定性，通常为超额收益的标准差。低超额波动意味着策略在赚取超额收益的同时，其收益的波动较小，风险较低。(3) 策略容量，它通常衡量一个策略超额的质量，可以用超额收益/超额波动（超额夏普）表示，这个比值越大越好。“策略不可能三角”表明，一个投资策略很难同时在这三个方面都表现出色。策略设计者必须在这三者之间作出权衡。如果一个策略追求高超额收益，可能需要承担更高的风险，这可能导致超额波动增加。同时，一个策略如果太过专注于降低风险，可能因为过度保守而无法吸引大规模资金，或者在管理大规模资金时性能下降。

五、风格管理及其风险

投资风格指某种特定的投资方法或策略，如价值投资、成长投资、动量投资、质量投资等。而风格暴露指是投资组合或基金在实际投资过程中偏离其预定投资风格或策略的现象，代表投资组合在风格上的相对风险敞口。将投资策略根据其风险收益特征划分为三个层次：稳健型、均衡型和进取型。若风格暴露小于0.3，则为稳健型，这一类别的投资策略以较低的风险水平为特征，追求稳定的收益。它们适合风险厌恶的投资者，或者那些寻求资本保值和适度增值的投资者；若风格暴露在0.5—0.7，则为均衡型，均衡型策略在风险和回报之间寻求一个平衡点。这类策略适合那些愿意承担一定程度风险以期获得相对更高收益的投资者；若风格暴露在0.7以上，则为进取型，进取型策略倾向于追求高收益，通常伴随着较高的风险。这类策略适合那些风险承受能力较强、寻求资本增值的投资者。

在量化投资组合管理中，优化器扮演着至关重要的角色，它通过精密的计算和复杂的算法帮助投资者实现资产配置的最优化。图26－5说明了优化器中所包含的关键要素以及它们是如何协同工作的。

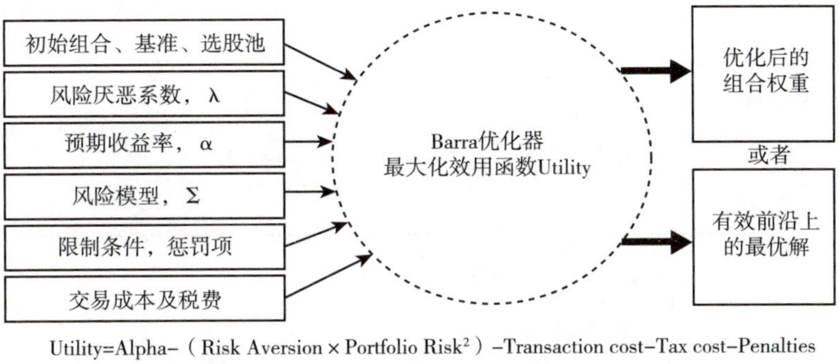

图26－5　优化器的要素

效用函数是衡量投资组合性能的关键，它综合考虑了超额收益（Alpha）、风险、交易成本、税费和惩罚项。该函数形式通常表达为：Utility = Alpha －［Risk Aversion ×（Portfolio Risk"）^2］－ Transaction cost － Tax cost － Penalties。

优化过程开始于对初始投资组合的评估，包括其与市场基准的比较以及潜在投资标的的筛选。然后，通过调整资产权重，优化器致力于寻找风险和收益之间的最佳平衡点。核心的优化参数之一是风险厌恶系数（通常表示为λ），它量化了投资者对风险的敏感度。与此同时，预期收益率α为投资组合设定了收益目标。此外，风险模型在优化过程中发挥着至关重要的作用，它预测并评估投资组合可能面临的风险。优化器的目标是在有效前沿上找到最优解，即在既定风险水平下实现最高预期收益的投资组合。在此过程中，各种限制条件和惩罚项被纳入考虑，确保最终的投资组合既满足投资者的风险偏好，又遵守特定的投资规则。

因子权重的确定也是量化投资组合管理中的关键环节，它不仅影响投资组合的风险和回报，还关系到投资策略的有效实施和投资者的最终投资成果。确定投资组合中各因子权重的不同方法有如下几种（见图26－6）：（1）等权配置。这种方法通过给予市场权重或金额等权重来配置资产，不考虑个别资产的风险或回报特性。

该方法的弊端十分明显，其风险预期与收益预期的置信度都很低。（2）风险平价与波动率倒数。前者考虑资产之间的协方差，旨在平衡投资组合中各个资产的风险贡献，使每个资产对整体投资组合风险的贡献相等。后者通过分配权重给资产的波动率倒数，即波动率较低的资产会被赋予更高的权重。这两种方法的风险预期的置信度高，但收益预期的置信度低。（3）集中持仓。与等权配置相反，这种方法倾向于将大部分资金集中在少数几个资产上。该方法的收益预期置信度高，但风险预期的置信度很低。（4）等夏普比率与目标夏普比率。前者要求投资组合中的每个资产具有相同的夏普比率，即风险调整后的回报率。后者指投资者设定一个目标夏普比率，并根据这个目标来调整资产的权重，以实现整个投资组合的夏普比率达到预期。该类方法具有较高的收益预期置信度与风险预期置信度。（5）Black – Litterman 模型。它是一种结合市场均衡回报和投资者自身观点来确定资产权重的方法。该方法能够在收益预期置信度与风险预期置信度之间实现较好的权衡。

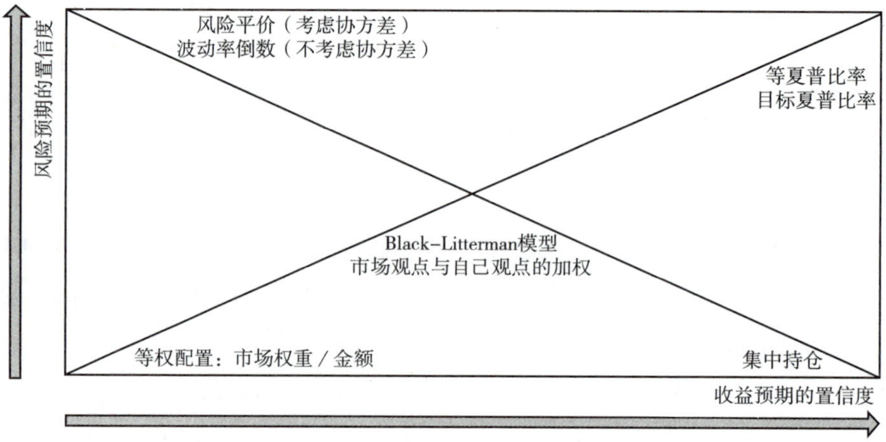

图 26 – 6　确定投资组合中各因子权重的不同方法

在因子择时方面，Neuhierl、Randl、Reschenhofer 和 Zechner（2003）所组成的团队发表了最新的研究进展。Neuhierl 等（2023）的研究特别关注了动量、波动率和估值差异、特征差异、发行者与回购者差异等。研究涵盖 16 个不同的动量信号，构建了 7 个波动率指标，作为择时决策的关键信号。在估值差异方面，特别关注了特征差异、发行者与回购者差异、动量、波动率和估值差异等因子。特征差异策略的基础思想与估值差异信号类似，Neuhierl 等（2023）构建了两类不同因子多空组合的相关特征差异，通过分析两类不同因子的特征差异，来识别市场的无效性。除此之外，他们还将公司净发行股票与未来股票收益的相关性纳入研究框架，发现二者存在显著负相关关系，据此构建了 6 个择时信号。

课程任课老师点评

金融统计与风险管理这门课程主要涉及金融风险中的基本概念、基础理论知识和一些主要的模型。学生在学习过程中，会系统地学习到金融机构如何管理自身面临的风险，包括信用风险，市场风险，操作风险以及流动性风险等。其中，风险的度量是风险管理中的一个关键环节，而量化投资，从投资者角度来看，可以降低投资风险。量化投资注重风险管理和资产配置，通过严格的风险控制模型和止损机制。量化投资能够根据市场波动和风险水平进行调整，自动控制头寸规模和仓位，避免过度集中投资，从而降低投资组合的整体风险。国内股票量化投资，自 2015 年以来，经历了多次迭代，但重点聚焦在因子开发和机器挖掘方面。2023 年之后，随着股票量化投资的超额收益逐渐下滑，量化投资组合中的风险问题，越来越凸显，尤其是经历 2024 年第一季度量化危机之后，有必要对量化投资组合中风险的考量和选择进行反思。宋兴华从国内量化投资的兴起与背景出发，介绍如何理解量化投资，并通过梳理 2023 年的量化危机时间线，抛出如何选择不同的量化股票策略的问题。接着通过从量化投资的神话与现实的差别出发，介绍了如何在实践中度量投资组合中的风险。最后宋兴华通过一个实例介绍了投资组合的风格管理。宋兴华的讲学，从量化投资的实际问题出发，让学生对于理论中的风险度量和实务中风险的“测度”以及“管理”有了更深层次的认识。讲学内容在开拓学生的理论视野的同时，也获得了理论应用于实践的最直观的感受。

学生听课体会

刘同学：

很荣幸能有机会聆听宋总这次关于量化投资的讲述。讲座一开始，宋总从2015年以来量化投资的多次迭代讲起，强调了因子开发和机器挖掘在这一领域中的重要性。他详细介绍了量化投资组合的管理目标和风险度量的方法，还特别强调了在实务中进行风格管理与风险暴露控制的重要性。通过这次讲座，我对国内量化投资的兴起背景有了更清晰的了解，同时也意识到在快速发展的市场环境中，持续学习和调整投资策略的重要性。风险管理不仅是对历史数据的分析，更需要结合市场的动态变化，灵活调整投资组合。尤其是在经历了市场危机之后，反思和优化风险管理策略显得尤为重要。总之，这场讲座不仅让我对量化投资有了更深刻的理解，也让我意识到，未来的投资决策中，风险控制将是一个不可忽视的重要环节。这对我未来的投资实践和科研都具有重要的指导意义。

凌同学：

在这次报告中，通过正则基金合伙人宋总深入浅出的精彩讲解，我深刻地了解到了国内外量化投资的背景与发展历程，感受到了量化投资在国内金融市场中的重要性和复杂性。为了更好地实现投资组合的管理目标，我们必须把握好投资组合中的风险度量，从而更好地控制风险。随着多因子模型、机器学习、深度学习等一系列技术的发展和应用，量化投资策略得到了极大的丰富和提升。我了解到，目前量化投资策略的焦点主要聚集在因子的开发与机器挖掘之上。宋总结合实务为我们详细介绍了风格管理与风险暴露，阐释了目前我国量化投资领域所面临的难点。同时，我也意识到，量化投资的发展在国内并非一帆风顺，尤其是在2024年第一季度的量化危机，让我们意识到对量化投资组合中风险控制和管理非常必要。此次报告让我更加清晰地了解到了目前行业中的最新动态，也为我未来的职业发展提供了宝贵的见识与可能性。

第二十七讲　跨国公司在中国：全球跨国投资不确定中的确定性 *

讲座嘉宾：

李晓雪，应用经济学博士，现就职于商务部国际贸易经济合作研究院现代供应链研究所，任助理研究员。主要从事全球供应链、利用外资、现代流通等领域研究。曾参与多项国家和省部级项目，部分研究成果获得重要领导肯定性批示。

---

* 国际经济与贸易学院国际直接投资与跨国公司管理课程讲座。课程名称：国际直接投资与跨国公司管理；开课单位：国际经济与贸易学院；授课教师：蒙双 副教授；课程简介：本课程主要涉及国际直接投资与跨国公司管理理论深入探究与应用分析。通过本课程的学习，学生掌握国际直接投资的特点和发展趋势、跨国公司的经营战略战术、跨国公司管理者的决策思维特点，并提高国际商务相关的高级应用能力，为未来的职业发展提供智力支持。

一、全球供应链格局加速重塑

（一）全球供应链格局呈现三大特征

第一，在全球制造业多次转移中，逐步形成以美国为中心的北美供应链、以德国为中心的欧洲供应链，以及以中国为中心、以日本和韩国为支撑的亚洲供应链网络。从三大制造业中心的地位来看，中国制造业增加值全球占比始终处于上升趋势，分别于 2001 年超过德国、2007 年超过日本、2010 年超过美国，连续 12 年位居全球第一。第二，制造业大国同能源、资源供给国之间形成了高度依赖的“梯队型”国际分工格局，即以美国为主导的制造业科技创新梯队、以欧盟和日本为主导的高端制造业梯队、以中国及东南亚等国家为主导的中低端制造业梯队和以资源输出国为主导的原材料梯队。第三，国际金融危机后，全球制造业形成了更加开放的投资格局，除重点领域的外商投资审查趋严之外，全球各国持续减少制造业领域的外商直接投资限制。

（二）全球供应链格局面临深度调整

1. 全球供应链分工由全球分工向区域内集聚转变

随着越来越多的多边、双边和区域自由贸易协定的签署和实施，以高标准、广覆盖、严要求为特征的国际经贸规则正加速重构。

2. 全球供应链布局由高度集中转化为多元化、近岸化、本土化

在全球供应链中断事件频发、供应链阻滞风险增长的背景下，世界各国及跨国公司不得不在供应链效率与安全两方面重新权衡。

第一，新冠疫情凸显了供应链安全的重要性。出于应急保障及经济发展的目的，一些发达国家政府通过立法、补贴、政治施压等手段，迫使本国企业加大对本国投资，进而使全球供应链呈现本土化或本国化发展趋势。对于难以在本国实现自给自足的部分产品，主要发达国家采取政府补贴政策，鼓励和支持企业开展多元化布局，避免重要产品来源单一，实现供应链多元化发展。如欧盟于 2021 年 5 月公布了一项供应链多元化计划，旨在降低其在原材料、活性生物医药原料、锂电池、氢能、半导体、云计算和边缘计算六个战略领域对外国单一供应商的依赖。第二，跨国公司追求效率与安全，平衡推动供应链近岸化、多元化布局。一方面，将高度分散的生产环节逐步收缩到重点目标市场国家或邻近国家进行生产，推动供应链近岸化布局；另一方面，为降低其单一供应依赖的风险，开展多元化采购和布局，实施供应链多元化、分散化战略。第三，新兴消费市场崛起推动供应链本地化布局。随着新

兴中产阶级的兴起，全球需求市场进一步拓展出新的增量空间，吸引着全球跨国公司将生产、设计、研发等供应链诸多环节布局更加靠近终端消费地区，快速响应，抢占市场先机，使全球供应链形成本地化布局趋势。

3. 全球供应链形态由网链结构转向“研产销一体化”

随着发达国家采取一系列措施推动本国制造业回流，发展中国家纷纷制定政策推动国产化替代，以实现关键产品的自给自足，全球供应链高度复杂的网络结构正发生改变，“研产销一体化”将成为全球供应链主要形态。

4. 全球供应链要素由劳动力偏好转向数字化驱动

首先，数字技术推动供应链生产分工模式变革。互联网技术与制造业结合，使生产布局分散化、工厂规模小型化、交付周期大幅缩短、供应链条更为精简。人机共融的智能制造模式、智能材料与3D打印相结合的4D打印技术，将推动制造业生产方式由大批量标准化生产向大规模智能化定制生产转变，同时实现本地化原料采购、产品加工和市场销售。此外，随着企业更加注重自动化、信息化、智能化投入，全球供应链数字化、智能化、柔性化、平台化趋势将进一步增强。

其次，数字技术改变全球供应链转移方向。机器换人的普及将降低生产制造环节对劳动力成本的敏感度，放慢劳动密集型制造业的产业转移步伐，加快制造业向发达国家回流速度。同时，数据正在成为重要的生产要素，推动不同经济体之间要素禀赋优劣势改变，驱使供应链向发达经济体或具有数字技术优势的发展中国家布局。最后，数字技术的发展和应用，将催化传统产品功能和传统服务内容的改变，形成新的产业形态，对供应链贸易格局产生影响。

5. 全球供应链模式从粗放高碳发展向绿色低碳转变

目前，全球已有超过120个国家提出到2050年实现碳中和的目标愿景。随着以气候变化为主题的新型国际贸易体系和竞争格局的形成，全球供应链将向绿色低碳转型。多边、双边自由贸易和投资协定都已将高标准的环境保护和碳排放要求纳入具体条款，未来，全球层面将形成关于碳排放的一致性规范，改变各国比较优势，推动全球供应链发展格局转变。同时，围绕各国碳中和愿景，跨国公司提出了碳中和目标，不仅要求企业自身实现碳中和，还从供应链上进行推动，构建绿色低碳供应链体系。

二、中国为跨国公司注入投资增长动能

（一）“经济增长”之“确定性”：经济发展韧性强劲稳定投资预期

（1）中国经济韧性强，增速持续居世界主要经济体前列。

（2）中国经济潜力大，仍将是全球经济增长的重要引擎。

（二）“开放合作”之“确定性”：对外开放持续扩大增强投资动力

（1）开放大门越来越大。

（2）开放平台扩围升级。

（3）自贸试验区及海南自由贸易港开放高地成效显著。

（4）国家服务业扩大开放综合试点示范引领全国服务业开放发展作用凸显。

（5）开放合作持续深化。

（6）共建“一带一路”深入推进。

（7）《区域全面经济伙伴关系协定》（RCEP）如期生效实施。

（三）“产业发展”之“确定性”：产业配套优势保障企业投资收益

产业配套优势突出。中国制造业拥有31个大类179个中类609个小类，是全球产业门类最齐全、产业体系最完整的制造业产业体系。这使得中国制造业具有不可替代的规模经济优势，全球部分产品订单仅能在中国实现大规模、高效率、高质量、低成本的生产。

为适应全球制造业数字化、绿色化转型升级趋势，中国长三角、珠三角、成渝地区正在大力培育新兴产业，推动形成一批先进制造业产业集群，这些产业集群将成为中国在新兴制造业领域保持领先配套优势的重要支撑，将进一步强化中国制造业产业体系完备优势。

中国聚焦科技研发、金融服务、信息服务、现代物流等重点服务业领域，新业态新模式加速涌现。通过着力打造生产性服务业集聚发展和开放合作新高地，在区域间培育形成分工合理、特色鲜明的产业集群，实现产业生态环境不断优化，对跨国企业投资收益形成有力支撑。

中国生产性服务业与先进制造业融合发展水平不断提升，基于数字赋能的智能制造、基于流程协同的供应链管理、基于资源共享的社会化服务、基于服务衍生的新型制造等创新模式不断涌现，为跨国企业提供了广阔的投资空间。

（四）“数字经济”之“确定性”：数字经济优势锻造企业发展韧性

数字基建拓展丰富应用场景。为推动数字经济发展，中国出台多项政策措施加强人工智能、工业互联网、物联网等新型基础设施建设，提高数据运行流动效率和质量。

数据跨境治理激发投资新动能。近年来，为促进跨境数据有序流动，中国持续完善数据跨境流动监管体系，出台《中华人民共和国网络安全法》《中华人民共和国个人信息保护法》《中华人民共和国数据安全法》等法律法规，为数据跨境流动提供法律保障。

（五）“超大市场”之“确定性”：消费持续升级创造投资增长空间

消费升级动力强。对于跨国公司而言，持续增长的中等收入群体将为产品和服务提供广阔的市场前景，中国市场始终是外商投资的优质选择。

消费升级空间大。中国消费市场环境持续完善，城乡居民消费水平持续提高，消费结构优化升级趋势显著，尤其是在高端消费品的消费上具有强劲的购买力。

（六）“环境优化”之“确定性”：营商环境不断优化厚植发展沃土

各类外资政策协同发力。为进一步吸引高质量外资，中国近年来出台了一系列针对性强、含金量高的外商投资政策措施。

投资促进和保护机制更加完善。

常态化交流机制更加健全。建立外贸外资协调机制及重点外资项目工作专班，依托协调机制与工作专班与跨国公司开展常态化交流，及时了解跨国公司困难、听取意见建议、回应关切诉求，累计协调解决困难问题数百项。2023 年，在此基础上升级建立外资企业圆桌会议制度，进一步拓展收集问题、听取意见的渠道，加强沟通交流与跟踪督办，持续提升跨国公司服务保障的针对性和有效性。

合法权益保护力度持续增强。为及时推动解决跨国公司关注的突出问题，中国推动完善外商投资企业投诉协调工作机制，截至 2023 年 8 月，共建立省、市、县三级外商投资投诉工作机制和机构 2800 多个，且投诉事项范围更加全面、规则更加清晰、制度更加有力。

外资企业国民待遇持续落地。为进一步保障外商投资企业国民待遇，中国持续推动跨国公司平等参与政府采购活动，平等适用支持企业发展的各项政策，平等参与各类标准制定，维护和促进公平竞争的营商环境。圆桌会议制度、重点外资项目工作专班、外商投资投诉工作机制等多种沟通渠道持续完善，多层次、全覆盖的工作网络持续健全，国民待遇持续落地，共同形成跨国公司权益的保护合力，为跨国公司开展投资和稳定经营提供了坚实保障。

（七）“绿色发展”之“确定性”：绿色低碳转型孕育产业发展机遇

传统产业绿色低碳转型投资空间大。为实现《2030 年前碳达峰行动方案》提出的“到2030年单位国内生产总值二氧化碳排放比2005年下降65%以上”的目标，中国仍需要继续加大产业绿色低碳、节能减排领域的投资力度，这将为跨国公司在中国持续发展提供更多市场机会。

新能源产业领域投资潜力大。当前，中国近90%的温室气体排放源自能源体系。为实现碳中和，能源转型是首要任务与重点领域。为了更好地平衡“双碳”目标和稳增长目标，近年来中国积极推动新能源发展，持续鼓励和支持新能源行业关键技术开发、智能化和数字化技术创新应用，加快绿色低碳产业链体系建设，助力实现“双碳”背景下的经济稳增长。在政策的大力支持下，中国新能源产业发展迅猛，并在光伏、动力电池、新能源汽车等领域建立了较为完整的产业链基础，实现了上游主要硅料、硅片等原料环节，中游电池片、组件、发电机组环节，以及下游光伏系统、新能源车、充电桩等应用系统环节全产业链贯通。

课程任课老师点评

商务部国际贸易经济合作研究院李晓雪结合丰富的数据和案例对全球供应链格局重塑、跨国公司投资发展趋势调整以及中国为跨国公司注入投资增长动能等内容进行讲解。她指出，随着地缘政治冲突升级、供应链重构风险加剧、通货膨胀与全球债务危机持续集聚等影响，跨国公司在全球的投资活动面临巨大的不确定性风险。相比其他经济体，中国高水平对外开放持续发力、产业配套优势不断优化、超大规模市场潜力持续释放、数字经济持续领跑、营商环境继续向好、绿色低碳发展不断推进，极大拓展了跨国公司投资空间，为跨国公司全球投资发展注入了更大的确定性。本次精彩的讲座不仅帮助同学们理清了当前全球产业链重构的发展现实，还为中国市场吸引外资和增强外资企业信心提供参考。于留学生个人发展而言，如何将在中国的所学知识应用于两国之间的经贸往来实践；于企业而言，如何利用中国市场中的确定性创造更大商业价值；于政府而言，如何为深化我国市场优势提供制度保障；这些问题都能在本次讲座中找到一些答案。

通过本次主题讲座，留学生同学们对全球产业链供应链格局重塑、跨国公司在中国的机会与挑战有了深入理解。我相信，本次讲座的内容会对他们未来的职业发展和未来选择有所启发。

学生听课体会

谢同学：

今天很高兴能学习到关于《跨国公司在不确定性的确定》的演讲，我对全球供应链的未来趋势和中国在其中的角色有了更深刻的理解。今天的演讲对当前全球供应链的变化提供了深刻的洞见，并为中国及跨国公司如何应对这些变化。演讲内容丰富、见解独到，不仅为我提供了知识上的充实。我非常希望以后还有更多机会学习到关于世界经济的变化，并期待将这些宝贵的信息和策略应用到实际工作中，以更好地适应全球供应链的发展趋势。

阮氏同学：

李老师深入浅出地分析了国际经贸环境，系统阐述了跨国公司全球投资与在华投资的趋势性变化，并就全球投资环境风险与中国引资优势进行了解读。她从宏观层面明确了跨国公司在中国的投资机遇与投资建议。特别令我印象深刻的是她对美欧产业政策在全球供应链格局中的作用进行的分析。在当前全球供应链不稳定、低碳转型和地缘政治竞争的背景下，产业政策的争论备受关注，对全球供应链格局的影响日益显现。我认识到了中国作为全球供应链区域中心的地位和作用正在发生转变，跨国公司需要顺应国际供应链重构的趋势，主动把握发展机遇，充分利用中国供应链优势，实现更好的发展。这次专家讲学活动不仅让我对全球经济形势有了更清晰的认识，也启发了我对跨国公司在中国发展的思考。我将继续努力学习，深入探索国际商务领域，为将来的职业发展做好充分准备。

阮氏同学：

通过李晓雪老师的讲解，我们更深刻地理解了全球供应链格局加速重塑、中国作为全球供应链的重要地位，以及跨国公司在选择中国作为业务基地时所面临的挑战与机遇。

讲座内容丰富多彩，既有理论分析，也有实践案例，使我们对这一复杂话题有了更清晰的认识。李老师深入浅出地解释了中国政府政策对企业决策的影响，以及如何在竞争激烈的全球市场中保持竞争优势。她还分享了自己在行业中的经验和见解，让我们受益匪浅。

这次讲座不仅拓宽了我们的眼界，也激发了我们对全球商业运作的兴趣。我们感到非常幸运能够听到如此权威的专家分享她的知识和经验，这对我们的学习和未来的职业发展都将产生深远的影响。我们期待着将所学到的知识应用到实践中，并成为具有全球视野的优秀人才。

第二十八讲　从买方视角看行业研究*

讲座嘉宾：

付饶，中央财经大学金融学院学士，加拿大滑铁卢大学硕士，现任职于某券商自营，担任权益研究员，负责轻工家电、非银券商、保险等行业研究，专业能力过硬，受到业界广泛认可。曾任职于险资投资部，负责投资组合分析。

---

* 商学院行业分析课程讲座。课程名称：行业分析；开课单位：商学院；授课教师：高震男 助理教授；课程简介：在理解地区经济周期产生的原因与行业市场面临的宏观及地区经济环境基础上，能够利用市场发展趋势理论与统计分析工具，解释行业本身所处的发展阶段及其在国民经济中的地位，分析影响行业的各种因素以及判断对行业影响的力度，预测行业的未来发展趋势，判断行业投资价值，揭示行业投资风险。本课程的主要内容分为两大部分，一是理论学习，二是数据分析，前者主要是对行业分析所涉及的理论知识进行全面深入的介绍，后者主要是通过使用统计软件（例如 SAS，R，Python 等），结合中国市场的真实数据，进行实证分析。

一、行业研究概览

嘉宾首先介绍了自己的职业背景，从保险资管到证券自营部门的工作经历，凸显了他在行业研究与投资领域的丰富经验。这种跨领域的工作经历使他能够在不同行业中积累深入的了解和见解，为后续的研究工作奠定了坚实的基础。他的职业背景也反映了行业研究员需要具备跨领域知识和综合能力的重要性，以应对不断变化的市场和行业环境。

在介绍买方行业研究员的工作方式时，嘉宾指出了与卖方的不同之处。买方研究员更加注重中长期投资逻辑，通常负责为投资决策提供股票推荐和研究报告。这些报告分为深度报告和一般报告两种，其中深度报告涵盖了公司中长期投资逻辑，需要花费较长时间进行撰写和研究。而一般报告则主要用于事件点评和日常调研的总结，更加注重及时性和实用性。这种工作方式的差异体现了买方研究员的角色和职责，以及他们在投资决策中的重要性和影响力。

二、研究报告与调研工作

嘉宾详细介绍了研究报告的撰写流程，将其分为深度报告和一般报告两类。深度报告通常为 30 页左右，涵盖公司中长期投资逻辑，撰写过程需要 1—2 个月时间。在这类报告中，研究员需要对所研究公司的业务模式、财务状况、行业竞争格局等方面进行深入分析，并提出具有前瞻性和可操作性的投资建议。这种报告在投资决策中扮演着重要的角色，能够为投资者提供全面深入的研究参考，因此撰写过程相对较长，需要充分的时间来收集数据、分析情报和撰写内容。

而一般报告则主要用于事件点评和日常调研的总结，其篇幅相对较短，通常在 10 页以内。这类报告主要针对市场上出现的重大事件或者公司业绩变化进行点评和总结，以及对日常调研的成果进行汇报。尽管篇幅较短，但仍需要经过严谨的分析和评估，确保报告内容准确客观，为投资者提供及时有效的决策支持。

无论是撰写何种类型的研究报告，嘉宾都强调了对数据的准确性和可靠性的重视。研究员需要搜集各种来源的数据，并对其进行仔细分析和核实，确保报告的信息准确无误。此外，报告的语言表达和逻辑结构也至关重要，需要清晰明了、条理清晰，以便报告阅读者能够轻松理解和吸收报告内容。

嘉宾以徐工机械为例，详细展示了研究报告的撰写方法，突出了其在基本面分析、业务细分、盈利预测和投资建议等方面的重要性。

首先，在基本面分析方面，研究员需要对公司的财务状况、经营业绩、市场地位等进行全面评估。通过对公司的利润表、资产负债表和现金流量表等财务数据进行深入分析，可以全面了解公司的盈利能力、偿债能力和现金流情况，为后续的投资决策提供可靠的参考依据。

其次，在业务细分方面，研究员需要对公司的业务结构、产品线、市场定位等进行细致分析。通过深入了解公司的核心业务和主要产品，可以把握公司的竞争优势和发展趋势，从而更好地评估其未来的盈利潜力和成长空间。

再次，在盈利预测方面，研究员需要结合行业发展趋势和公司内部因素，对公司未来的盈利能力进行合理预测。通过对市场需求、行业竞争格局、公司战略规划等因素的综合分析，可以对公司的未来盈利增长进行科学合理的预测，为投资经理提供更加准确的投资参考。

最后，在投资建议方面，研究员需要根据对公司的全面分析和评估，结合市场环境和投资策略，提出明确的投资建议。这包括对公司股票的买入、持有或卖出建议，以及相应的目标价位和投资时机，为投资经理提供决策参考和指导。

三、模拟组合管理

模拟组合是研究员工作中的重要组成部分，通常在 Wind 平台上构建。嘉宾通过演示向学生们展示了如何利用模拟组合进行日常管理和投资决策。他详细介绍了模拟组合的操作原则，强调了以基本面为主和避免频繁调仓等策略。

在演示中，嘉宾首先展示了如何在 Wind 系统中建立一个模拟组合，并将感兴趣的股票或其他资产添加到该组合中。他着重指出了选择投资标的的基本原则，包括对公司基本面的深入分析、行业前景的评估等。通过模拟组合，研究员能够实时跟踪投资标的的表现，并与市场基准进行比较。这使得他们能够及时了解投资组合的表现情况，及时调整投资策略，以应对市场的变化。

嘉宾还特别强调了模拟组合的操作原则。他指出，基于基本面的投资分析是模拟组合管理的核心，投资者应该更加关注公司的盈利能力、成长潜力、行业地位等基本面因素。此外，嘉宾建议避免频繁调仓，保持稳定的投资策略，避免过度交易带来的交易成本和风险。

四、行业跟踪与公司调研

嘉宾在讲述行业跟踪的重要性时，特别强调了解市场预期方面的价值。他以家电和工程机械两个行业为例，详细介绍了如何通过多方数据的分析来判断行业景气度和边际变化。在家电行业，嘉宾指出，通过上下游数据、高频数据以及行业协会发布的统计数据，可以更好地把握市场的动态。例如，通过观察原材料价格的变化、产品销售情况的统计数据以及相关政策的出台情况，可以有效判断家电行业的发展趋势和市场预期。

在工程机械行业方面，嘉宾同样强调了数据分析的重要性。他介绍了如何通过监测工程机械行业的订单情况、产量数据以及相关行业指数的波动情况，来评估该行业的景气度和发展趋势。此外，嘉宾还提到了行业协会发布的行业报告和研究机构的行业分析，这些都是研究员获取行业信息和市场预期的重要渠道。

在公司调研方面，嘉宾分享了获取一手信息的方法。他强调了与上市公司、同行和卖方交流的重要性。通过实际调研和信息收集，研究员能够更准确地了解公司的基本面变化和市场预期。这些信息包括公司的财务数据、业务发展情况和管理层访谈等，都对投资决策和风险控制起到了关键作用。通过与公司管理层和行业内的专家进行沟通交流，研究员可以深入了解公司的内部情况和行业的发展趋势，为投资决策提供更有力的支持。

五、市场预期与股价驱动因素

嘉宾在强调了解市场预期是行业研究的重要组成部分时，特别提到了通过与主流买方和卖方的交流获取市场预期的重要性。这些机构通常拥有更多的市场信息和洞察力，他们的看法和预期对于行业研究的指导和决策起到至关重要的作用。嘉宾指出，行业研究需要从短期、中期和长期三个层面进行全面分析，以便更准确地把握市场的变化和投资机会。

在短期层面，嘉宾强调了关注政策和重大事件的重要性。例如，他以苹果公司的产品发布和公司管理层变化为例，说明了这些事件对公司股价和业绩预期的影响。这些短期因素往往会直接影响到股票的价格走势，因此及时了解并做出反应是非常重要的。

中期层面的关注点则主要放在产品线拓展、产能释放和市场占有率的变化上。

在家电行业这样的行业中，月度或季度的市场份额数据变化可以反映公司的竞争力和市场地位的变化情况，从而为投资决策提供参考依据。

长期层面的分析需要更多的调研和信息收集，主要关注于商业模式、战略规划和整体竞争力等方面。这部分通常是最难预测的，需要研究员具备较强的分析能力和洞察力，以把握行业的长期发展趋势和公司的竞争优势。

在讨论股价驱动因素时，嘉宾特别提到了业绩拐点、政策变化和市场情绪变化等因素对股价的影响。他强调了在股票推荐时需要考虑估值，通常通过市盈率（PE）估值模型来进行评估。研究员需要预测每股收益（EPS），并根据财务模型进行估值，以确定合理的投资建议和推荐。

六、职业发展建议

首先，嘉宾结合自身职业发展经历，向学生们提出了一些建议。他指出，研究员应具备扎实的行业知识和数据分析能力，同时保持对市场动态的敏感。通过不断积累实践经验，研究员可以逐步提升自己的专业水平和职业竞争力。

在他的职业生涯中，他曾面对过许多挑战和困难，但通过勤奋学习和不断实践，逐渐成长为一名经验丰富的研究员。他强调，专业知识的掌握是成为优秀研究员的基础，因此建议学生们在学习期间要认真学习金融、财经等相关专业知识，并通过参加实习、研究项目等方式积累实践经验。

其次，他还强调了数据分析能力的重要性。在金融行业，大量的数据需要被分析和利用，因此研究员需要具备较强的数据处理和分析能力。他建议学生们在学习过程中注重培养自己的数据分析技能，通过学习统计学、数据挖掘等课程，提升自己的数据处理能力。

除了专业知识和数据分析能力，嘉宾还强调了对市场动态的敏感度。金融市场变化迅速，研究员需要保持对市场动态的敏感，及时捕捉行业发展趋势和公司业绩变化，以提供及时准确的投资建议。因此，他建议学生们多关注金融市场的动态，通过阅读行业报告、参加行业会议等方式了解行业最新动态。

嘉宾也强调了保持健康身体的重要性。他指出，作为行业研究员，工作往往需要长时间的坐姿和高强度的思维活动，这可能会导致身体的不适和健康问题。因此，保持健康的身体状态对于长期从事这一职业至关重要。健康的身体状态直接关系到研究员的工作效率和质量。只有身体健康才能保持大脑的清晰和思维的敏捷，才能更好地完成繁重的数据分析和行业研究工作。身体疲劳和不适往往会影响到工作状态，降低工作效率，甚至影响到研究员对市场和行业的敏感度和洞察力。健康的身体状态对于保持职业竞争力和持续发展至关重要。行业研究是一个需要长期投入和不断学习进步的职业，只有身体健康才能保持对新知识和新技能的学习和吸收，才能不断提升自己的专业水平和职业竞争力。

保持健康的身体状态对于个人生活和幸福感也至关重要。长时间的工作和高强度的压力可能会影响到个人的生活质量和幸福感，而健康的身体状态可以让研究员更好地平衡工作和生活，保持心情愉悦和身心健康，从而更好地享受生活和工作带来的成就感和快乐感。

最后，嘉宾鼓励学生们通过不断积累实践经验，逐步提升自己的专业水平和职业竞争力。他表示，金融行业是一个竞争激烈的行业，只有不断学习和提升自己，才能在激烈的竞争中脱颖而出，实现自己的职业目标。

课程任课老师点评

本次课程嘉宾的授课内容涵盖了广泛的行业研究和投资管理知识，从行业分类、研究方法到报告撰写和投资决策等方面都做了详细的介绍，对于学生们了解行业研究的全貌和实践操作有着很好的指导作用。他通过丰富的工作经验和案例分析，生动地展示了行业研究的重要性和实际操作过程，使学生们能够更加直观地理解和掌握相关知识。

嘉宾对于行业研究的方法论和操作技巧进行了详细的介绍和解读，特别是在数据分析、公司调研和市场预期等方面给予了具体的指导和建议。他强调了市场预期对于投资决策的重要性，以及如何通过与行业内外的各方交流获取一手信息，这些都为学生们今后的学习和实践提供了很好的参考。

此外，嘉宾还特别强调了保持健康身体的重要性。这一点很容易被人忽视，但却是职业生涯中至关重要的一环。只有保持良好的身心状态，才能更好地应对工作压力和挑战，实现个人和职业的长期发展。

总的来说，嘉宾的讲学内容丰富而详细，涵盖了行业研究和投资管理的方方面面，为学生们提供了宝贵的学习资源和指导。他的经验分享和实践案例讲解不仅增加了课堂的趣味性和实用性，也为学生们今后的学习和职业发展提供了很好的借鉴和启示。希望学生们能够认真学习和消化这些内容，并在未来的工作中不断运用和完善。

学生听课体会

蒋同学：

本次课程嘉宾讲学内容让我受益匪浅。付老师的经验分享和案例分析使抽象的理论知识更具体、更生动。付老师将行业研究划分为不同类别，并详细说明了每个类别的研究方法和重点。这使我对行业研究有了更清晰的认识，能够更好地理解和应用相关理论。付老师通过案例分析展示了报告撰写的技巧。他以徐工机械为例，说明了如何进行基本面分析、盈利预测和投资建议的撰写。这些讲述让我更深入地理解了研究报告的撰写流程，为以后的实践工作提供了参考。付老师的讲座内容既有理论深度，又具有实践指导意义。我会认真消化和运用这些知识，努力提升自己的专业水平，为未来的职业发展做好准备。

邓同学：

本次行业分析课程的讲学嘉宾的分享让我感到收获很大。付老师对行业研究的细致讲解让我深刻认识到了这一领域的复杂性和重要性。他系统性地介绍了自己进行行业研究的方法和流程，从行业分类到数据分析，再到报告撰写，一气呵成地串起了整个研究的过程。这使我对未来从事行业研究的工作有了更清晰的认识和规划。付老师对保持健康身心的强调也给了我很多启示，在追求职业发展的道路上，身心健康至关重要。总的来说，付老师的讲座内容内容丰富，涵盖了行业研究的多个方面，为我提供了宝贵的学习和成长机会。

第二十九讲　国际工程市场与风险管理*

讲座嘉宾：

李志永，中建国际建设有限公司总法律顾问兼首席合规官。曾获得天津大学工程管理和法学双学士学位，英国雷丁大学工程管理硕士学位。现任国际商会（ICC）仲裁与替代性争议解决委员会委员，中国仲裁法学会理事，中国贸仲委、北仲、深国仲、上仲、上国仲等仲裁机构仲裁员、建筑工程争议专家，“一带一路”（中国）仲裁研究院专家委员，新加坡国际调解中心调解员，对外工程承包商会专家。出版《国际工程索赔与争端解决》《国际工程项目管理实操》《国际工程投标报价》《国际工程风险管理》等著作，在国家专业期刊及杂志关于国际工程专业学术论文多篇。

---

* 管理科学与工程学院国际工程管理课程讲座。课程名称：国际工程管理；开课单位：管理科学与工程学院；授课教师：高然 副教授；课程简介：课程涵盖了国际建筑市场结构分析、大型承包商的发展战略、市场准入与技术壁垒、工程招标与投标、计量及估价、合同管理、风险管理、保险与担保等诸多关键领域，旨在培养学生在复杂多变的国际工程环境中运用专业知识和管理技能，有效应对各类挑战，提升国际工程管理能力。通过系统梳理国际工程管理的理论与实践，该课程为学生今后从事国际工程项目管理工作打下坚实的知识基础，为其未来职业发展奠定良好的专业素养。

中国对外承包工程业务是随着国家改革开放及现代化进程发展起来的一个新型业务，经历了从无到有、从小到大的发展壮大过程。2023 年全年对外承包工程完成营业额 11338.8 亿元人民币，增长 8.8%，新签合同额 18639.2 亿元人民币，增长 9.5%。我国企业在“一带一路”共建国家承包工程完成营业额 9305.2 亿元人民币，增长 9.8%（折合 1320.5 亿美元，增长 4.8%），新签合同额 16007.3 亿元人民币，增长 10.7%（折合 2271.6 亿美元，增长 5.7%）。

目前，对外承包工程业务已发展成为我国实施“走出去”战略和“一带一路”倡议的一项重要发展业务。经过 40 年的磨砺，大项目不断增加，企业实力明显增强。4000 多家企业承担了对外承包工程业务，81 家内地企业入选 2023 年度 ENR 全球最大的 250 家国际承包商；对外承包工程的业务范围也从亚非国家拓展到五大洲 200 多个国家及地区；涉及项目从起初的道路、房屋建设扩展到现在的资金、技术方面，特别是在铁路、运输、水利、电力等基础设施各领域的业务发展都很迅速。

一、国际工程承包市场发展趋势

（一）项目大型化

随着全球经济技术的高速发展及一体化的进程加快，国际工程建设项目日趋大型化，技术难度和复杂程度不断提高。然而，影响全球经济发展的不确定性因素很多，会对国际承包工程市场产生重大影响。特别是对于大型工程项目，风险和不确定性逐步增强，忽视风险的管理与防范将可能引起巨额亏损。中东、北非爆发的动荡和骚乱就是政治风险上升的集中体现，而且将在一定时期内给国际工程项目的安全构成重大威胁；同时，石油、建材价格波动频繁，经济刺激与宽松货币引起的通货膨胀，国际汇率大幅变动，承包商风险增大；此外，由于我国走出去的企业数量大、人员多、范围广、影响大，针对中国人的袭击明显增多，海外人身财产安全风险增大。

（二）带资承包普遍

以世界银行为首的国际金融机构，每年贷款总额中用于资助基础设施等公共投资仅占国际工程承包公开招标市场总额的 2% 左右。在这个大背景下，业主方为了规避风险，同时也为了解决融资上的困难，往往要求承包商带资承包。目前，带资承包项目约占国际工程承包市场的 2/3 以上。承包商的角色已不再是项目服务的提供者，逐步成为项目的运营者甚至项目的直接投资者。另外，由于在海外投资有利于国际承包商渗透到当地市场，承揽当地未在国际市场公开招标的项目，资金实力雄厚的承包商也乐意带资承包。国际承包商通过加强与世界主要的出口信贷机构、多边金融组织、商业银行及资本市场的业务往来，争相增强融资能力，以获得更多的竞争优势。

应注意的是，由于中国企业的进入，冲击了当地的利益格局，部分国家的有关组织开始发出一些不和谐的声音。新的贸易保护主义在部分国家如非洲一些国家、波兰等，有复苏并强化的趋势，需要引起高度重视与关切。另外，带资承包的决策风险对承包商影响严重，承包商需在投资前谨慎评估风险。据《新京报》报道，这种投资的全局性、系统性失误表现在为数众多的央企身上，亏损动辄以数十亿元计。国家之间的关系作为政治风险对带资承包的影响也非常大。

（三）经营模式多样化

随着国际工程承包市场的发展，现代科学技术、管理手段和信息技术的不断革新，业主越来越不满足于承包商提供单一性质的服务。特别是随着世界经济增长受阻，基础设施的需求增长和政府财政资源之间的差距越来越大，各国政府越来越重视承包商提供综合服务的能力。目前，EPC 总承包项目已经占到投标项目半数以上。同时，随着我国对外投资业务迅速增长，投资与工程承包的结合日益紧密，BOT/PPP 等特许经营类项目、境外房地产开发、资源合作开发类项目及其他投融资类项目逐渐增多。此外，还有一些企业通过参与区域规划、勘探和设计咨询获得项目，通过探索海外企业并购等方式开拓发达国家市场，从而推动对外承包工程业务向高端发展。

经营模式的多样化要求承包商具备项目的设计、采购、施工、运营，甚至融资的能力，也促进了承包企业向大型化、综合化转变。在这一方面，发达国家承包商凭借其在信息、技术、融资及管理方面的优势，在工程咨询、工程设计和工程管理等技术密集型业务上表现了很强的竞争力。对我国承包商而言，主要以低端施工总承包项目和现汇项目为主，依赖中国信贷资金支持，缺乏国际融资和投资能力，缺乏国外大型项目的运作、管理和运营能力，缺乏属地化运作的能力和水平，劳动力的比较优势逐渐丧失，而设计咨询业务较为滞后，这些在实践中都可能引发风险。

二、主要建筑央企国际工程的转型升级及战略定位

（一）中国建筑

海外投资建设运营一体化服务价值链的组织者和领导者；成为最具国际竞争力

的投资建设集团；商业模式由传统的工程总承包向投建营一体化、特许经营等转型升级。

（二）中国交建

“四做”，即做强投资、做大工程、做实资产、做优资本；“五商”，即打造全球知名的工程承包商、城市综合体开发运营商、特色房地产商、基础设施综合投资商、海洋重型装备与港口机械制造及系统集成总承包商。

（三）中国电建

以电力类业务为发展核心，坚持工程承包和投资开发“双能驱动”，重点开发水电水务、火电与电网、交通工程、新能源四大业务版块。致力于成为电力和水务行业国际领先、环境和基础设施领域国际一流的开发建造商。

（四）中国铁建

加快由“承包商”转型为“投资商、运营商、发展商”；努力发展为“具有国际竞争力和价值创造力的综合建筑产业集团”。

（五）中国能建

能建国际将引领12大业务出海，加大海外投资力度，发挥投资带动作用；构建投资融资、规划咨询、设计建造、管理运维的全产业链服务体系。

三、案例一：法国万喜的核心竞争力

法国万喜的竞争核心：承包能力、融资能力、运营能力、风险管控能力。

承包业务的融资能力相长：承包业务资金投入少，但持续现金流较大，收入稳定；特许业务前期投资大，但运营期现金流入比较稳定，盈利能力强；承包＋特许经营结合既保证收入总量，又保证盈利总量，且特许经营的稳定现金流可及时满足承包业务现金流需求。

承包与特许的运营周期互补：承包业务的建设周期短；特许业务的运营周期长；二者结合能够冲抵建筑市场随经济周期性发展带来的负面影响。

核心专业优势＋资源整合：特许业务优势包括项目前期规划、融资；承包业务优势包括设计与施工（DB/EPC）专业性；运营业务优势包括后期项目管理与运营维护。

四、案例二：英国第二大建筑公司 Carillion 的破产分析

由于英国第二大建筑公司 Carillion 和债权机构、英国政府的三方谈判未能就该公司高达 15 亿的债务达成解决方案，于 2018 年 1 月 15 日式进入破产清算。

（一）特许经营业务问题

客户结构单一：业务类型一直都以承建医院、学校、铁路、图书馆以及监狱等有关国家公共事务的项目为主营业务，单由 Carillion 建造的学校就有近 900 所。一朝与政府的谈判破裂，企业的厄运也随之到来，其中包括竞争加剧、大规模的工程超支和超期问题。

市场的周期性影响：建筑业及房地产业都是周期性产业，建筑支援服务业的情况也是一样，一旦销售放缓，这种过度举债的问题很快就暴露出来，并让企业立即陷入严重的债务困境。

（二）大规模扩张带来的恶果

敏感性分析突破底线：在十年内扩张到 10 亿英镑的企业，但是由于 2017 年上半年的萧条市场使得已并购标的重新评估的价值减少，另外，还包括决定不再做英国 PPP 项目的建筑业务修正期望值，2017 年半年报披露 1.34 亿英镑商誉减值损失。

负债额度巨大，导致积重难返。在企业陷入困境之时，银行拒绝再提供贷款，只有接受破产的命运。

五、“一带一路”建设中我国对外投资和承接工程风险防控问题

（一）政权更迭风险

国际工程项目往往处于政治环境变迁的核心。政权更替所带来的法律、政策变革，可能会对项目建设、运营产生重大影响。稳定的政治环境对工程的顺利执行至关重要。项目方需密切关注目标国家的政治动向，提前评估潜在风险，制定应对措施，以确保工程能够顺利推进，实现预期目标。

（二）主权债务风险

在当今全球化的背景下，国际工程项目中的主权债务风险已成为不容忽视的重

要议题。各国政府为推动基础设施建设，常常依靠外国投资。然而，并非所有国家的财政状况都稳健，一旦出现偿债困难，往往会严重影响项目进度和投资回报。因此，工程公司及投资者需谨慎评估目标国家的信用风险，并采取有效的风险管控措施，确保项目收益与风险相匹配。只有这样，国际工程合作才能持续健康发展，造福各方。

（三）安全风险

在国际工程项目中，安全风险是不容忽视的重要因素。项目涉及跨国界、跨文化的复杂环境，给工程施工、设备使用、人员管理等各方面带来了额外挑战。企业需要制定全面的安全管理方案，关注当地法规、生产环境、交通状况等，做好风险评估和应急预案，切实保护工程参与者的生命安全。只有不断提高安全意识，强化管控措施，国际工程项目才能顺利推进，实现既定目标。

（四）工程款拖欠风险

工程款拖欠问题是国际工程项目中的一大风险因素。由于涉及多方利益相关方，跨国法律体系的差异，以及外汇管制等因素，工程款支付往往会出现延误或拖欠的情况。这不仅影响项目的现金流和进度，也可能导致争议和纠纷的发生。因此，对工程款拖欠风险的有效管控显得尤为重要。需要项目方与业主方提前沟通协商，制定明确的合同条款，合理分配风险，并采取相应的预防和应对措施，以确保工程款按时足额支付，维护各方的合法权益。

（五）国际舆情风险

当今全球化时代，国际工程项目所面临的国际舆情风险日益凸显。这些风险源于各国文化差异、政治环境复杂多变以及利益相关方的复杂性等因素。工程从业者需密切关注当地舆论动态，主动评估可能的风险，并制定有效的应对策略。只有充分认识并积极应对这些风险，才能确保国际工程项目顺利推进，实现既定目标。

（六）合规风险

现代国际工程项目涉及多方利益相关方，面临复杂的合规风险。各国法律法规、行业标准、道德规范等要求存在差异，需要企业细致分析、全面把握。在多元文化背景中，恰当处理合规问题至关重要，确保工程顺利实施，并维护企业声誉。合规风险管理应贯穿项目全周期，包括尽职调查、合同管理、监督检查等，以降低法律纠纷、财务损失等潜在隐忧，实现可持续发展。

（七）不正当竞争风险

在当今全球化的工程建设行业中，不正当竞争风险已成为一大隐患。各国存在法律体系的差异，使得一些参与方利用漏洞谋取不当利益。从虚假报价、技术垄断到商业贿赂等行为，不正当行为损害了公平竞争环境，严重影响了工程项目的执行质量和进度。因此，各方必须加强行业自律，政府亦应完善相关法规，共同构建透明、公正的国际工程市场秩序，维护行业健康发展。

课程任课老师点评

首先，李志永先生从行业和企业两个视角介绍国际工程市场情况。他认为2003—2013年是全球国际工程行业的黄金十年，复合增长率高达14%；而2007—2017年是中国国际工程行业的黄金十年，复合增长率高达17%。我国企业在国际工程市场上的地位不断提升，从ENR排名来看，我国企业与欧美大型建筑公司正在缩小差距。随着"一带一路"倡议的不断推进，我国企业在共建国家和地区的工程项目占比不断提高。未来，我国主要建筑央企将在国际工程市场上进一步转型升级，以"可持续发展、市场化运作、遵守国际规则"为原则，推动"一带一路"高质量发展。

其次，李志永先生介绍了"一带一路"建设中我国对外投资和承接工程风险防控问题，其中最突出的七大风险是政权更迭风险、主权债务风险、安全风险、工程款拖欠风险、国际舆情风险、合规风险和不正当竞争风险。他强调在百年变局的VUCA时代，应铸造我国企业的国际竞争确定性与原动力，对内清醒而不盲从、拓展核心竞争力链条，对外把握资本根本逻辑，尊重并善用国际规则，才能确保我国国际工程企业的健康持续发展。

李志永先生凭借丰富的从业经验和深厚的理论功底，以条理清晰、内容充实的方式，全面阐述了国际工程市场的发展态势及其面临的风险因素。他通过生动的案例分析和深入的学术见解，为承包商在国际工程领域的拓展和管理工作提供了宝贵的指导。此次讲座不仅丰富了MEM学员的专业知识，更激发了大家对国际工程行业发展的热情和信心。

学生听课体会

刘同学：

首先，了解中国承包商与发达国家承包商市场分布明显不同：欧洲企业在美国、欧洲、澳大利亚、拉丁美洲市场优势明显，份额分别达到 74.5%、73.9%、64.3%和 43.1%；美国企业业务主要集中在加拿大、拉丁美洲市场，市场份额分别为 48.3%、25.9%；中国企业：非洲、亚洲和中东市场继续保持领先地位。

其次，中国承包商最为关注的三类风险为政治风险、法律风险和社会风险。七大突出风险为：政权更迭风险、主权债务风险、安全风险、工程款拖欠风险、国际舆情风险、合规风险、不正当竞争风险。

再次，投资项目风险分担原则分为剩余风险、最适合原则。最适合原则：重要/主要的风险应该分配给最适合承担该风险的参与方承担。剩余风险：降低至开发商/项目公司和贷款人能够审慎管理的水平。

最后，从李老师提出了应对措施：对内，清醒而不盲从、拓展核心竞争力链条完善履约优势（技术、经验、业绩、组织管理）、产业链优势（中国与全球的资源产业链）资信优势（银行授信、自有资本）；对外，把握资本根本逻辑，尊重并善用国际规则。市场机会："一带一路"、既有市场投融建营一体化扩展机构、生产要素等真正属地化等措施。

刘同学：

听完李老师的讲座，我深受启发。李老师凭借其丰富的经验，对国际工程市场的风险管理有着深刻的理解和独到的见解。他不仅对风险进行了系统的分类，还提供了针对性的分析和管理策略。李老师讲座中对政治风险、法律风险和社会风险的深入剖析，让我意识到在国际工程领域中风险管理的重要性。我期待将这些宝贵的知识应用到实践中，以实现个人和企业的共同发展。

张同学：

李老师具有丰富的实践经验，对行业有深入的见解，我们在两个多小时的讲座中受益匪浅。通过老师的讲解，我们了解了国际工程市场发展、中国工程承包商"走出去"的发展历程和发展趋势；了解了国际工程风险类型、投资项目风险分担原则。老师还举出了案例并进行分析讲解，如法国、英国承包商案例、在非洲的工程项目经历的风险案例。最后老师高屋建瓴，提出了变局下如何铸造国际竞争确定性与原动力。

第三十讲 《建设工程工期延误量化分析标准》解读及其应用*

讲座嘉宾：

邱闯，牛津大学科学硕士、UCL 科学硕士（国家发改委系统公派）、人民大学法律硕士、重庆建筑工程学院建筑学学士，资深皇家特许建造师、资深英国土木工程测量师、资深英国皇家特许测量师。《建设工程工期延误量化分析标准》（T/CECS 1522－2024）主编。在海牙常设仲裁法院、斯德哥尔摩商会仲裁院、巴黎国际商会仲裁院、新加坡国际仲裁中心、印度国际仲裁、亚洲国际仲裁中心、中国仲裁委机构、法院等国际和国内知名争议机构担任工期延误专家证人和鉴定人，帮助众多国际工程和国内工程进行工程工期延误索赔和反索赔。

---

* 管理科学与工程学院项目计划与控制课程讲座。课程名称：项目计划与控制；开课单位：管理科学与工程学院；授课教师：高婷 副教授；课程简介：本课程结合了理论与实践，基础与前沿，其内容实用操作性强。通过本课程的学习，使学生掌握现代项目管理的一些基本概念、基本原理和基本方法，了解项目管理各个阶段所需的基本技术和工具，使学生具备制订项目计划和实施项目管理的基本技能。通过对项目管理计划与控制主要内容的系统讲解和案例分析，使学生了解和掌握在项目队伍建设、项目计划、资源分配、项目控制、项目执行、项目评价、项目收尾中所面临的问题和解决方法，学会运用在项目各个阶段所需的基本技术和工具。同时，使学生了解所处领域项目管理发展的最新动态和前沿问题。

本讲座首先分析了工期争议解决的逻辑现状与《建设工程⊥期延误量化分析标准》逻辑基础。当前对工期延误的裁判思维是依据亚里士多德的三段论，比如发包人延误，需要找合同约定（如民法典第 803 条规定），依据发包人未按约定提供材料等事实，作出发包人承担延期 30 天责任的决定。承包人延误亦是如此，先找合同约定（如民法典第 801 条规定），根据施工质量不符合合同约定等，承包人承担延期 30 天的责任。以工期延误因果关系三段论为例，发生延误事件导致了工程进展延误（工序延误），继而导致了工期延误，但实际上工序延误不必然导致工期延误。由此可见，使用亚里士多德三段论无法推断如此复杂的关系。常见的发包人风险事件有政策因素、行政审批迟延、发包人未及时办理施工前置手续、发包人或监理人未按期下达开工通知、发包人未按合同约定提供图纸、发包人未按约定提供施工现场、条件及资料、发包人提供的设计文件、勘察资料存在错误等。而常见的承包人风险事件有：设计施工总承包合同下承包人设计不符合发包人要求、设计施工总承包合同下承包人提交文件迟延或错误、承包人材料和设备采购迟延或不符合合同要求、承包人选定的分包人或供应商引起的延误、承包人未合理预见进出施工现场的方式手段和路径、资源配置不足、施工组织不当。《建设工程工期延误量化分析标准》制定之前，工期延误的争议解决往往缺乏统一、量化的评判依据，导致处理过程主观性强、效率低下。该标准旨在提供一套系统的方法论，以客观数据和科学分析为基础，改善这一现状。标准引入了量化的分析方法，通过对工期延误的原因进行分类、识别和影响程度的评估，将抽象的延误责任转化为可量化的经济损失或其他具体指标，便于准确判定各方责任和赔偿额度。标准的逻辑中包含了对工期延误的多维度分析，包括但不限于直接成本增加（如现场管理费用、金融费用）、间接损失（如预期利润损失），以及对项目整体进度和质量的影响。同时，考虑了各种可能的干扰因素，如设计变更、材料供应延迟、恶劣天气，以及发包人和承包人的各自行为对工期延误的贡献度。

另外，《建设工程工期延误量化分析标准》与国际对标，在制定过程中参考了国际上的同类标准和实践，如英国工程法学会 SCL 的《延误与干扰准则》，美国 AACE 的《法务工期分析》，确保国内标准既能适应中国建筑业的具体国情，又符合国际通行原则和要求。英国标准《延误与干扰准则》包含了 6 种工期延误分析方法、2 类 9 种干扰分析方法。特点是简单易懂、海外使用英国法比较多。美国标准包括 9 种工期延误分析方法、无干扰分析方法。特点是不容易记住、不容易理解，但科学化程度高。中国标准包含了 7 类 18 种工期延误分析方法、6 类 7 种干扰分析方法。提出了很多创新的方法，如工作参数化、关键线路法、生物延误分析、工期延误分析方法、干扰分析方法等。

讲座的重点是《建设工程工期延误量化分析标准》的解读及其应用。尤其重点介绍了工期延误计算的七大类方法（5—11 章）。例如：工期延误参数计算、计划影响分析法、时间影响分析法、时间切片分析法、时间分水岭分析法、计划进度与实际进度对比分析法、回溯最长路径分析法、实际进度断裂分析法等。工期延误分析中，要素之一是工作。而工作 = 序号 + 名称 + 工期 + 逻辑，工程逻辑是工作之间由工作顺序决定的，通常为不可改变的先后顺序逻辑。优先逻辑是工作之间不是由于工程问题，而是由于管理需要或资源调配需要规定的，通常可以改变先后顺序。计划工期是合同签署时的工期，包括合同执行过程中的工期更改。工期延误分析通常采用关键线路法。讲座嘉宾举了现实中的案例，未实质采用关键线路法进行延误分析，将延误工期简单叠加判定责任及计算损失，最终败诉。

讲座嘉宾进一步阐述了工期延误量化中几个关键概念。例如，同期延误是发包人和承包人风险事件的影响同时被感受到，但不一定同时发生，且二者都导致工期延误。同期延误补偿按英国标准延期但不补费用。另有约定的按照约定执行。如有不可抗力事件，同不可抗力延误后果。同步延误是有意识地减少某一工作的资源配给，延缓其进展，使其与其他延误的工作进展相匹配。补偿既可延期又可索赔。另外，指令赶工是指发包人向承包人发出正式指示，要求承包人比当前进度计划提前完成全部工程或部分工程，或在承包人有权延期的情况下，按照当前进度计划完成全部或部分工程。推定赶工是承包人有权获得工期延期的延期申请后，被发包人拒绝或迟迟不批准延期申请，在未收到发包人赶工指示的情况下而进行的赶工。自愿赶工是发包人未指示赶工，承包人自愿进行的赶工。其中，指令赶工给予承包人赶工费用补偿，推定赶工给予承包人赶工费用补偿，而自愿赶工承包人需自行承担赶工费用。

讲座的最后一部分讲到工期延误量化。工期延误分析方法要素是以工期延误分析类型、关键线路评估方法、延误影响确定方法、工期延误建模方法、工期延误观察方法、工期延误建模观察和工期延误分析周期等工期延误分析方法构成要素的不同组合方式，形成不同的工期延误量化分析方法，如表 30 - 1 所示。

表 30 - 1　　工期延误分析方法要素

工期延误分析类型要素	关键线路评估要素	延误影响确定要素	工期延误建模要素	工期延误观察要素	工期延误建模观察要素	工期延误分析周期要素
因果分析类型 果因分析类型	（1）前瞻法 （2）当期前瞻法 （3）当期回溯法 （4）回溯法	（1）预期法 （2）实际法	（1）添加法 （2）扣减法	（1）静态观察法 （2）动态观察法	（1）静态建模观察法 （2）动态建模观察法	（1）整体周期法 （2）单周期法 （3）事件周期法 （4）窗口法

工期延误分析人进行工期延误分析时应采用规定的工期延误分析方法，如表 30－2 所示。

表 30－2 工期延误分析方法

序号	类别	种别	编码
1	计划影响分析法	依次添加延误事件整体周期计划影响分析法	IAP－1
		整体添加延误事件整体周期计划影响分析法	IAP－2
		依次添加延误事件单周期计划影响分析法	IAP－3
		整体添加延误事件单周期计划影响分析法	IAP－4
2	时间影响分析法	事件周期时间影响分析法	TIA－1
		窗口时间影响分析法	TIA－2
3	时间切片分析法	当期前瞻时间切片分析法	TSA－1
		当期回溯时间切片分析法	TSA－2
4	时间分水岭分析法	当期前瞻时间分水岭分析法	TWA－1
		当期回溯时间分水岭分析法	TWA－2
5	计划与实际进度对比分析法	前瞻计划与实际进度对比分析法	APAB－1
		窗口当期计划与实际进度对比分析法	APAB－2
6	回溯最长路径分析法	整体周期回溯最长路径分析法	RLP－1
		单周期回溯最长路径分析法	RLP－2
7	实际进度断裂分析法	依次扣减延误事件整体周期实际进度断裂分析法	CAB－1
		整体扣减延误事件整体周期实际进度断裂分析法	CAB－2
		依次扣减延误事件单周期实际进度断裂分析法	CAB－3
		整体扣减延误事件单周期实际进度断裂分析法	CAB－4

计划影响分析法是将延误事件添加带有逻辑链接的基线进度计划之中，并使用关键线路法软件重新计算，确定延误事件对基线进度计划中显示的预计合同竣工日期预期影响的方法。时间影响分析法是将延误事件添加带有逻辑链接的当期基线进度计划之中，并使用关键线路法软件重新计算，确定延误事件对当期基线进度计划中显示的预计合同竣工日期预期影响的方法。时间分水岭分析法是根据一系列不定期的当期进度计划或重要延误事件，将项目的进度周期划分为时间分水岭窗口，然后比较每个时间分水岭期间的当期进度计划和当期前瞻关键线路或当期回溯关键线路以及相应的关键延误，从而确定哪些事件导致了时间分水岭窗口中关键延误的方

法。计划与实际进度对比分析法是将基线进度计划或当期进度计划与实际进度数据进行比较，从而确定哪些事件导致了关键延误的方法。回溯最长路径分析法将实际完工进度计划与基线进度计划或者更新的基线进度计划进行比较，从而确定哪些事件导致了关键延误的方法。实际进度断裂分析法是从带有逻辑链接的实际进度计划中抽取延误事件相关活动，并使用关键线路法软件重新计算，从而确定这些抽取的活动对进度计划影响的方法。

课程任课老师点评

听完邱先生对《建设工程工期延误量化分析标准》的解读及其应用，对该标准的具体内容和所起的重要作用有了清晰的认识，这个标准明确了工期延误量化分析的原则、方法和程序，使工期延误的评估和责任分配有了可遵循的规则，提高了行业透明度和公正性。通过专家的深度解析，对工期延误的原因、影响因素和量化分析技术有了更全面的理解，这有助于在后续项目管理课程的教学。另外，专家也带来了非常实用的分析工具和技巧，对项目管理能力的提升有很大帮助，尤其是提高风险管理意识，工期延误对项目成本、进度和质量的影响非常大。可以通过合同管理，重视对工期、延误赔偿和不可抗力条款来降低潜在风险。邱先生的讲座还提供了国际上工期延误分析的最新技术和方法，这有助于保持与行业前沿同步。了解国际上成熟的做法，如国际工程中常见的工期延误分析方法，可以帮助我们洞察行业趋势，更新我们的工程管理教育水平，推动国内标准与国际接轨。

学生听课体会

刘同学：

十分感谢高老师安排的这次讲座学习，十分感谢邱老师能给我们做关于《建设工程工期延误量化分析标准》的讲座，我感到受益匪浅。邱老师的讲座内容丰富、条理清晰，不仅对工期争议解决的逻辑现状进行了深入剖析，还详细解读了《建设工程工期延误量化分析标准》的逻辑基础，让我对工期延误的法律界定有了更深刻的理解。邱老师在讲座中特别强调了工期违约在国际工程中的多样性和复杂性，他通过具体案例，展示了工期违约形式的多样性以及如何进行有效界定。这些内容对于我们这些从事工程管理工作的专业人员来说，具有很高的实用价值。在国际工程领域，工期违约可能涉及多方面的法律问题，邱老师的讲解帮助我们更好地理解了工期违约的法律风险，以及如何在实际操作中进行风险防控。邱老师大力推荐了我国新出台的《建设工程工期延误量化分析标准》。这份标准不仅为我们提供了一套科学的工期延误量化分析方法，还与国际标准进行了对标，显示了我国在工程建设领域标准化方面的进步和自信。我已下载了该标准的征求意见稿，准备深入学习，希望能够将这些先进的理念和方法应用到我的工作中，提高工作效率和质量。

刘同学：

本次学校和老师特地邀请了《建设工程工期延误量化分析标准》主编邱闯高级工程师来给大家解读《建设工程工期延误量化分析标准》相关内容，邱老师本身具备丰富的工期延误国际仲裁经验，主讲的重点是项目出现延误如何处理，这个是区别于常见的项目管理和控制相关课程。听后受益匪浅，个人在平时工作中，涉及很多项目交付和被交付工作，也经常会出现延期纠纷，而且出现延误后，延误的时间和原因往往只能从主观层面进行模糊分析，邱老师本次的讲座从自身案例分析引入，综合分析国内外现状，最后从理论层面将工期延误的逻辑基础、解决方案进行了系统的讲解，为个人后续处理相关问题提供了有效的理论和标准量化参考！

第三十一讲　PPP 新机制和政府投融资改革 *

讲座嘉宾：

吴亚平，国家发展改革委投资研究所研究员，兼任中国社科院大学投资经济系教授、博士生导师，中国社情民调百名经济学家，注册咨询工程师（投资），国家开发银行、中国国际工程咨询公司专家委员会专家。长期从事经济和投资形势分析、投融资体制政策和政府投融资管理研究，参与投融资政策法规研究起草。

* 管理科学与工程学院项目投融资。课程名称：项目投融资；开课单位：管理科学与工程学院；授课教师：林则夫 教授；课程简介：《项目投融资》是面向工程管理硕士（MEM）开设的专业选修课程，主要介绍项目投融资分析框架、融资工具和模式以及在不同类型项目中的应用。

一、PPP 新机制的三大主题

PPP 新机制强调问题导向，着力解决原来的 PPP 机制和当前基础设施领域问题，回归基础设施和公用事业领域特许经营的本源。主要包含三大主题：

（1）拓宽民营企业投资空间，通过引入民间资本投资，调动民间投资的积极性。

（2）贯彻党中央、国务院的决策部署，从源头上有效防范政府（隐性）债务风险。

（3）提高基础设施和公益事业项目建设运营水平。

根据 PPP 新机制，政府和社会资本合作（PPP）在基础设施和公用事业中指的就是特许经营。基础设施的特许经营就是 PPP 新机制下的政府和社会资本合作。

二、PPP 新机制实施的十大要点

（1）全部采取特许经营模式：BOT、BOOT、DBFOT、TOT、ROT 等具体实施方式。特许经营的模式从国际惯例上来讲，有一些具体的实施的模式，如新建项目的 BOT、BOOT、DBFOT。存量项目的盘活，有 TOT、ROT 等具体的实施模式。

（2）聚焦经营收入能够覆盖建设和运营成本、具备一定投资回报的项目，不因采用 PPP 新机制额外新增地方财政未来支出责任。如果在行业上规定，有政府运营补贴政策。无论采取特许经营还是不采取特许经营，都采取这样的行业补贴政策。特许经营项目也可以采取这样的补贴政策，也不叫额外新增地方政府的未来财政支出了。

（3）按照一视同仁的原则，即无论是否采取 PPP 的模式，都按照一视同仁原则的方式提供政府支持。政府可以一视同仁地采取建设期本级政府投资支持 + 运营期政府运营补贴，也可以申报上级政府投资及其他政策。

目前建设期政府投资支持方式可以采取资本金注入或投资补助。采取资本金注入的，应当明确出资人代表。同时应该注意政府方不得控股和实质拥有项目管理和控制权；国有独资和控股企业不得作为本级项目社会资本方。运营期可以有必要的政府付费，但限于补贴运营成本，不得补建设成本，告别原 PPP 模式的政府可用性付费和可行性缺口补助。

（4）须编制和审批项目特许经营方案，全面论证项目可行性和项目采取特许经营模式可行性。对于项目可行性分析，参照新版政府投资项目可研编制大纲，研究项目需求、建设方案、要素保障、运营服务、主要风险等重大事项，关注项目目标和产出以及政府承诺和保障。

对于特许经营模式可行性论证，作为特许经营方案的篇章，主要内容包括特许经营范围、实施方式、特许经营期、特许经营者选择、交易结构和投融资结构、行业监管和运营评价、风险管控、政府承诺和保障、项目调整和变更。

(5) 须采取公开竞争方式优选特许经营者（联合体）。遴选依据可以包括：项目运营方案、收费单价、特许经营期限等，以及项目管理经验、专业运营能力、企业综合实力、信用评级状况等。如果提供政府支持，需要遵循一视同仁的原则。

建议采取公开招标方式，中标的社会资本可直接承担项目 EPC 任务。如果不公开招标，需要说明原因和依据。

(6) 须履行项目审核备手续。一般由特许经营者申报，政府资本金注入项目履行可研和初设及概算审批手续，其他项目履行核准或备案手续。在新机制中，项目审核备手续一般后置，在特许经营方案及招标后进行。这一点区别于前十年 PPP 模式审核备手续前置，即履行核备手续后编制 PPP 项目的实施方案，然后再遴选这个社会资本方，在实施当中存在一定的问题。项目审核备手续一般后置有助于提高投资审批的权威性和约束力，防范擅自更改项目建设规模、建设内容乃至增减子项目等重大事项。如管理学上所提的“让咖啡凉下来”，为社会资本提供创新和再论证决策机会，不投资要好于投资不成功。

(7) 严防新增政府隐性债务。政府方不得对社会资本承诺保底收益率，不得承诺明股实债、远期股权回购等方式，不得以提前终止为由将 PPP 转变为 BT 模式，建设期政府投资须纳入政府投资年度计划，运营补贴须纳入年度财政预算。不得设置政府保底需求量，倒逼社会资本加强项目需求可靠性分析，强调需求风险分析。对于国家规划政策调整、自然地质灾害、突发公共安全事件等不可抗力风险，通过预案 + 保险 + 自救 + 承担损失等方式进行应对。政府风险分担，建议不采取财政性资金补偿方式。

(8) 定期开展项目运营评价。因为运营方案是遴选重要依据，因此项目运行以后需要对照运营方案，进行运营评价，即对项目运营情况进行监测分析，开展运营评价，评估潜在风险。运营评价可以由项目实施机构开展。项目运营评价不代替其他的评价，如站在预算资金使用者角度的预算绩效评价。

(9) 开展常态化信息披露。对于非涉密信息，依托全国投资项目在线审批监管平台，及时向社会公开。项目每季度运营情况、经审计的年度财务报表等信息，通过适当方式向社会公开。信息披露的标准类似于上市公司信息披露要求。

（10）鼓励支持项目创新。鼓励社会资本方通过技术创新，商业模式创新，管理创新增加项目的收益，增加的收益归特许经营者。现实当中，有很多很好的创新案例可供借鉴。

三、PPP 新机制下一步工作

未来的重点是构建 1 + N 制度政策体系，《关于规范实施政府和社会资本合作新机制的指导意见》（国办函〔2023〕115 号）是一个顶层的设计（“1”），后面要有一系列的这个配套的制度政策（“N”），构建 1 + N 制度政策体系。

配套的制度政策包括制定特许经营方案编写大纲、制定特许经营协议范本、修订特许经营管理办法、依法实施 PPP 新机制、征集发布典型特许经营项目案例、出台民营企业特许经营项目投资支持政策等。上述工作部分已经完成（如制定特许经营方案编写大纲、《基础设施和公用事业特许经营管理办法》修订等），还有部分工作还在紧张进行当中。

四、对地方规范实施 PPP 新机制的建议

从地方的基础设施和公用事业项目开发来讲，并非只有 PPP 新机制（特许经营）一种方式。建议地方政府问题导向，目前的主要问题是缺好项目，缺好主体，缺好投融资模式，缺好金融工具，缺大项目。

项目投融资是一个系统工程，基本思路是坚持系统观念，考虑合规性、收益性和风险性以及必要的流动性，进行全生命周期管理。要坚持目标导向和问题导向相结合。统筹考虑“五位一体”，包括项目谋划论证、投融资主体遴选、投融资模式选择、金融工具产品运用、政府资源要素配置和支持保障措施。

未来应把项目谋划储备作为政府投资管理的重要制度安排，做好以下工作：

（一）做好项目谋划储备工作

把地方发展愿景和需求变成可行的项目，更多地用商业眼光看项目的可行性。项目跟着规划走，发展规划中的主要任务“项目化”。项目跟着国家战略和政策走，面向国家投资，地方政府专项债券；国家重大区域战略、城镇化、乡村振兴、现代化基础设施体系、安全发展、绿色发展等领域。通过融智的方式，请投资咨询机构

谋划提出项目，请社会投资者（行业排头兵）发起项目，提高项目落地率，可以采取企业自主投资或特许经营模式。

（二）做好公共项目投融资模式比选论证

公共领域投融资模式不是只有 PPP/特许经营。规范实施 PPP 新机制更不是要求所有公共项目都采取特许经营模式，事实上满足新机制要求的项目可能很少。政府资本金注入但企业作为业主的公共项目，也不一定属于 PPP/特许经营项目。

特许经营模式主要基于使用者付费的狭义 PPP 模式。传统公建公营模式包括政府直接投资和公益类国有企业非正式授权（ABO）模式。企业自主投资模式包括投资 I+EPC、EOD、TOD、WOD 等模式。

（三）尽可能降低政府未来财政性资金支出

尽可能在建设期给予投资补助或资本金注入，政府投资可少分红或不分红，有助于减少运营补贴。根据行业技术经济特点，适度拉长项目特许经营期，提高投资回报水平。更好地利用行业性补贴政策，积极争取上级政府财政性资金支持。完善项目产品/服务价格机制，健全价格调整机制。

五、推进政府投融资改革

近年来的政府投融资重大改革举措概括起来就是“开前门、关后门”。包括规范地方政府和融资平台公司的投资行为，规范金融资本的投资、融资行为，从源头上防范地方政府违法违规融资，防范新增政府隐性债务。

基本要求主要有：提高公共融资的可获得性；降低公共项目的融资成本；防范政府（隐性）债务风险。

未来投融资改革的工作重点：

（1）合理确定地方政府投资边界范围。贯彻落实《政府投资条例》，制订政府投融资规划（重大项目建设规划），收缩政府投资边界，降低政府投资压力，引导企业投资方向，为社会资本特别是民间资本提供更多投资机会。

（2）实施公共项目投资分类管理。公共项目投资可以分为经营性项目、准经营性项目、非经营性项目三类。明确主体分工，健全三类项目投融资模式，政府投资以非经营性项目为主，融资平台等公益类、功能性国有企业重点投资准经营性项目。推进价费改革和商业模式创新，提高项目经营收入。

（3）建立规范的地方政府举债融资机制。适度扩大地方政府一般债和专项债的融资规模（10+1行业领域），作为地方政府唯一的债务来源，公开透明，可以为有一定收益的公益性项目建立稳定的资金来源。

（4）促进融资平台市场化转型。现阶段融资平台公司的作用无可替代，建立政府授权投资体制。整合利用地方政府资源、资产和必要的财政性资金，增强企业主体信用，但不得将医院、学校、办公楼等公益性资产，以及储备土地注入平台公司。借鉴国际经验，对融资平台公司专门立法。回归整合资源要素的平台载体功能而非"二传手"。在项目和公司层面，从"做完再说"转变为"算完再做"。注重商业模式创新和项目综合开发。

（5）规范实施PPP/特许经营模式。PPP属于"花自己的钱给自己办事"，有助于弥补"政府失灵"和"市场失灵"。聚焦具有使用者付费、经营收入和有一定投资回报的项目。规范只是基本要求，有些项目可以采取必要的政府投资支持+运营补贴，但应该审慎处理。

（6）盘活存量资产。通过存量资产证券化（ABS、公募REITs）、存量资产/经营权引入PPP模式、融资租赁等方式，既拓宽融资来源、降融资成本又提高运营效率。

政府投融资改革是公共治理能力建设的重要内容。地方政府及其所属部门，只对基础设施和公共服务的提供主体包括融资平台或PPP项目公司等承担基于绩效的投资/补贴责任，但不直接与金融机构发生债权债务关系，不得对金融机构承担还贷或担保责任。

课程任课老师点评

政府和社会资本合作（PPP）实施近十年来，一定程度上起到了改善公共服务、拉动有效投资的作用，但在实践中也出现了一些亟待解决的问题。为贯彻落实党中央、国务院决策部署，进一步深化基础设施投融资体制改革，切实激发民间投资活力，2023 年 11 月国务院办公厅转发国家发展改革委、财政部《关于规范实施政府和社会资本合作新机制的指导意见》的通知（国办函〔2023〕115 号），PPP 新机制正式发布。PPP 新机制对于充分发挥市场机制作用，拓宽民间投资空间，坚决遏制新增地方政府隐性债务，提高基础设施和公用事业项目建设运营水平，确保规范发展、阳光运行有着重要的意义。吴亚平研究员的报告从 PPP 新机制的三大主题、PPP 新机制实施的十大要点、PPP 新机制下一步工作、对地方规范实施 PPP 新机制的建议等方面对 PPP 新机制进行了详尽解读，使课程师生对 PPP 新机制了解和把握。

政府投融资改革是公共治理能力建设的重要内容。近年来的政府投融资重大改革举措概括起来就是“开前门、关后门”。包括规范地方政府和融资平台公司的投资行为、规范金融资本的投资、融资行为、从源头上防范地方政府违法违规融资，防范新增政府隐性债务。本次报告对政府投融资改革方向和未来投融资改革的工作重点等进行了解，可以使同学们更好地了解政府投融资改革的发展历程和未来方向。

学生听课体会

刘同学：

本次报告为我们提供了一个全面的视角，了解 PPP 新机制实施的要点。尤其是新机制中要求全面论证项目可行性和项目采取特许经营模式可行性，而对于论证项目可行性和项目采取特许经营模式可行性有着不同的重点。对于项目可行性分析，参照新版政府投资项目可研编制大纲，研究项目需求、建设方案、要素保障、运营服务、主要风险等重大事项，关注项目目标和产出以及政府承诺和保障。对于特许经营模式可行性论证，主要内容包括特许经营范围，实施方式，特许经营期，特许经营者选择，交易结构和投融资结构，行业监管和运营评价，风险管控，政府承诺和保障，项目调整和变更。

刘同学：

报告给了我们更深入全面了解 PPP 新机制和政府投融资改革的机会。在政府投融资改革方面，总体方针是“开前门、关后门”，规范地方政府和融资平台公司的投资行为是重要内容。现阶段融资平台公司的作用无可替代，融资平台公司需要进一步规范，包括：建立政府授权投资体制；整合利用地方政府资源、资产和必要的财政性资金，增强企业主体信用，但不得将医院、学校、办公楼等公益性资产，以及储备土地注入平台公司；借鉴国际经验，对融资平台公司专门立法；回归整合资源要素的平台载体功能而非“二传手”；在项目和公司层面，从“做完再说”转变为“算完再做”；注重商业模式创新和项目综合开发等。

第三十二讲　北京环球主题公园建设项目的立项与决策咨询*

讲座嘉宾：

周德秋，2004 年 9 月至 2006 年 7 月就读于中央财经大学管理科学与工程学院国民经济学专业（项目管理方向），获硕士研究生学位。2006 年 7 月，入职北京市工程咨询有限公司投资咨询事业部，先后任项目经理、高级项目经理、产业综合咨询部经理、投资咨询部副总经理。先后主持或组织完成数百个重大项目，包括数十项国家、北京市重大项目工程咨询工作，如 2019 年北京世界园艺博览会（编制综合计划）、北京环球影城主题公园（项目前期综合咨询）、2022 年北京冬奥会及冬残奥会主要场馆等。

---

* 管理科学与工程学院项目投融资。课程名称：项目投融资；开课单位：管理科学与工程学院；授课教师：林则夫 教授；课程简介：《项目投融资》是面向工程管理硕士（MEM）开设的专业选修课程，主要介绍项目投融资分析框架、融资工具和模式以及在不同类型项目中的应用。

2021年9月20日，北京环球度假区正式开园，它是全球规模最大、充分融入中国元素的环球度假区，也是我国继上海迪斯尼主题乐园后开业的第二座世界级主题公园。北京环球度假区由美国康卡斯特NBC环球公司旗下的环球主题公园及度假区集团与北京首寰文化旅游投资有限公司共同投资建设，占地1.2平方千米，拥有七大主题景区、37个骑乘娱乐设施景点及24场娱乐演出、两大主题酒店，投资规模超过300亿元，建成后预计年吸引游客上千万人次，后续项目（二、三期）包括主题公园群、酒店群及商业设施综合体的北京环球主题公园及度假区占地约4平方千米，投资规模将超过千亿元。

为丰富北京市旅游产品层次、推进首都文化和旅游产业升级、加快经济增长方式转变步伐，2001年北京市政府与美国环球公司签署《合作意向书》，开始筹建“环球影城主题公园”。

一、选址决策

在选址决策过程中，不同的利益相关方关心的问题会有很大不同。基于中央政府的角度，主要是基于宏观布局考虑，科学论证发展、合理控制总量、完善规划布局。基于地方政府的角度，主要是优化旅游产品结构、促进旅游产业发展，扩大旅游消费市场，带动地方经济发展。投资者选址主要考虑因素：（1）位于各大洲经济发达、流动人口多的大城市或特大城市，拥有较大的客源市场，有利于公园的运营和发展；（2）方便游客到达、离开，具有良好的交通条件；（3）考虑当地的气候条件：环球主题公园游乐设施大部分位于室内，更适宜于建设于中国北方地区；（4）当地政府的支持力度；（5）投资合作条件。

基于消费者的角度，选址要素主要考虑如何服务好客源市场的消费者，提供更优质的旅游服务。

具体选址备选方案有通州梨园镇、石景山区首钢地区以及房山区青龙湖镇。鉴于青龙湖位于山前平原地带，远离城市中心地区，不仅外部交通及市政配套设施条件比较薄弱，且周边5千米范围内的大部分用地为规划的城市绿色空间，可利用的规划城市建设用地非常有限，在一定程度上制约了项目所带来的外部正效应的有效发挥，青龙湖镇选址方案与其他两个方案相比较差距较大。选址通州的主要理由：

（1）规划与资源要素：有利于充分发挥面向京津冀、环渤海地区广大的客源市场优势：北京的东部、南部平原地区是城市发展的主要方向，与天津、河北等地在产业、交通等方面具有紧密的联系；有利于东部发展带的整体发展；改善北京市文化旅游资源在空间分布和功能类型上的不均衡格局（北京东部、南部平原地区，尤其是东部地区，现有旅游资源和文化娱乐设施匮乏）。（2）用地条件：通州文化旅游区征地拆迁工作容易；而首钢地区存有大量不可移动的工业遗产及部分文物，空间规划会受到工业遗产分布的限制；且土地大部分属于首钢。（3）交通条件：高速公路、轨道交通条件相对较好；且远离北京的中心城区，对城市地方路网的影响相对较小。

二、项目建设方案

北京首寰文化旅游投资有限公司是新设立的、投资开发建设北京国际旅游度假区的重要实施主体。项目建设单位是北京首寰与美国环球影城公司共同发起设立的项目业主公司（北京国际度假区有限公司）负责项目建设和运营管理。首寰公司通过招拍挂方式取得项目建设用地后，出租给项目公司用于项目建设，在项目公司中，北京首寰投资占比70%，环球北京业主公司投资占比30%。

整个北京环球主题公园及度假区占地4平方千米，规划建设主题公园、水上乐园、城市大道、酒店、停车楼（1#停车场设10000个车位）等项目。其中：一期主题公园（即本项目）占地120.9公顷，总建筑面积62.45万平方米，建设好莱坞大道、变形金刚基地、功夫熊猫、哈里波特魔法世界、水世界、侏罗纪世界、小黄人景区七大景区，共设置包括速度与激情、卑鄙的我4D、变形金刚3D、功夫熊猫激流勇进等共26个景点及女娲补天、魔法星光巡游和驯龙高手3个表演节目；此外主题公园景区内还设置游客服务配套区域，包括客服中心、游客餐厅、商店、卫生间等。设计最大日客流量为8万人次，最大客流量可达到2600万人次/年，为国际特大型主题公园规模。

迪斯尼、环球主题公园拥有大量外国文化元素，如上海迪斯尼的米老鼠、唐老鸭、小美人鱼、狮子王、白雪公主等；环球主题公园的哈利·波特、侏罗纪公园、变形金刚、小黄人等。在项目规划设计上充分考虑中外文化差异和审美标准问题（如对灾难、刺激的接受能力等），积极寻求最适合中国人的游乐项目配置结构。最后项目增加了“功夫熊猫”为主题的景区，这是环球首个以“功夫熊猫”为主题的景区，在灯光、色彩、材料等多种艺术手段包围的环境中，体验中国式传奇。功夫熊猫景区入口处展示出电影《功夫熊猫》中的招牌动作。主要包括慢船游、旋转木马等骑乘设施。

环球主题公园的商业逻辑：一是持续深入塑造文化IP。选取哈利·波特、侏罗纪公园、变形金刚、小黄人等IP，经过多年打造（不断更新），核心银幕形象和文化IP深入人心。二是文化IP实体化。将虚拟电影场景和人物形象在主题公园中进行实体化展现，实现文化符号的流量在旅游场景中变现。如电影全景再现的哈利·波特魔法小镇、霍格沃茨城堡，让影迷们在游览过程中身临其境。三是全产业链营销，实现IP价值最大化。规划“吃住行游购娱”全产业链，让游客成为顾客。公园每个主题路线都经过精心设计，每个项目的出口都是装饰精美的相关电影纪念品专卖店，让游客在体验电影场景的兴奋中增加购买欲望，实现情境消费。四是继续强化IP塑造，创造新客户。不断推出新影片、新形象，把游客变成观众。通过主题公园、专卖品销售，实现创造新客户的过程。循环往复，产业链各个环节互相促进，在这个过程中将IP形象不断强化，影响不断扩大，价值不断提高，客户不断增加，成为盈利产业链。

三、项目投融资方案及效益分析

（一）项目投资估算

估算依据：

（1）主题公园娱乐设施，由于均为非标准设施，按美国环球公司方面提供的数据，考虑国内工程造价和物价水平，结合项目单位对总投资的控制要求确定；

（2）其他土建程按照类似工程估算（增加造型、材料等特别的考虑）；

（3）设备费用主要参考环球提供的设备投资进行估算，包括运杂费、安装费；

（4）其他费用参照北京市有关规定技术经济指标计算，充分结合中美双方谈判结果（如对设计费、环球收取入门费用、开办费、第三方知识产权购置费用）等；

（5）预备费包括基本预备费，按照建安工程、设备购置与安装费、工程建设其他费用之和的8%计算。

（二）融资安排

根据论证方案，项目投资总额中自有资金（注册资本金）共占投资总额的40%；向银行长期借款及流动资金借款，合计占投资总额的60%。

（三）收入和成本

由于环球影城的独特电影主题，加以刺激的游乐项目，使人们总能体会到新鲜感和刺激感，因此深受大众喜欢。环球影城重游率可达60%—70%，明显高于行业平均水平。除此之外，环球影城收入结构多元化，门票收入占其总收入的比重不到60%，其他的收入主要源于餐饮、娱乐及购物等项目。项目运营成本主要包括燃料和动力费、工资和福利费、原材料成本、折旧和摊销、修理费、土地租赁费用、销售费用、管理费用、财务费用、特许费用等。

经过测算，项目自身收益可以在借款偿还期内偿还借款本息，利息备付率和偿债备付率水平较高；项目各年累计盈余资金均为正值，项目具有足够的净现金流量维持正常运营，实现财务的可持续性；项目从运营期开始，资产负债率从60%逐步下降到0.3%，资产负债率较低。

四、立项审批流程

2001年：北京市与环球签署合作意向书。为进一步提高首都旅游产业国际化和现代化水平，市政府从2001年开始筹划引进、建设大型主题公园项目，经过与环球影城、迪斯尼、米高梅等众多国际知名品牌主题公园的接洽，考虑到本市北方城市特点，最终确定环球影城主题公园为合作品牌，并于当年10月与美国环球公司签署合作意向书，同时确定首旅集团为项目具体负责单位。

2003年：第一次审批暂停。经中咨公司评估论证后，国家发改委将北京环球影城主题公园项目报国务院审定，后由于国家宏观调控影响，审批进程暂停。

2008年：第二次审批暂停。2005年开始按照国家发改委要求，北京市重新编制并上报了环球影城项目建设方案。其后首旅集团与外方就双方合作条件及框架协议进行了进一步磋商，项目保持了较好的延续性。2008年1月9日，国务院常务会议原则同意上海市与迪斯尼公司共同建设主题公园项目的合作意向，同时要求北京、天津两地项目再做进一步的论证，并要求三地在具体操作中要严格执行国家项目管理有关规定，积极维护中方合法权益，控制建设规模，节约使用土地等资源。

2009年：第三次审批暂停。国务院第49次常务会议要求对项目进行进一步的研究论证。此后4年时间里，市有关部门进行了深入系统的论证研究，首旅集团与环球方面进行了多轮次的谈判，并在中国文化元素融入、合作模式等方面取得积极进展。

2013年：项目取得建设意向批复。6月26日国务院常务会议正式同意环球影城项目建设意向，会议要求本市积极借鉴香港、上海迪斯尼项目筹建经验，继续深化项目规划建设方案，体现中国文化元素，充分做好项目交通、市政等配套设施规划论证工作，抓紧完成项目前期工作并上报国务院正式核准。

2014年：项目取得核准批复。9月，项目经报国务院后取得国家发改委核准批复。

五、项目综合咨询服务

北京工程咨询公司全程参与项目“拿路条”、项目核准即后续咨询服务环节，为项目提供了全程综合咨询服务。2002 年，编制完成该《项目建议书》（代可行性研究报告），并于 2002 年 8 月上报原国家计委（《关于合资经营“北京环球影城有限公司”项目建议书的请示》（京计商字〔2002〕1582 号）。2005 年，协助编制环球影城项目建设方案。2008 年，经市发改委报请市政府同意，鉴于北咨公司曾承担项目 2002 年、2005 年建设方案的编制工作，对主题公园行业发展现状及建设规律有着较为深刻的认识，由该公司搭建专业工作班子，统筹各专业中介机构，受项目协调领导小组委托，在对项目土地供应、环境影响、能源保障、交通配套及对我市经济社会影响等方面做充分研究论证的基础上，于 6 月底前完成新项目申请报告编制工作。

2013 年 7 月至 2014 年 5 月，项目筹建工作领导小组各成员单位根据上报国家发改委核准项目所需材料，加强与美方以及国家相关部委沟通，开展了控规调整、市政交通配套论证、选址方案论证、市场分析、宏观经济影响分析、项目建设与节能、环保、水务、社会稳定以及文化影响等 15 项专题报告的编制工作，并完成了规划、国土、水务、环评、社会稳定评价等 10 项前置审批工作，最终编制完成项目申请报告正式提交国家发改委核准。

北咨团队参与北京环球影城主题公园筹建工作领导小组办公室，统筹调度规划、土地、环保、水务、通州、首寰等部门和单位，定期参加市领导牵头调度例会，提出需成员单位协调解决事项；协助推进完成 15 项专题报告及 10 项前置审批手续；制订项目实施计划，建立定期简报、预警通知等反馈机制；参与完成项目评估任务，促成项目在拿到路条后 15 个月通过国务院核准。

课程任课老师点评

以环球主题公园为代表的特大型主题公园项目的选址、建设方案、投融资、立项审批决策都有较高的要求，本次报告基于不同利益相关者角度，提出上述各项决策需关切、面临的问题。如在选址决策过程中，不同的利益相关方关心的问题会有很大不同：基于中央政府的角度，主要是基于宏观布局考虑，科学论证发展、合理控制总量、完善规划布局。基于地方政府的角度，主要是优化旅游产品结构、促进旅游产业发展，扩大旅游消费市场，带动地方经济发展。投资者选址主要考虑因素是商业和合作。基于消费者的角度，选址要素主要考虑如何服务好客源市场的消费者，提供更优质的旅游服务。同时重大项目论证和决策咨询过程中，项目综合咨询服务发挥着重要作用。北咨团队承担了北京环球影城主题公园的综合咨询服务，统筹调度规划、土地、环保、水务、通州、首寰等部门和单位，定期参加市领导牵头调度例会，提出需成员单位协调解决事项；协助推进完成 15 项专题报告及 10 项前置审批手续；制订项目实施计划，建立定期简报、预警通知等反馈机制；参与完成项目评估任务，促成项目在拿到路条后 15 个月通过国务院核准，为项目落地发挥了重大作用。在项目实施过程中，以环球主题公园为代表的复杂项目群需要运用项目管理知识，协助利益相关方建立重大项目统筹协调调度机制，协调多部门办理项目审批流程、加快推进项目建设实施；充分考虑项目群各单项工程之间的逻辑关系和需用关系编制好综合计划；借助项目管理工具协助业主提高项目决策、建设和运营效率。

学生听课体会

赵同学：

本次报告为我们提供了一个全面的视角，了解主题公园项目立项与决策中需要考虑的问题。报告专家对北京环球主题公园建设项目的立项与决策中的选址决策、项目建设方案、投融资方案及效益分析、立项审批流程进行了详细介绍。报告对同学们更好地应用课程所学理论框架进行大型项目的论证和决策咨询有很大的帮助。尤其是报告专家也介绍了复杂项目群需要运用项目管理知识，协助利益相关方建立重大项目统筹协调调度机制，协调多部门办理项目审批流程、加快推进项目建设实施；充分考虑项目群各单项工程之间的逻辑关系和需用关系编制好综合计划；借助项目管理工具协助业主提高项目决策、建设和运营效率，对我们后面学习项目管理相关知识提供了很好的激励。

刘同学：

报告给了我们更深入全面了解北京环球主题公园建设项目决策咨询过程的机会，尤其使我更好地认识到项目策划的重要性，每个项目都是独特的。迪斯尼、环球主题公园拥有大量外国文化元素，如上海迪斯尼的米老鼠、唐老鸭、小美人鱼、狮子王、白雪公主等；环球主题公园的哈利·波特、侏罗纪公园、变形金刚、小黄人等。经各方协商同意通过增设中国文化背景的游乐项目等方式，北京环球主题公园项目中结合项目的特点，增加了中国元素。将中国功夫、经典神话等参与性、休闲性、娱乐性突出且符合主题公园展示要求的中国题材与环球影城主题公园现有规划设计方案相结合，寻求最佳的创意成果，也得到了很好的效果。

第三十三讲　城市战略规划研制的思维方法与实践经验 *

讲座嘉宾：

欧阳鹏，北京清华同衡规划设计研究院总体发展研究和规划分院总规划师，清华大学中国新型城镇化研究院特聘研究员，自然资源部高层次科技创新人才工程（国土空间规划行业）青年科技人才，正高级工程师。主持或参与项目获得国家或省部级奖项 20 余项，参撰内参报告 10 余篇，发表论文 40 余篇。主持编辑出版学术专著《中国城镇化与城乡发展建设的绿色化道路探究》《面向实施、服务管理：城市总体规划改革与创新研究》，参与出版学术专著 5 本。

---

* 政府管理学院公共部门战略管理课程讲座。课程名称：公共部门战略管理；开课单位：政府管理学院；授课教师：李宇环 教授；课程简介：通过课堂讲授、模拟实验、专家讲学等形式，从理论及实务角度对公共部门战略主体、战略内容、战略过程、战略变革等模块进行剖析，使学生对公共部门战略管理的概念意涵、现实意义、实现路径形成系统认知。

一、城市战略规划的内涵与类型

（一）城市现代化、系统治理与战略引领

城市是动态复杂巨系统和有机生命体，在全国人口、经济、技术、信息等要素流动网络中发挥核心引擎和组织中枢作用，具有诸如高密度性、高流动性、高异质性、高风险性、高不确定性等一系列复杂特性，因而既是发展增长极，也是风险集聚点。

战略可被理解为一种思维方式或决策框架，在复杂和不确定的环境中，对全局性、长期性问题的规划和决策，旨在实现特定的目标或愿景，以实现组织的长期成功。城市系统治理是城市现代化的重要支撑，需要发挥战略引领作用。城市发展战略则是指导城市系统治理工作的顶层纲领和行动指南，是关于城市重大问题的全局谋划和关键抉择。其一方面发挥目标引领作用，即为更好顺应时代大势，应对竞争格局，找准城市战略定位和发展方向并明确战略行动抓手，从而有效提升城市竞争力；另一方面发挥问题响应作用，即深入诊断评估，识别核心症结，破解城市发展的突出瓶颈和矛盾问题，促进城市高质量、可持续发展。

（二）城市战略规划的基本内涵与作用

城市发展战略是城市发展的核心主线思路，其重要呈现途径和承载形式为城市战略规划。城市战略规划既是制定城市发展战略的工作过程，也是城市发展战略思路和方案具体化、系统化呈现的成果形式。

（三）城市综合发展战略与城市空间战略规划

城市战略规划有综合发展战略规划和空间战略规划两种常见类型，城市综合发展战略规划主要聚焦“谋动力、促发展”，城市空间战略规划主要聚焦“谋空间、塑环境”。经济社会发展是国土空间发展的深层动力，国土空间是经济社会发展的空间投影，二者相互依存、相互作用。缺乏空间支撑保障，经济社会发展将是无本之木；脱离经济社会发展，空间发展治理将是无源之水。《中共中央 国务院关于统一规划体系更好发挥国家发展规划战略导向作用的意见》（中发〔2018〕44 号）指出，要建立以发展规划为统领，以空间规划为基础，以专项规划和区域规划为支撑的规划体系。缺乏空间布局支撑考量，发展规划容易陷入“空中楼阁”；缺乏经济社会发展深层考虑，国土空间规划容易沦为“纸上谈兵”（杨伟民，2021）。因此，

城市综合发展战略规划与空间战略规划尽管各有侧重，但也需要加强统筹协调，树立城市发展战略“一盘棋”思想。

二、国际城市战略规划的战略重点

从纽约、东京、伦敦、新加坡等城市的战略规划中总结国际视野下城市规划所关注的重点如下：人口结构变化与人口流动带来的挑战应对、应对全球气候变化风险与能源危机挑战、建立紧凑高效可持续的城乡区域空间结构、追求创新驱动的产业经济发展动力、体现公共福利和利益的居住与公共空间供给、提升网络枢纽地位和全民可达性交通系统构建、文化引领城市品质提升和特色塑造、灵活务实的规划实施政策与行动机制。

三、城市战略规划研制的案例介绍

（一）区域中心城市发展规律与建设路径研究——以蚌埠市为例

1. 蚌埠建设淮河流域中心城市的战略定位

本研究确定蚌埠中心城市的核心功能定位为：面向中西部，服务长三角、辐射淮河流域和皖北地区的国家综合交通枢纽，淮河流域中游和皖北地区的先进制造中心、科技创新中心、商贸物流中心、医疗康养中心和文旅服务中心。

2. 蚌埠建设淮河流域中心城市的发展战略

基于区域中心城市的理论内涵框架，结合蚌埠“一枢纽 + 五中心”战略定位，考虑蚌埠作为长三角城市群外围地区城市的需求和特点，制定侧重强优势、补短板和显特色三方面针对性战略路径。

在强优势方面通过强化交通、科创和医养等优势职能，尽快扩大蚌埠在淮河流域和皖北地区的辐射带动作用。一是开放引领，强化枢纽功能，建设国家综合交通枢纽和商贸物流中心。建成“联系辐射四面八方”的放射状综合交通通道，实现从“人”字形向“联系辐射四面八方”的放射状格局转变，巩固提升蚌埠国家综合交通枢纽地位。二是创新驱动，提升经济动能，建设区域先进制造中心和科技创新中心。聚焦战略性新兴产业发展，前瞻布局未来产业，提升区域先进制造业中心地位。三是医养结合，培育大健康产业，建设区域医疗康养中心。以建设医疗康养试验区为目标，将蚌埠打造为“皖北一流、全国领先”的“健康之城”。

在补短板方面，强调空间拓展，积极融入南京、合肥都市圈，构建大蚌埠都市区发展格局，弥补中心城市体量不足的短板。通过建设风光带和活力环，提升城市空间品质。在显特色方面，深入挖掘蚌埠在淮河流域生态文明方面的示范作用，开创绿色发展道路，树立生态文明标杆。高标准建设国家生态文明先行示范区。传承淮河特色文化，推广淮河文化品牌，提升城市人文魅力，使蚌埠成为淮河流域文化交流的纽带。

突出目标—战略—与空间的贯通衔接，谋划空间战略蓝图和战略平台，以空间战略抓手推动规划落地实施。在对外开放方面，以淮河港区、高铁新区和航空经济区为核心建设国家综合交通枢纽，联合合肥、芜湖，争创国家自由贸易区，拓展创建蚌埠自由贸易港。在科技创新方面，高标准建设蚌埠高新区和蚌埠大学城，共建国家自主创新示范区。在医疗康养方面，建设蚌埠医疗健康城和一批特色康养小镇。在文旅休闲方面，打造淮河生态风光带、环龙子湖休闲创新活力环、环天河文化创意康养环和大禹文化旅游区。

广泛汇集专家智慧，采纳各领域各部门意见，制定可落地的实施行动抓手。在规划研究过程中，注重外脑智慧汇集，通过座谈会、深入访谈、专家咨询会等多种形式听取专家意见，各部门组织广泛论证讨论。在多轮研讨论证基础上，结合规划核心发展战略思路和空间蓝图，统筹谋划制订重大行动计划和示范工程，作为推进规划实施落地的重要抓手。

3. 蚌埠建设淮河流域中心城市的行动路径

蚌埠市将建设淮河流域中心城市作为这一阶段全市推进的重要工作目标，在全市上下推动形成基本共识，在此基础上统筹谋划枢纽经济壮大、创新动能升级、健康产业培育、大蚌埠都市区建设、生态文明示范和淮河文化品牌推广等六大行动计划和二十九项示范工程，作为今后一段时间全市各级部门推进中心城市建设的主要抓手，同时设定可量化可考核的行动目标，对接政府行动计划。

（二）生态脆弱—文化资源富集地区发展战略研究——以敦煌国际文化旅游名城发展建设规划为例

1. 战略目标

立足“文化圣殿，人类敦煌”的总体定位，全面有效保护敦煌自然历史文化遗产，树立传统文化现代复兴的典范，打造国际一流的旅游目的地，建成中西方文化合作交流的战略平台，探索绿洲经济可持续发展的有效途径。

2. 建设原则

保护第一原则。在资源开发利用、产业发展和城乡建设中，坚持文化和自然遗产保护第一，坚持把国家和民族的长远利益放在首位，严格保护遗产资源的真实性和完整性；尊重自然规律，严格保护遗产的生存环境，最大限度地减少人为因素对文化遗产和自然环境的干扰和破坏。

有限容量原则。将资源环境容量、文化遗产承载力作为城乡发展、产业发展的基础和前提，科学规划城市的社会功能和产业功能，实现人与自然和谐相处和敦煌的可持续发展。

内容为王原则。以文化创意和科技创新为手段，着力挖掘和激活敦煌碎片化、隐性化的历史文化信息，加强设计创意类产品、文化艺术创作类产品、文化旅游融合类产品的研发和核心景区景点的建设，大力发展文化内容产业。

田园城市原则。以“小”“巧”“精”“高”“静”为标准，走独具特色的城镇化发展道路，不搞传统的大规模造城运动，通过城乡一体化建设，形成“城中有乡、乡中有城”，既有田园式的自然恬静，又有浓厚文化氛围的特色田园城市。

3. 战略路径

国际化发展路径。充分挖掘敦煌文化内涵，在国际化视域下构建国际文化交流基地，打造国际文化商贸平台，培育外向型文化市场主体，对接国际资本市场，实现敦煌文化产品的“中国立场，国际表达”，强化敦煌文化的世界影响力、辐射力、向心力。

分众化发展路径。建立分众化的文化旅游产品和服务体系，巩固大众旅游市场，开拓中高端旅游市场，发展特色旅游市场，平衡淡旺季旅游市场，提供多层次、多样化的文化旅游服务，做到“淡季不淡”，在全面提升敦煌旅游品质的同时，实现敦煌文化雅俗共赏、世界共享的目标。

高科技化发展路径。以文化遗产保护与共享为基础，以文化遗产学术研究为前提，将文化资源开发与云计算、沉浸式新媒体、数字化技术、电子商务、物联网等高科技手段结合，搭建敦煌文化遗产数字化保护、研究、展示、共享平台，智慧旅游云联网互动平台，数字化城市公共服务平台和全媒体新技术文化传播平台，逐步实现“在地文化产业”向“在线文化产业”转变，构建完善的“智慧敦煌”“数字敦煌”文化体系。

学术化发展路径。以丰厚的敦煌学研究成果为基础，保护敦煌历史文化遗产，深入挖掘研究敦煌文化精髓，完善敦煌文化研究体系，创新敦煌文化的多元传承手段，加大人才队伍建设，弘扬敦煌文化的精神内涵和文明价值。

品牌化发展路径。发挥品牌优势打造战略平台；挖掘资源价值提升品牌附加值；实施品牌战略培育产业集群；加强敦煌品牌的知识产权保护；规范品牌保护管理，以品牌战略撬动资本，弥补容量限制，实现有限空间内无限的品牌输出目标。

田园化发展路径。立足敦煌有限环境容量和国际文化旅游名城建设目标，既保护好大漠绿洲、沙水共生的原生态自然风貌，又积极推进城乡一体化发展，迅速提升敦煌城市化率水平，进一步加强社会主义新农村建设，做到城中有乡、乡中有城，同时全面提升城市功能，使敦煌既有田园式的自然恬静，又有浓厚的文化氛围和现代生活气息，成为人与自然和谐相处、城乡融合发展的田园城市。

融合化发展路径。以融合发展思路带动经济转型跨越。从传统文化的保护、发展和创新出发，全面促进区域发展融合，文化与旅游深度融合，文化旅游与商贸、科技、饮食、生态、农业、体育等深度融合，城乡经济社会融合，产城互动融合，使敦煌成为包容性发展、融合式发展的典范。

可持续化发展路径。城市全功能要素的整体提升是敦煌打造国际文化旅游名城的重要环节，坚持生态环境保护优先，确立文化旅游产业主导地位，强化城乡基础设施建设，推进现代化城市管理，提升城乡居民综合素质，是确保敦煌长期可持续发展的基础工程。

4. 战略实施

搭建"一会四区"国家级战略平台。以省委省政府名义向国家有关部委申报举办丝绸之路（敦煌）国际文化博览会；申报创建国家级文化产业示范园区、国家级旅游综合改革试验区、国家级文化生态保护实验区和国家级生态文明建设示范区。

抓好重大项目谋划部署落实。为了有序推进敦煌国际文化旅游名城建设，加强对具有战略意义的项目策划和引导，明确了项目类型、实施主体、投资规模和实施时限。投资方向涵盖文化遗产数字化与产业化、旅游服务、文博会展、文化贸易、文化养生、文娱演艺等方面，按照规划先行、政府引导、市场运作、分步实施的原则来逐步展开。

此外，规划提出搭建国家级战略平台、加大政策支持力度、深化体制机制改革、加大基础设施建设、提高组织领导的科学性、抓好阶段性目标任务落实等方面的综合保障措施。通过完善各类城市发展保障机制和配套政策，有利于凝聚共识、明确行动任务、形成政策合力，为敦煌建设国际文化旅游名城提供有力支持。

（三）多尺度流空间下的超大城市对外协同水平评价与治理策略——以北京为例

北京是我国的首都，同时也是典型的超大城市。北京城市的发展既存在作为首都的个性和特殊问题（如作为全国的政治中心和对外交往中心的特殊职能定位），也有作为超大城市的共性特征和问题。下面以经济和创新发展维度为例，重点探讨多尺度流空间下北京对外协同水平的评价方法，并提出多尺度网络协同治理思路。

1. 全球尺度网络协同水平评价

全球经济组织控制能力较强，但核心中枢作用仍不明显。一是稳步迈进全球城市第一方阵，国际经济联系日益密切。二是跨国公司企业总部数量在全球领先，但具有国际核心控制力的总部经济组织较少。与纽约、伦敦等世界城市相比，北京有较强竞争力的总部企业集中在能源、金融、工程建筑等领域，高新技术产业领域的总部企业较少。

全球科技创新资源优势明显，但核心竞争力和辐射力仍然不强。一是在全球城市创新综合排名中位列第一梯队，但创新成果含金量、应用水准距离国际一流创新集群仍有差距。二是科技创新国际合作渠道不断拓展，但国际影响力仍较为薄弱。近五年来，北京的技术出口合同基本保持稳定，但技术出口合同和交易额的增长幅度均不明显，科技创新影响力的国际覆盖范围较窄。

2. 全国尺度网络协同水平评价

全国经济控制和引擎地位极为突出，但对北方地区及京津冀地区的辐射带动能力有限。一是全国层面经济决策的控制权和话语权具备绝对优势，国家金融决策和管理中心的作用显要，经济引擎作用极为突出。其金融机构实力突出，是集金融决策监管、资产管理、支付结算、信息交流、标准制定于一体的国家金融管理中心。二是经济辐射带动能力强，对外投资规模在全国遥遥领先。在联系特征上，北京的企业，其投资腹地涵盖全国各省区主要高等级中心城市，其中与长三角城市群、粤港澳大湾区和成渝城市群三大城市群区域中心城市的经济联系程度最为紧密，与上海、深圳、成都的企业互投总额均超过 2 万亿元。

3. 全球尺度下的协同治理策略

打造全球经济组织控制引擎，促进国际金融贸易往来，增强全球经济支配力。一是打造国际金融中心，大力推进人民币国际化进程。推广人民币国际清算机制，推进离岸贸易发展，加强与伦敦、纽约等国际金融中心的联结度；积极引入外资金融机构，探索构建离岸金融外循环制度体系。二是打造“一带一路”服务贸易中心，提高中国服务贸易的国际化水平和影响力。推进数字贸易示范区建设，稳步推进国家服务业扩大开放综合示范区建设，深入推动投资便利化、贸易自由化；依托自由贸易试验区积极培育发展跨境电商平台，加强跨境服务贸易领域的基础设施建设等。

建设全球科技创新策源高地，加强国际科技创新合作，增强全球创新竞争力。

一是发挥世界城市的优势，积极融入全球科技创新合作网络，强化技术创新的国际影响力。加强与旧金山湾区、纽约、伦敦等国际科技创新中心在技术研发、专利合作、科创投资、创新交流等方面的全球合作；推动新建一批海外孵化器、企业海外研发中心、科研院所重大科研项目合作平台。二是借鉴东京、伦敦等国际首都城市的战略特区制度经验，探索设立国际化战略特别政策区，搭建高规格国际化创新合作平台。巩固中关村科学城制度创新高地优势，打造数字经济和数字贸易国际交往功能区；立足自由贸易试验区、北京第二机场片区，打造国际数字贸易综合服务平台；培育并打造一批国际创新产业集聚区，吸引全球企业总部和科技创新龙头企业集聚。

（四）互联网时代的小城镇智慧规划思路与内容——以乌镇为例

1. 对接互联网格局，融入全球互联网功能网络

在全球化的城市网络时代，未来区域城镇体系将由传统的单中心、规模等级的金字塔结构向多中心、扁平化的网络结构转变。依托世界互联网大会和互联网技术，乌镇将实现在互联网扁平网络化城镇空间体系中城镇能级的进一步跃迁和战略地位的升级。从国家战略要求看，21 世纪以来，随着综合国力的日益增强，中国参与全球事务的方式和内涵不断深化，世界互联网大会将成为中国与世界互联互通的重要平台，乌镇将成为中国向世界输出特色治理模式和中华文化价值、向全球展现中国“文化自信”的重要窗口。因此，规划搭建乌镇国际互联网交流平台，加强与全球互联网组织机构的战略合作，强化乌镇在互联网治理、政策研究、技术交流和商业交流等方面的地位，提升乌镇在全球互联网领域的影响力和话语权。

2. 借助互联网基因，推动产业升级与融合发展

互联网基因将为乌镇带来生产生活方式的巨大变革，推动旅游功能的提升和互联网功能的拓展，形成乌镇两大核心发展动力，即以旅游业提升作为基础，突出文化休闲体验，融合新时代互联网技术和创新创业功能，实现古今与中外的融合，最终实现旅游业和互联网产业的并驾齐驱。

在旅游功能提升方面，由传统观光游向精神文化型、智慧型深度体验游升级。在互联网功能拓展方面，由大而全模式向会议会展、智慧应用、创新创业、区域合作四大重点板块聚焦。规划充分发挥“互联网 + 旅游”的融合催化效应，在服务提升、产品拓展和商业模式创新等方面进行全方位融合创新。

3. 遵循互联网理念，推动空间营造与保护提升

互联网时代的空间组织逻辑已经转变为创新人才追逐宜居环境、创新产业追随

创新人才布局，其空间组织模式亦呈现出网络化、去中心化的特征。在互联网平台的支持下，不同专业化的生产和服务环节在空间上呈现分散化布局特征。此外，与互联网相对应的创新人群呈现工作休闲化特征，创新空间、休闲空间和宜居空间融为一体，高度复合化布局，高端创新型功能与面向人的需求的功能高度耦合。在此背景下，空间营造更加注重良好的生态环境、宜人的空间尺度、高品质的文化休闲设施和丰富多样的公共交往空间，促进创新人群交流，激发创新活力。在空间组织方面，规划提出构建互联网时代下的城乡共生有机生长模式，形成“以水为脉、活力核、共生片区单元”的空间组织结构，以及规模适度、小巧精致、体现生态田园风情的城乡共生有机生长空间。规划延续江南水乡“十字形”传统格局，以水系交汇处为中心场所，面向乌镇居民、游客和创客三类人群的需求特征，营造十字活力聚合空间，促进多元功能的融合。在古镇保护方面，规划提出保护第一的原则，对古镇“十字形”传统格局进行整体保护。规划古镇区以休闲旅游功能为主，在传统十字城市空间内植入多元新兴功能，激活中市，复兴南北栅。

4. 搭建互联网平台，加强智慧运营与智慧服务

规划构建乌镇智慧城市运营平台，完善智慧信息基础设施，搭建乌镇智能移动感知网络、大数据实验室和线上乌镇运营中枢。规划建设的智慧生活服务平台，涵盖智慧旅游服务、智慧社区服务和智慧创新创业服务等功能，以促进线上与线下的全面融合，实现各类人群的宜居宜业与共生共赢。同时，引入互联网技术，探索智慧规划的变革与创新。基于互联网和三维可视化技术，搭建乌镇全三维城市数字模型系统和乌镇规划公众参与网络平台，推动规划众筹与社会共治。通过线上与线下全方位的规划公开与公众参与，使规划编制和实施过程成为聚民心、集民意、汇民智的过程，树立智慧城市规划众筹和共建共治的样板。

四、城市战略规划的思维方法要点

（一）城市战略规划编制的基本流程

城市战略规划编制的技术路线为：战略背景认知、战略格局研判、战略机遇分析、战略问题剖析、战略目标确定、战略路径谋划、战略行动部署、战略实施保障。经过战略实施评估检讨和战略动态调校，进入新一轮规划编制。

（二）城市战略规划编制的思维特点

城市战略规划编制应秉持因地制宜、因时就势的原则，厘清不同主体功能区的

城市空间战略差异、不同发展阶段不同发展理念的战略差异，进而提升城市战略规划编制的科学性与有效性。

（三）城市战略规划的转型方向

一是要从“要素驱动”向“创新驱动”转型，强调创新作为经济社会发展的核心驱动力，转变经济发展方式；二是要从“增量扩张”向“存量提质”转型，强调城市空间结构优化、功能完善和品质提升，注重新发展理念的践行和落实；三是从“技术蓝图”向“协同平台”转型，强调多元化主体在平等的基础上积极参与、沟通、协商的过程。一方面要协调城市中政府、市场和社会之间的关系，另一方面要协调地方与中央的关系和与周边城市的关系；四是从“宏大叙事”向“精细治理”转变，更加注重以人为本的生活环境品质的精细化治理提升。

课程任课老师点评

欧阳鹏老师在城市战略规划研究领域深耕多年，积累深厚，见解独到，成果丰硕。此次课程从实务咨询机构的视角入手，全面系统地阐释了城市战略规划的丰富意涵和实践路径，从四个方面为公共部门战略管理的学习者们进行了指引。

一是思维启迪。通过对明茨伯格的战略十大流派的观点总结，以及对城市战略规划编制技术路线的梳理，破除了学生们一直以来认为公共部门战略规划与执行相分离的固有思维。战略规划不是预测未来，而是塑造未来；战略规划不仅要立足长远，也要着眼当下；战略规划既要因地制宜，也要因时就势。

二是理论拓展。虽然欧阳鹏老师身处实务界，但此次授课仍然融入了深刻的理论内涵。基于战略规划与战略管理的基础思想，对城市发展战略与城市战略规划的关系、城市综合发展战略规划和城市空间战略规划的特点进行辨析，有助于学生们理解战略理论在现实中的落地与转化。

三是方法展陈。欧阳鹏老师通过丰富的图表，生动介绍了城市发展水平测度、区位层面位序比较、战略规划框架构建等城市战略规划研制的具体方法，对学生们后续的案例学习和战略实践都提供了有益启示。

四是案例呈现。课程不仅放眼国际，从纽约、东京、伦敦、新加坡等大都市战略规划的设计文本中提炼出世界多国在各自城市战略规划方面的关注重点及创新举措，还立足我国实际，对蚌埠、敦煌、北京、乌镇等城市发展战略及空间战略的规划思路展开了极富远见的探讨，这都使得城市战略规划这一领域的具体实践更加立体可感。

此次讲学为学院响应产学研深度协同育人平台建设拓宽了思路，是推动科研机构、行业企业深度参与人才培养，深化科教融合、产教融合，完善高校实践科研育人体系的积极实践。

学生听课体会

苏同学：

我有幸聆听了欧阳鹏老师关于“城市战略规划研制的思维方法与实践经验”的讲座。讲座中，老师为我们解读了城市战略规划的内涵与类型。在详细的解读中，我逐渐理解了城市规划并非简单的物理布局，而是涉及经济、社会、环境等多方面的综合考量。每一种规划类型都承载着不同的发展目标和实施策略，它们共同构成了城市发展的蓝图。

随后，老师带我们探讨了国际城市规划的关注重点。从全球视野出发，不同国家和地区的城市规划有着各自的特色和侧重点。这使我意识到，在全球化的今天，城市规划也需要具备国际视野，借鉴和学习不同国家的成功经验和做法。

在谈到思维方法时，老师强调了系统性思维、前瞻性思维和创新性思维在城市规划中的重要性。城市战略的规划要因地制宜、因时就势、因人而异、因城而谋。通过对比分析不同城市的规划案例，我深刻感受到了城市规划的复杂性和挑战性。每一个成功的城市规划战略都是多方面因素共同作用的结果，需要政府、专家、公众等多方的参与和协作。

总的来说，这次讲座不仅让我对城市战略规划有了更深入的了解，还激发了我对这一领域的浓厚兴趣。我意识到，作为一名未来的城市规划从业者，我需要不断学习和实践，以更好地服务于城市的可持续发展。

李同学：

来自北京清华同衡规划设计研究院总体研究中心总工程师欧阳鹏，为我们政府管理学院 MPA 学员讲授了城市战略规划专题课程，欧阳鹏总工站在中国式现代化城市建设的高度，带领我们学习了我国城市战略规划发展的历史、背景和重要性，讲解了北京市、上海市、广州市、敦煌市等城市战略规划建设过程和管理现状。特别是在首都战略规划方面，让我对北京市作为大国首都、首善之城的战略定位有了新的认识。作为首都的一分子，我们要站在全球、全国的视野去展望北京发展，立足发展实际，突出首都特色，按照国际一流标准，为推动将北京打造为在政治、科技、文化、社会、生态等方面具有广泛和重要国际影响力的城市，作出自己的贡献。

第三十四讲　新质生产力与数字政府的发展 *

讲座嘉宾：

王铁牛，中国人民大学管理学博士，北京济安金信科技有限公司副总经理，兼任中国人民大学金融信息中心副主任。长期从事数字经济、数字金融、金融政策研究。

* 政府管理学院电子政务课程讲座。课程名称：电子政务；开课单位：政府管理学院；授课教师：宋魏巍副教授；课程简介：电子政务是政府管理学院 MPA 核心课程，旨在帮助学生建构电子政务的基本知识体系，了解当前电子政务领域实践前沿，提升学生在电子政务领域的知识学习和应用创新能力。课程的主要内容包括电子政务的发展历程、电子政务基础理论、电子政务的功能模块、政府信息资源管理与规划、数字政府、新技术环境下的电子政务等专题。

新质生产力与数字政府的发展是一个既涉及理论又关乎实践的重要议题，旨在探讨数字技术如何重塑生产力的内涵与外延，以及如何推动政府治理模式的创新与提升。

一、引言

在数字化转型的浪潮中，生产力和政府治理方式正在经历前所未有的变革。新质生产力是数字经济时代的新特征，而数字政府的发展则是提升公共服务效能和治理能力现代化的重要路径。本文将从新质生产力的概念、特征及其对经济发展的影响，数字政府的内涵、建设路径及其对治理能力现代化的贡献等方面进行系统阐述。

二、新质生产力的概念与特征

（一）新质生产力的概念

新质生产力是指在数字技术驱动下，以数据为核心要素，通过新型基础设施、智能制造和数字化服务等方式，创造新的生产模式和经济增长点的能力。这种生产力不仅体现在物质生产的改进上，更体现在信息、知识和创新等非物质要素的生产和利用上。

（二）新质生产力的特征

数字化：新质生产力高度依赖于数字技术，数据成为新的生产要素和核心资源。数字化贯穿于生产、流通、消费等各个环节，从而形成一个数字驱动的经济体系。通过对海量数据的分析和利用，企业能够更加精准地把握市场需求，优化资源配置，提高生产效率。例如，阿里巴巴通过大数据技术实现了对市场需求的精准预测，从而大幅提升了商品的周转率和库存管理效率。

智能化：通过人工智能、大数据分析等技术，实现生产过程的智能化，提高生产效率和质量。智能化不仅体现在生产过程的自动化和智能化上，还体现在产品和服务的智能化上。例如，特斯拉的智能制造工厂，通过人工智能和机器人技术，实现了高效的自动化生产，极大地提高了生产效率和产品质量。此外，智能化还包括产品的智能化，如智能家居、智能手机等，这些产品通过嵌入智能技术，为用户提供更为便捷和个性化的服务。

网络化：生产要素通过互联网实现连接和共享，形成全球化的生产和供应链体系。网络化不仅打破了时间和空间的限制，使生产要素可以在全球范围内进行优化配置，还促进了产业链上下游的协同发展。例如，华为通过全球供应链管理系统，实现了对全球供应链的实时监控和优化，提高了供应链的响应速度和可靠性。

服务化：生产和服务的边界日益模糊，制造业与服务业深度融合，形成新的产业形态。服务化不仅体现在制造业向服务业的延伸上，还体现在服务业向制造业的渗透上。例如，海尔通过“人单合一”模式，将产品制造与用户服务深度融合，实现了从传统制造向智能制造和智慧生活解决方案提供商的转型。

（三）新质生产力对经济发展的影响

推动产业结构升级：新质生产力推动了传统产业的数字化转型和新兴产业的快速发展，从而促进了产业结构的优化升级。例如，制造业通过引入智能制造技术，实现了从传统生产模式向智能化、自动化生产模式的转变，提升了产业竞争力。同时，数字经济的蓬勃发展催生了一大批新兴产业，如大数据、云计算、人工智能等，成为经济增长的新动能。

提高资源配置效率：新质生产力通过数字技术的应用，实现了资源的优化配置和高效利用。例如，共享经济模式通过互联网平台，实现了资源的共享和高效利用，如滴滴打车、共享单车等，通过共享模式，提高了资源利用率，降低了社会成本。

促进创新驱动发展：新质生产力为创新提供了丰富的土壤和广阔的空间。例如，人工智能技术的快速发展，为各行各业的创新提供了新的工具和方法，如医疗领域的智能诊断、金融领域的智能投顾等，通过技术创新，实现了业务模式的变革和效率的提升。

提升经济增长质量：新质生产力通过推动产业结构优化升级、提高资源配置效率、促进创新驱动发展，提升了经济增长的质量和效益。例如，数字经济的发展，不仅创造了大量的就业机会，还推动了经济的绿色发展和可持续发展，如新能源产业的发展，通过技术创新，实现了能源的高效利用和环境的保护。

三、数字政府的内涵与建设路径

（一）数字政府的内涵

数字政府是指在数字技术特别是信息通信技术的支持下，通过优化公共管理和服务流程，提高政府治理效能，实现公共服务的智能化、透明化和高效化的一种新型政府治理模式。

（二）数字政府的建设路径

数字基础设施建设：加强云计算、大数据、人工智能等新型基础设施建设，为数字政府提供坚实的技术支撑。数字基础设施不仅包括硬件设施，如数据中心、通信网络等，还包括软件平台和应用系统，如政府云平台、政务服务平台等。例如，上海市通过建设“城市大脑”，实现了城市管理和服务的智能化和精细化，提高了城市治理的效率和水平。

数据治理体系构建：建立健全数据管理、共享和安全体系，确保数据的开放、透明和安全利用。数据治理体系不仅包括数据的采集、存储、处理和分析，还包括数据的共享和开放，如建立数据共享平台，实现跨部门、跨区域的数据互通和共享。例如，北京市通过建设“数据中台”，实现了数据资源的整合和共享，提高了数据的利用效率和价值。

智能化公共服务：通过智能化手段提升公共服务水平，实现精准化、个性化服务，满足人民群众多样化需求。智能化公共服务不仅包括在线服务和自助服务，还包括智能客服和智能管理，如通过人工智能技术，实现在线咨询、智能客服、智能审批等，提高了公共服务的效率和便捷性。例如，浙江省通过建设“最多跑一次”政务服务平台，实现了90%以上的政务服务事项在线办理，提高了群众的满意度和获得感。

政府业务流程再造：利用数字技术优化政府业务流程，提高行政效率，降低行政成本。业务流程再造不仅包括流程的优化和再造，还包括组织结构的调整和优化，如通过电子政务系统，实现跨部门的协同办公和一体化服务，提高了行政效率和服务水平。例如，广东省通过建设“数字政府”平台，实现了政务服务的“一网通办”，大幅提高了行政审批效率，降低了行政成本。

数字化治理能力提升：培养数字化治理人才，加强政府部门的数字化素养和能力建设。数字化治理能力不仅包括技术能力和业务能力，还包括数据分析能力和决策能力，如通过数据分析和人工智能技术，提高政府的决策水平和治理能力。例如，深圳市通过建设“智慧城市”平台，实现了城市管理和服务的智能化和精细化，提高了城市治理的效率和水平。

（三）数字政府的发展阶段

数字政府的发展可以分为初级阶段、中级阶段和高级阶段。在初级阶段，重点是信息化建设，建立基础的数字化管理系统；在中级阶段，强调数据的整合与共享，实现跨部门的信息互通；在高级阶段，注重智能化应用，通过人工智能和大数据分析，进行预测性和前瞻性治理。

四、新质生产力与数字政府的互动与融合

（一）新质生产力对数字政府的推动

技术支撑：新质生产力为数字政府提供了强大的技术和数据支撑。通过大数据分析，政府可以更精准地进行政策制定和公共服务供给；通过人工智能，政府可以提高决策的科学性和应对复杂问题的能力；通过物联网和区块链技术，政府可以实现信息的实时采集和安全传输，提升治理的透明度和公信力。例如，深圳市通过建设“城市大脑”，实现了对城市管理和服务的智能化和精细化管理，提高了城市治理的效率和水平。

数据驱动：新质生产力通过大数据技术，为数字政府提供了丰富的数据资源和分析工具，帮助政府实现数据驱动的决策和管理。数据驱动不仅包括数据的采集和处理，还包括数据的分析和应用，如通过大数据分析，实现对社会经济动态的实时监测和预测，提高了政府的决策水平和应对能力。例如，上海市通过建设“数据中台”，实现了数据资源的整合和共享，提高了数据的利用效率和价值。

智能应用：新质生产力通过人工智能技术，为数字政府提供了智能化的应用场景和解决方案，帮助政府实现智能化的公共服务和治理。智能应用不仅包括智能客服和智能审批，还包括智能监控和智能管理，如通过人工智能技术，实现对城市运行状态的实时监测和智能调度，提高了城市治理的效率和水平。例如，浙江省通过建设“智慧政务”平台，实现了90%以上的政务服务事项在线办理，提高了群众的满意度和获得感。

（二）数字政府对新质生产力的促进

政策支持：数字政府的建设提升了社会整体的数字化水平，为新质生产力的发展提供了良好的政策环境和市场环境。政府通过制定数字经济发展战略、优化营商环境、加大创新支持力度，推动企业数字化转型，促进新质生产力的不断涌现和发展。例如，广东省通过建设“数字政府”平台，实现了政务服务的“一网通办”，大幅提高了行政审批效率，降低了行政成本。

市场推动：数字政府通过优化营商环境，为新质生产力的发展提供了广阔的市场空间和发展机遇。政府通过简化行政审批流程、优化市场监管、加强知识产权保

护，激发了企业的创新活力和市场竞争力。例如，上海市通过建设“城市大脑”，实现了城市管理和服务的智能化和精细化管理，提高了城市治理的效率和水平。

创新引导：数字政府通过加大创新支持力度，为新质生产力的发展提供了强大的创新引导和支持。政府通过设立创新基金、建立创新孵化器、开展创新合作，推动企业开展技术创新和模式创新，促进新质生产力的不断涌现和发展。例如，浙江省通过建设“最多跑一次”政务服务平台，实现了90%以上的政务服务事项在线办理，提高了群众的满意度和获得感。

五、未来发展方向

（一）深化数字技术应用

持续推动大数据、人工智能、物联网、区块链等新兴技术在政府治理和经济发展的深度应用，推动政府治理模式的创新和生产力水平的提升。例如，通过大数据技术，实现对社会经济动态的实时监测和预测，提高政府的决策水平和应对能力；通过人工智能技术，实现对城市运行状态的实时监测和智能调度，提高城市治理的效率和水平。

（二）构建开放共享的数据生态

加强数据资源的开放共享，建立数据治理的标准和规范，确保数据的安全和隐私保护，促进数据价值的最大化利用。例如，通过建立数据共享平台，实现跨部门、跨区域的数据互通和共享，提高数据的利用效率和价值；通过制定数据开放政策，推动公共数据的开放和共享，促进数据的创新应用和价值释放。

（三）加强数字化人才培养

注重数字化人才的培养和引进，提升政府和企业的数字化素养和能力，为新质生产力的发展和数字政府的建设提供坚实的人才保障。例如，通过设立数字化人才培养基地，开展数字化技能培训，提升政府工作人员的数字化素养和能力；通过引进高端数字化人才，推动企业开展技术创新和模式创新，提高企业的市场竞争力和创新能力。

（四）推进数字政府与社会治理融合

通过数字政府的建设，推动社会治理模式的创新，实现政府、企业和社会组织的协同治理，提高社会治理的效率和水平。例如，通过建设“智慧城市”平台，实现城市管理和服务的智能化和精细化，提高城市治理的效率和水平；通过建设“智慧社区”平台，实现社区管理和服务的智能化和便捷化，提高社区治理的效率和水平。

六、具体实践与前沿案例分析

（一）浙江省“最多跑一次”改革

浙江省通过“最多跑一次”改革，大力推进“互联网＋政务服务”建设，优化行政审批流程，提高了政府服务的便捷性和透明度。该模式已在全国范围内推广，成为数字政府建设的标杆案例。例如，通过建设“最多跑一次”政务服务平台，实现了90%以上的政务服务事项在线办理，提高了群众的满意度和获得感。

（二）粤港澳大湾区的数字经济合作

粤港澳大湾区通过数字基础设施的互联互通和数据资源的共享合作，推动区域经济一体化和数字政府的协同治理。大湾区的数字经济发展为区域内各城市带来了新的经济增长点和治理模式创新。例如，通过建设“智慧湾区”平台，实现了区域内城市管理和服务的协同治理，提高了区域治理的效率和水平。

七、政策建议与未来展望

（一）加强顶层设计和政策支持

数字政府建设需要强有力的顶层设计和政策支持。政府应制定数字政府发展战略，明确发展目标和重点任务，形成统筹推进、分步实施的工作机制。例如，通过制定“数字政府建设五年规划”，明确数字政府建设的总体目标和重点任务，推动数字政府建设的全面展开和深入推进。

（二）推动公共数据开放共享

公共数据的开放共享是数字政府建设的重要基础。政府应制定数据开放政策，建立健全数据共享机制，推动公共数据的互联互通和高效利用。例如，通过建立“数据开放共享平台”，实现跨部门、跨区域的数据互通和共享，提高数据的利用效率和价值；通过制定数据开放政策，推动公共数据的开放和共享，促进数据的创新应用和价值释放。

（三）提升数字治理能力

数字治理能力的提升需要多方面的努力。政府应加强数字化人才的培养和引进，提高政府工作人员的数字化素养和能力；同时，推动政府业务流程的数字化再造，提升行政效率和服务水平。例如，通过设立“数字化人才培养基地”，开展数字化技能培训，提升政府工作人员的数字化素养和能力；通过引进高端数字化人才，推动企业开展技术创新和模式创新，提高企业的市场竞争力和创新能力。

（四）提升公共服务智能化水平

公共服务的智能化是数字政府建设的重要目标。政府应利用人工智能、大数据等技术，提升公共服务的智能化水平，实现精准化、个性化服务，满足人民群众多样化需求。例如，通过建设“智慧政务”平台，实现政务服务的智能化和便捷化，提高政务服务的效率和便捷性；通过建设“智慧社区”平台，实现社区管理和服务的智能化和便捷化，提高社区治理的效率和水平。

八、结语

新质生产力和数字政府的发展，是数字经济时代的重要课题。我们要充分发挥数字技术的优势，推动生产力的变革和政府治理的创新，为经济社会的高质量发展注入新的动力。希望今天的讨论能够为大家提供有益的启示和参考，共同推动新质生产力与数字政府的发展迈上新的台阶。

课程任课老师点评

“新质生产力与数字政府的发展”讲座让MPA研究生电子政务课程师生受益良多。

一、内容全面，理论与实践并重

讲座结合丰富的实践案例，充分展示了新质生产力和数字政府的发展路径与实际应用。对新质生产力的定义和特征进行了分析，特别是数字化、智能化、网络化和服务化这四个关键特征，使我们对新质生产力有了更加立体和深入的理解。此外，详细阐述了数字政府的内涵、建设路径及其对治理能力现代化的贡献，并结合典型案例，为我们展示了数字政府建设的具体实施和实际效果。

二、案例丰富，具有借鉴意义

引用了鲜活生动的实践案例，包括浙江省的“最多跑一次”改革、粤港澳大湾区的数字经济合作等，具有很强的借鉴意义。通过这些案例，我们不仅看到了数字政府建设的具体成果，还了解到不同地区在推进数字政府过程中所遇到的挑战和解决方案，这对我们今后的研究和实践具有重要的启示作用。

三、技术前沿，紧跟发展趋势

分析了新质生产力和数字政府建设中的技术前沿和新兴趋势，如人工智能、区块链、物联网等技术的应用。这些技术是当前数字经济发展的重要驱动力，也是我们需要重点关注和深入研究的领域。通过具体实例，生动地展示了这些前沿技术在实际中的应用场景和效果，使我们对这些技术有了更直观的认识和理解。

四、政策建议，具有实践指导意义

在讲座的最后，王总提出了一系列政策建议，如加强顶层设计和政策支持、推动公共数据开放共享、提升数字治理能力、提升公共服务智能化水平等。这些建议既有宏观层面的战略指导，也有微观层面的具体措施，具有很强的实践指导意义。作为未来的公共管理者，我们需要从这些建议中汲取经验，结合实际情况，制定切实可行的政策和措施，推动数字政府建设和新质生产力的发展。

五、引发思考，激发学习热情

本次讲座不仅内容丰富，还引发了我们对数字政府和新质生产力的深入思考。数字化转型和新质生产力的发展是一个复杂而系统的过程，需要多方面的努力和创新。同时，相信通过本次讲座，会有效激发学生的学习热情，鼓励学生不断探索和研究数字政府建设和新质生产力发展的新方法和新路径。

学生听课体会

郭同学：

通过聆听王总关于“新质生产力与数字政府的发展”的讲座，我对这一领域有了更加全面和深入的认识。以下是我在学习过程中的几点心得体会。

首先，王总讲解的理论框架为我提供了清晰的认知路径。从新质生产力的定义到其具体特征：数字化、智能化、网络化，再到数字政府的内涵、建设路径及其对治理效能的提升，王总系统地梳理了这些概念，并通过具体的实践案例加以说明。这种理论与实践相结合的方式，不仅帮助我理解了相关概念，更让我看到了这些概念在实际应用中的价值和效果。通过讲座，我深刻认识到数字技术在现代经济和政府治理中的核心作用。新质生产力通过技术创新，极大地提升了生产效率和资源配置效率。

讲座中，王总强调了人工智能、区块链和物联网等前沿技术在数字政府中的应用。这些技术不仅提升了公共服务的智能化水平，还为政府决策提供了强大的数据支撑。例如，智能客服系统、区块链政务服务平台和智慧城市的应用，展示了这些技术在实际中的广泛应用和深远影响。在学习过程中，我认识到我们需要不断关注这些前沿技术的发展，掌握其应用方法，以便在未来的工作中有效利用这些技术，提升公共管理的效率和质量。

数字政府的建设离不开政策支持和有效的数据治理。王总在讲座中指出，数据的开放、共享和安全利用是数字政府建设的关键。政府应制定相关政策，推动公共数据的开放共享，建立健全的数据治理体系，确保数据的高效利用和安全性。同时，数字政府建设需要从顶层设计入手，制定明确的发展战略和目标，形成统筹推进、分步实施的工作机制。在学习中，我意识到政策支持和数据治理的重要性，这些是数字政府成功实施的基础和保障。

今后，我将在学习中更加注重理论与实践的结合。通过实践案例，深入理解数字政府建设的路径和方法，同时积极参加相关的实践活动，提升自己的数字化治理能力。特别是通过模拟和实地考察，积累实际操作经验，为未来的公共管理工作做好准备。

尹同学：

王总的讲座“新质生产力与数字政府的发展”为我们深入理解这一领域提供了丰富的内容和宝贵的经验。以下是我在学习过程中的一些心得体会。

讲座中，王总详细介绍了新质生产力的四大核心特征：数字化、智能化、网络化和服务化。这些特征不仅是技术层面的创新，更是生产方式和经济结构的深刻变革。通过案例分析，我认识到新质生产力如何通过技术创新和资源优化，提升了企业竞争力和生产效率。这些实际应用让我对新质生产力的理解从抽象概念转变为具体实践，看到其在推动经济发展中的巨大潜力。

王总对数字政府的阐述特别详细，他不仅讲解了数字政府的内涵，还介绍了具体的建设路径，如数字基础设施建设、数据治理体系构建、智能化公共服务和政府业务流程再造。这些内容让我对数字政府的实施步骤和关键要素有了系统的认识。

通过讲座，我深刻认识到前沿技术在数字政府中的重要作用。人工智能、区块链和物联网等技术，已经成为推动政府治理模式创新和提高公共服务质量的重要工具。在学习中，我会更加关注这些前沿技术的发展，掌握其应用方法，以便在未来的工作中有效利用这些技术，提升公共管理的效率和质量。

通过此次讲座，我对新质生产力和数字政府的发展有了更加全面和深入的理解，这不仅拓宽了我的知识视野，也为我的未来学习和职业发展提供了宝贵的指导。我将在学习中更加注重理论与实践的结合。通过研究典型案例，深入理解数字政府建设的路径和方法，同时积极参加相关的实践活动，提升自己的数字化治理能力。特别是通过模拟和实地考察，积累实际操作经验，为未来的公共管理工作做好准备。希望能够在未来的工作中，将所学知识与实际情况相结合，推动数字政府的建设和新质生产力的发展，为社会的进步和发展贡献自己的力量。

第三十五讲　中国公共采购供应商权利救济法律制度的效率与有效性及法律改革问题 *

讲座嘉宾：

谷辽海，北京市辽海律师事务所主任，高级律师。原中国经济体制改革研究会首席法律顾问、原中央国家机关政府采购中心顾问、原中国人民银行集中采购中心首席法律顾问。他曾代理北京现代沃尔经贸有限公司诉财政部行政诉讼系列案件，对公共采购供应商权利救济制度有深入研究，并主编《中国政府采购案例评析》（1—3 卷）、《法治下的政府采购》等著作，是国内这一领域的知名专业律师。

---

* 法学院公共采购法课程讲座。课程名称：公共采购法；开课单位：法学院；授课教师：曹富国 教授；课程简介：公共采购法课程主要围绕《中华人民共和国政府采购法》《中华人民共和国招标投标法》及相关法规，政策展开，重点讲授公共采购法的定义、立法宗旨和目的，公共采购法的原则，各种采购方式和程序，公共采购的监督与救济，国际与比较公共采购法等。通过理论讲授和案例分析，让学生了解公共采购中的常见问题和解决方案，培养研究能力和实践能力。

2006年12月8日，由谷辽海主办的原告北京现代沃尔经贸有限责任公司（以下简称“沃尔公司”）诉被告中华人民共和国财政部（以下简称“财政部”）政府采购行政不作为的争议在北京市第一中级人民法院（以下简称“北京一中院”）公开宣判，当天国内多家媒体进行了报道。这起案件也因其特殊影响入选2005年度法制日报与中华全国律师协会宪法与人权委员会、中央财经大学法学院等机构联合举办的“2005中国影响性诉讼”提名案件。

有关这起行政不作为案件的诉讼，在互联网上都能够找到相关信息，但2012年11月21日北京市高级人民法院（以下简称“北京高院”）终审宣判后，沃尔公司又经历了长达十多年时间的行、刑、民等途径的权利救济。有关案情可以进一步查阅谷律师在“公共合同”公众号上公开发表的系列稿件。

本次演讲重点结合沃尔公司的系列案件谈谈政府采购供应商权利救济。

一、沃尔公司首轮八年诉讼

（一）缘于两起批量采购（框架协议之一）

诉争的两起著名采购案件，是以批量集中采购方法订立的722台血气分析仪的“封闭式”框架协议。框架协议涉及：邀请潜在供应商参与采购，采用适合有关货物、工程或服务的采购方法，例如发布招标书；采用选定的公开招标或其他采购方法，根据供应商对招标书的答复，遴选出一名或多名供应商，合同授予过程的“第一阶段”，随后供应商与采购实体订立一项框架协议；以后当产生特定需要时向选定的供应商发出定期订单，合同授予过程的“第二阶段”。此类框架协议与传统的采购合同之间的唯一区别是，采购标的系今后获取的，通常在一段时期内分批采购。这些框架协议之所以是“封闭式”的，是因为在框架协议订立之后没有任何新的供应商或承包商能够加入该协议。在全部722台血气分析仪的采购中，争议缘于“封闭式”框架协议第一阶段的公开招标。

1. 批量集中采购349台的血气分析仪

在沃尔公司十几年维权过程中所获得的诸多证据材料显示，采购人原卫生部对招标编号GXTC－0404038的D包的血气分析仪是以批量集中采购方式进行的。国信招标有限责任公司（以下简称“国信公司”）于2004年10月9日受原国家发展和改革委员会、原卫生部联合委托从事国家医疗救治体系项目的招标采购代理工作。2004年12月21日，国信公司受原卫生部委托发布中标公告，沃尔公司未中标。后期相关证据显示，D包的血气分析仪当时公告是286台，最终实际采购为349台。

2. 批量集中采购373台的血气分析仪

在“封闭式”框架协议的第一阶段，采购代理机构中国远东国际贸易总公司（以下简称“远东公司”）于2004年10月29日接受政府采购人国家发展和改革委员会（原国家发展计划委员会，以下简称发改委）和中华人民共和国卫生部（以下简称卫生部）的共同委托，对国家医疗救治体系项目（招标编号为：0722－FECT－04285）进行公开招标。沃尔公司参加了其中第七包的投标，该包为便携式血气分析仪，数量为300台。然而，在“封闭式”框架协议第二阶段显示的数量是373台的血气分析仪。2004年12月1日，中标结果公示，沃尔公司没有中选。

（二）先后质疑投诉并提起诉讼

依照《中华人民共和国政府采购法》所规定的质疑、投诉程序，沃尔公司先后对远东公司代理的采购项目分别向采购人及其代理机构远东公司质疑，对国信公司代理招标的血气分析仪分别向采购人及其代理机构国信公司质疑，但结果均被驳回。随后，向监管机关提出投诉，但财政部认为，这两起案件依照《中华人民共和国招标投标法》的规定，应该向国家发改委提出投诉，故将两起案件办理了移送，并电话通知沃尔公司。对此，沃尔公司认为，监管机关存在行政不作为，决定将前述行政争议诉诸法律途径。

（三）历时22个月完成一审诉讼

沃尔公司于2005年2月委托北京市辽海律师事务所办理，向北京一中院提出一审行政诉讼。受诉法院对这两起案件进行合并审理。2006年12月8日，经过22个月的审理，对批量集中采购349台的血气分析仪，北京一中院作出（2005）一中行初字第433号行政判决书，判决如下：被告中华人民共和国财政部对原告北京现代沃尔经贸有限责任公司于二〇〇五年一月七日就招标编号为：GXTC－0404038的国家医疗救治体系项目D包招投标的组织不合法问题所进行的投诉予以处理和答复。本案案件受理费80元，由被告中华人民共和国财政部负担（自本判决生效之日起7日内交纳）。

对于批量集中采购373台的血气分析仪，北京一中院作出（2005）一中行初字第432号行政判决书，判决如下：被告中华人民共和国财政部对原告北京现代沃尔经贸有限责任公司于二〇〇四年十二月二十一日就招标编号为：0722－FECT－04285的国家医疗救治体系项目第七包招投标的组织不合法问题所进行的投诉予以处理和答复。本案案件受理费80元，由被告中华人民共和国财政部负担（自本判决生效之日起 7 日内交纳）。

（四）经过六年长征走完二审程序

2006 年 12 月 22 日，财政部向北京高院递交了如下大同小异的两份上诉状，上诉的主要理由是：原审判决适用法律错误，应适用《中华人民共和国政府采购法》第十三条第二款和第六十七条规定及《中华人民共和国招标投标法》、《关于国务院有关部门实施招标投标活动行政监督的职责分工的意见》（国办发〔2000〕34 号）和《国家重大建设项目招标投标监督暂行办法》（2002 年 1 月 10 日国家计委第 18 号令）。按照《中华人民共和国政府采购法》第十三条规定，财政部是监督管理部门，但第十三条第二款明确"各级人民政府其他有关部门依法履行与政府采购活动有关的监督管理职责"；同时在第六十七条中也明确"依照法律、行政法规的规定对政府采购负有行政监督职责的政府有关部门，应当按照其职责分工，加强对政府采购活动的监督"。按照《中华人民共和国政府采购法》第十三条第二款和第六十七条的规定，从建设项目管理体制和职责分工看，被上诉人投诉的项目是国家医疗救治项目的一个组成部分，是属于国家重大建设项目的一部分。

2007 年 7 月，北京市高级人民法院对财政部的上诉案件进行了公开审理，之后，长达 6 年时间中案件没有进展。一直到 2012 年 11 月 21 日，针对财政部不服北京一中院（2005）一中行初字第 432 号行政判决，以及北京一中院（2005）一中行初字第 433 号行政判决，北京市高级人民法院先后作出（2007）高行终字第 247 号、（2007）高行终字第 245 号行政判决认为：一审法院判决并无不当，本院应予维持。财政部的上诉理由和请求缺乏事实和法律依据，本院不予支持。据此，依照《中华人民共和国行政诉讼法》第六十一条第（一）项的规定，判决如下：驳回上诉，维持一审判决。二审案件受理费人民币 50 元，由上诉人中华人民共和国财政部负担（已交纳）。

（五）终审后诞生了首份处理决定

前述两起案件终审后，根据生效裁判文书的要求，财政部于 2013 年 5 月 13 日发布"财库〔2013〕59 号"《财政部投诉处理决定书》，作出如下处理决定：1. 关于第 1 项投诉事项，投诉人所投产品不符合招标文件实质性要求。2. 关于第 2、3、4、5 项投诉事项，被投诉项目采购活动违反了《中华人民共和国政府采购法》第二条第一款和第六十四条第一款规定。

二、沃尔公司后续多轮诉讼

（1）财库〔2013〕59号决定系第二阶段多轮诉讼的序幕，59号决定发生第一轮诉讼，引出（2013）一中行初字第3543号、（2014）高行终字第1026号判决；远东公司的常路均以代理人的身份先后出席两审，声称招标过程中保持了客观、公平、公正的做法，并得到了两级法院的支持，此时常路等人还未被逮捕。

（2）财库〔2014〕52号决定引出第二阶段的第二轮诉讼，诞生北京一中院第232号判决、北京市高院（2015）高行终字第4487号判决，监管机关败诉，原因是无证据表明争议采购合同已履行。

（3）采购人不服财库〔2016〕111号决定提起行政复议，之后引出第三轮诉讼，诞生（2017）京01行初143号和（2017）京行终5325号判决。

（4）中纪委监察部网站于2015年10月19日和同年12月31日先后发布采购部门的主管人员和直接责任人员腐败被查，国家发改委王威司长、任伟副司长以及周和宇处长被追究刑事责任，上级司法指定辽宁鞍山市检察、法院审理采购部门及其代理机构的主管人员涉嫌采购过程中的贿赂犯罪，从而诞生诸多刑事判决，包括岫岩法院（2017）辽0323刑初107号对常路受贿罪的判决、海城法院（2017）辽0381刑初905号对国信公司唐小平的受贿和行贿的刑事判决、海城法院（2019）辽0381刑初403号对原中标供应商广东开元医疗科技有限公司实际控制人杨晓黎及其公司的行贿罪刑事判决，等等。

（5）民事侵权诉讼。

第一轮：沃尔公司于2021年10月向北京市朝阳区人民法院提出民事侵权诉讼（不正当竞争串标侵权纠纷），要求被告国家发展和改革委员会、国家卫生健康委员会、中国远东国际贸易总公司、广东开元医疗科技有限公司赔偿原告经济损失500多万元（将开元公司的收入500多万元，作为原告的经济损失予以赔偿）；要求被告赔偿原告从2004年12月开始至今的调查取证（涵盖维权搜集证据材料）的费用损失；要求被告赔偿原告从2004年12月开始至今聘请律师进行维权搜集相关的证据材料以及交通差旅费用等经济损失；要求上述所有被告承担连带赔偿责任。对于原告的起诉，法院迟迟未受理。本所律师曾多次去法院催促立案，最后不得不放弃对国家发展和改革委员会及国家卫生健康委员会的诉讼请求，只对中国远东国际贸易总公司、广东开元医疗科技有限公司两家企业提出诉讼。然而，遗憾的是，法院仍然以原告的投标书没有满足招标文件的实质性要求为据，于2022年11月30日作出（2021）京0105民初18856号民事判决，原告不服提出上诉，北京知识产权法院于2023年6月29日作出（2023）京73民终1024号民事判决。随后，原告提出再审申请。

第二轮：沃尔公司于2021年10月向北京市海淀区人民法院提出民事侵权诉讼（不正当竞争串标侵权纠纷），要求被告国家卫生健康委员会、国信招标集团股份有限公司、广东开元医疗科技有限司承担民事侵权的赔偿责任，原告的诉讼请求与上面另一起案件基本相同，但法院也是迟迟未受理，后来我们同意放弃对采购人的诉讼，法院才予以受理。北京市海淀区人民法院于2023年6月27日送达的（2021）京0108民初52256号民事判决：一、本判决生效之日起七日内，被告国信招标集团股份有限公司、被告广东开元医疗科技有限公司共同赔偿原告北京现代沃尔经贸有限责任公司经济损失及合理开支共计50万元；二、驳回原告北京现代沃尔经贸有限责任公司的其他诉讼请求。

沃尔公司对（2021）京0108民初52256号民事判决不服而提出上诉，至本次演讲之日，北京知识法院还没有下达终审判决。

三、沃尔系列案引出的话题

（一）“踢皮球”反映两法冲突

沃尔公司首轮“民告官”诉讼，一审和二审历时八年，人们记忆犹新的是部门之间的“踢皮球”现象，这源于“两法冲突”，暴露出《中华人民共和国招标投标法》《中华人民共和国政府采购法》之间的部门利益难以妥协。我曾在2005年在中国经济时报连续每周一篇文章讨论“法治下的政府采购”，共有50多篇稿件，对“两法”冲突和统一有过详细分析论述。我当年就建议“两法”应合并，对许多社会经济政策的推行都非常有帮助。

（二）质疑程序前置有悖法律规定

在保护投标供应商权益方面，《中华人民共和国招标投标法》赋予供应商自由选择救济权利和途径，《中华人民共和国政府采购法》相关章节也没有限制供应商的选择权，但监管机关的部门限制要求供应商必须经过质疑程序才可以进行投诉。这显然增加了供应商维权的成本和难度。

（三）现行质疑机制无法影响合同生效

沃尔公司质疑，经过投诉，后又提起诉讼。从诸多的证据材料来看，当时的框架协议都还没有签署第二阶段的合同。如果采购部门或监管机关受理质疑、投诉，及时进行处置，就能避免系列合同正式生效所带来的消极效果和影响。然而，我们现行的机制尚无法实现这一目标。

（四）有效的质疑程序能防止腐败

沃尔公司经过了十几年的维权，最终发现采购部门的主管人员与中标供应商之间均存在腐败。如果能有效建立质疑程序，监管机关就能及时查处腐败活动。这样，一方面保护了供应商的利益，另一方面对腐败行为也有威慑作用。

（五）质疑处理权系政府固有职责，不宜由营利为目的的中介机构承担

我国政府采购领域，目前处理质疑的部门基本上是由社会中介机构代理进行，比如沃尔公司的案件就非常有代表性。在国信公司唐小平的刑事判决书中，他受贿135万元的原因之一是帮助中选供应商摆平质疑。我们应当吸取其中的教训，妥善配置质疑处理权。

（六）采购人应当纳入司法审查范围

在对采购人提出侵权诉讼中，两起案件的不同法院都拒绝将采购人罗列为共同被告，这令我非常惊讶！通常情况下，在政府采购法律体系比较完善的国家，最需要受到监督的部门是中央政府层面的采购人，因为这一级的采购机构消费纳税人的资金庞大，最不容易受到约束。而诉讼是对采购人最好的监督方法。

（七）急需培养大批政府采购专业法律人才

上面连续多起行政诉讼，我们都能够看到我国政府采购最高监管机关的裁决文书，其中判决说理非常缺乏；此外在具体行政行为中对事实的认定和法律适用方面以及程序运行方面均缺乏相应的知识。应培养政府采购专门法律人才，更好地满足执法司法工作的需要。

总之，沃尔公司政府采购系列案件有许多值得深思的问题。

课程任课老师点评

王世杰：

质疑投诉前置程序确实在一定程度上限制了当事人的救济权利，这是我国现行法律制度中存在的一个系统性问题，值得深入探讨与反思。这样的设置往往使当事人在面临权益受损时，难以迅速获得有效的法律救济，增加了维权成本，也可能导致一些本应及时纠正的违法行为得不到及时处理。

具体到本案，采购代理机构作为受托机构，在处理采购事务时扮演着重要角色。然而，当采购行为涉嫌违法或不当，而质疑投诉机制又因前置程序而变得不那么高效时，这不仅影响了个案的公正处理，也可能对整个公共采购体系的公正性和透明度造成负面影响。

在双阶理论的视角下，采购行为被看作由行政行为与民事合同两个阶段构成。当行政行为受到质疑时，出于保护公共利益和私人权益的考虑，理论上民事合同的执行应当暂停，以便全面审查行政行为的合法性。但现行的质疑投诉前置制度并未充分体现出这一理论精神，导致在实践中可能出现行政行为与民事合同执行不一致的情况，增加了法律适用的复杂性。

质疑投诉机制本应兼具公益监督和私益诉讼的双重功能，它既是公众监督政府行为的重要途径，也是个体维护自身权益的有效手段。因此，优化和完善质疑投诉制度，确保其在维护公共利益和个人权益方面的积极作用得到充分发挥，是当前法律制度改革的重要课题。

张小平：

公开透明是监督制度的基础，它确保了信息的对称和公众的广泛知晓，为监督活动提供了必要的条件。在此前提下，与公权力机关进行具有真实回应关系的对话成为监督的关键环节。这种对话不仅要求公权力机关能够积极回应监督方的关切和质疑，更要求其以开放、坦诚的态度面对监督，提供真实、准确的信息，以便监督方能够作出公正、客观的判断。

为了进一步提升监督效能，我们应结合当前监察体制的改革方向，深入探索将公共采购活动纳入纪检监察监督的有效渠道。这既包括对公共采购过程的全面监督，也涵盖了对采购结果及后续执行情况的跟踪问效，以确保公共采购活动的公正、透明和高效。通过这样的监督机制，更有效地防范腐败风险，保障公共利益的最大化。

学生听课体会

龙同学：

课程讲座讨论了我国政府采购第一案及其延续，时间跨度长达近20年，提出了我国政府采购供应商权利救济制度的有效性问题，值得深入思考和研究。首先争议的一个问题涉及我国招标法与政府采购的关系。这两部法律的关系，至今仍是我国公共采购立法中一个重点和难点问题。讲座以鲜活的案例说明了这一点。另一个令我思考的问题是，这些官司的目的究竟为何？结合课堂上老师对我国投诉质疑制度原理的讲解，我理解这一制度的价值既在于供应商私权利的救济，也在于法秩序的补救。行政机关和法院在这一过程中对这一问题的认识不到位。再者也可以发现，法官在审理这些案子中，也显得知识储备不足。还有一点，正在进行的损害赔偿之诉讼，也应该超越供应商私权利的救济价值，强调对法秩序价值的补救上。案例非常有价值。

郭同学：

我是财税学院应用经济学政府采购理论与政策方向的博士研究生。这学期系统学习了公共采购法，非常有助于对我对专业知识的掌握。尽管我缺乏法律专业的背景知识，但本专题讲座讲述的故事很生动，很典型。老师们的引导和评论进一步加深了我对我国公共采购制度的理解。本课程以及本讲座使我思考了很多可供未来的研究选题。未来可以基于我国的司法判例，研究我国政府采购相关重要制度。

第三十六讲　区块链产业与应用*

讲座嘉宾：

李慧，中国科学院计算技术研究所计算机硕士，中国人民大学金融学硕士。曾就职于中国银行和国寿投资大型金融国企，有多年金融科技相关工作经验。国际区块链组织 BGIN（Blockchain Governance Initiative Network）创始成员之一，数学与工业协会区块链专委会委员，现任衡阳雁城区块链研究院副院长，曾任中国区块链服务网络联盟（BSN）副秘书长，火链科技区块链研究院院长，专注于区块链技术和应用的行业研究。出版合著《区块链技术进阶指南》《区块链产业应用 100 例》等，参与新一代信息技术系列教材《区块链导论》的编写工作。

---

* 法学院区块链和法律政策课程讲座。课程名称：区块链和法律政策；开课单位：法学院；授课教师：邓建鹏 教授；课程简介：课程以区块链的应用场景为切入点，深入探讨区块链领域中虚拟货币属性的类型化划分及法律适用等实操问题，具体包括虚拟货币的沿革及分类、法律属性探究、应用场景及利弊分析、虚拟货币相关民事纠纷与刑事犯罪，以及虚拟币领域的监管政策探究等方面。从虚拟货币与区块链大事记出发，剖析区块链的技术内涵，讲述区块链与虚拟币之间的相互依存关系，发现区块链领域的法律问题，进而加深区块链金融法治理论的研究。

一、区块链是什么？

区块链，就给了我们这样一个选择，它可以允许每个人手中都有一份同步账本，所有人一起记账。一份账本可能会丢失，会被随意篡改，但是如果有成千上万份账本，再想篡改就变得极为困难了，更不会丢失。

所谓的分布式，指的就是，一个区块链系统可以拥有成千上万个备份，并可以分布在世界各地。换言之，无论是 1 份账本遗失、10 份账本遗失，还是 100 份账本遗失，都不会有任何一丝一毫的影响，因为账本还将有成千上万个备份分布在其他地方。在如此多的账本数量之下，任何机构和个人的账本如果不慎遗失了，它都可以随时再下载回来。这是分布式的作用之一，让区块链变得完全公开透明，不会遗失。

二、区块链的分层体系

1977 年，为了推动国际网络的通用化，国际标准化组织（ISO）实施了一项开发通用网络标准的计划，即 OSI 网络模型。OSI 七层模型是从互联网架构中抽象出来的，共七层，分别是：物理层、数据链路层、网络层、传输层、会话层、表示层和应用层。

TCP/IP 协议也是一个网络通信模型，是现在网际网络的基础通信架构。它其实还包括 FTP、SMTP 等多个协议，但是由于 TCP 协议和 IP 协议的代表性，因而被简称为 TCP/IP 协议。分层模型的好处有两个：第一个是独立性，每一层都是相对独立的，它具有独立的逻辑和功能。第二个是通用性，模型中各层规范和架构的确定，有利于国际标准化工作的展开。

下面介绍区块链分层模型。区块链模型分为五层，分别是应用层、合约层、共识层、网络层和数据层。数据层负责区块链数据的存储。网络层负责实现各个节点之间的网络链接和传输。共识层负责实现各节点账本数据的一致性。合约层负责实现智能合约和脚本的功能。应用层负责开发分布式的链上应用。

三、区块链的共识

共识机制：区块链事务达成分布式共识的算法。区块链是一种去中心化的分布式账本系统，它可以用于登记和发行数字化资产、产权凭证、积分等，并以点对点的方式进行转账、支付和交易。区块链系统与传统的中心化账本系统相比，具有完全公开、不可篡改、防止多重支付等优点，并且不依赖于任何的可信第三方。

由于点对点网络下存在较高的网络延迟，各个节点所观察到的事务先后顺序不可能完全一致。因此区块链系统需要设计一种机制对在差不多时间内发生的事务的先后顺序进行共识。这种对一个时间窗口内的事务的先后顺序达成共识的算法被称为“共识机制”。共识层要解决的最重要两个问题就是共识和一致性问题。一致性问题是指分布式系统中多个副本对外呈现的数据状态。共识问题则描述了分布式系统中多个节点之间彼此对某个状态达成一致结果的过程。

分布式系统领域有两个著名的定理。第一个叫 FLP 定理，也叫 FLP 不可能定理，是分布式领域中一个非常著名的定理。它给出了一个令人吃惊的结论：在异步通信场景，即使只有一个进程失败了，没有任何算法能保证非失败进程能够达到一致性！这意味着，在假设网络可靠、节点只会因崩溃而失效的最小化异步模型系统中，仍然不存在一个可以解决一致性问题的确定性算法。第二个是 CAP 定理，CAP 定理指的是，在一个分布式系统中，Consistency（一致性）、Availability（可用性）、Partition tolerance（分区容错性），最多只能同时满足三个特性中的两个，三个特性无法被同时满足。在实际工程环境下，我们需要在三个特性中根据需求进行适当的权衡。

四、拜占庭 BFT 问题

首先，我们先来了解一下拜占庭问题的来由。古代的拜占庭王国拥有广阔的土地，军队和军队之间的距离非常遥远，当出现突发情况时，将军们互相传递信息只能依赖信使。当和其他国家交战，国内的将军需要同时对敌人的某支军队作出是否攻击的决定。无论都选择进攻，还是都选择暂时按兵不动，只要大部分军队能达成共识，步调一致，那么就是可以接受的情况。这个过程中，将军们中间可能存在叛徒，故意传递错误信息，也有可能信息在传递的过程中被丢失了，如何让绝大部分将军们在复杂的环境中，依然作出正确的决定，就是拜占庭将军问题的由来。

可以解决拜占庭将军问题的共识算法统称为拜占庭共识算法，拜占庭容错共识算法是能够容纳恶意行为的共识算法。拜占庭容错技术是分布式计算领域常用的容错技术，由于各种故障或受到攻击的时候，计算机或者网络都可能出现出人意料的异常，拜占庭容错算法可以作为解决此类异常问题时的技术手段。

最后，我们了解一下拜占庭算法可以解决区块链的什么问题？区块链网络环境符合拜占庭将军问题模型，运行正常的服务器，可类比为忠诚的拜占庭将军；出现故障的服务器以及恶意的服务器，可类比为叛变的拜占庭将军。算法的核心是在正常的节点间形成对网络状态的共识。只要恶意节点数不超过总节点数的1/3，整个网络就能正常运行，不会被恶意节点影响。而公链领域基本上不会直接采用拜占庭共识算法，因为其算法复杂度较高，不适用公链节点数量众多的情况。公链平台通常采用PoW、PoS和DPoS这三种共识算法。

五、主流的共识算法

首先，介绍PoW，PoW（Proof of Work）即工作量证明共识算法。在POW共识机制里，谁为系统提供的算力多，谁就越有可能获得记账权或者出块权，并获得系统的区块奖励。通过比特币的工作量证明的详细流程可知，让各个节点同时来计算一个难题，来判定谁的算力大，算力大的节点有更高的概率算出来难题，从而有更高的概率获得系统奖励。

其次，PoS（Proof of Staking）即权益证明共识算法。权益证明共识机制是基于每个节点质押的通证数量来进行共识，谁质押的通证多，质押的时间长，谁就越有可能获得出块的权利，从而获得系统的奖励。

最后，DPoS（Delegate Proof of Staking），即委托权益证明共识算法。DPoS的基本思路类似于“董事会机制”，在这个机制中存在关键角色，称之为代表，代表是负责记账的节点。普通节点可以用自己的通证投票给他们信任的节点，选举他们成为代表，由这些代表竞争记账，代表节点通过记账获得的系统奖励将分给为其投票的普通节点。

PoW、PoS和DPoS机制各不相同，也各有优劣。PoW共识机制简单粗暴，但极为有效。节点首先会自证其资质，然后才进行广播，大幅度减少了网络间的通信压力，但随之而来的问题在于自证资质的过程需要消耗大量的计算资源和能源。PoS采用与传统分布式一致性验证类似的机制，通过代币质押数量指标作为权重依据，按概率随机地筛选出出块节点，谁质押的代币多，谁出块的概率就大。这种机制的好处在于没有消耗计算资源的自证资质过程，但是带来的问题在于每次选举时需要消耗大量的网络通信资源，系统效率难以提高。DPoS作为PoS的变形，通过缩小选举节点的数量以减少网络压力，是一种典型的分治策略：将所有节点分为领导者与跟随者，只有领导者之间达成共识后才会通知跟随者。该机制能够在不增加计算资源的前提下有效减少网络压力，但这种机制也存在分布性不够、容易被中心化操控的现象。

在区块链系统中，除了上面介绍的主流共识机制外，还有更多的其他共识机制，例如：行动证明共识机制、权威证明共识机制、身份证明、权重证明共识机制和PoW +PoS 这类混合证明共识机制，等等。众多的共识算法各有优劣势，没有哪一种共识算法是完美的，通过混合共识机制可以使各个算法的优缺点得到融合补充。

六、区块链的智能合约

区块链 2.0 阶段的一个重要标志是智能合约的实现。智能合约是一种旨在以数字化手段传播、验证或执行合同的计算机协议，它无需第三方即可执行可靠的且不可逆的程序代码。最常见的智能合约语言是 Solidity。Solidity 是一种高级的智能合约语言，运行在以太坊虚拟机 EVM 上，语法接近于 JavaScript，是一种真正意义上运行在网络上的去中心化的智能合约语言。

在区块链早期，以比特币为代表的区块链网络没有使用智能合约，而是使用一种简单的、基于堆栈的脚本语言。它不支持循环，不是图灵完备的。但是，它可以实现一些基本的指令。最经典的利用脚本语言实现的功能就是比特币的多重签名。只有满足符合要求的私钥数量才能正确进行解锁。智能合约的有两个重要特性，一个是确定性，另一个是可终止性。由于智能合约运行在一个分布式系统的环境中，智能合约需要满足的条件与一般的计算机程序存在很大区别。通常认为，智能合约需要满足的条件包括确定性和可终止性。确定性是指：如果给定一个相同的输入，经过算法处理总会产生相同的结果，那么这个算法即可被称为是确定性的。可终止性是指如果智能合约使用了一些无法终止的函数，智能合约一经部署无法撤回，无法终止的合约甚至会造成区块链系统的停摆。所以智能合约必须是可终止的。

七、联盟链

我们知道，在商业金融、社会治理等诸多应用领域中，“有限信任”是一种普遍的场景。比如，银行之间基于政府监管、法律约束形成的有限信任；供应链上下游企业基于商业信誉、合作关系等形成的有限信任。类似这样的“有限信任”的场景需求还有很多。

区块链技术具备的公开透明、难以篡改、可以追溯、集体维护和去中介化等特点有助于进一步促进信任的建立与利用。特别是当区块链与智能合约相结合后，有助于大幅降低价值转移的成本以及监管难度。有限信任场景下的区块链应用有两个特点：第一个是区块链的参与节点有限，参与节点有一定的身份要求和条件限定；第二个是参与节点间的信任有限，参与节点有不同的数据行为权限。公有链的开放式架构和单一的数据行为权限并不适用于多样化的有限信任场景，我们需要有更加灵活的区块链架构适配这种多样性，这就是联盟链存在的意义。

联盟链有其独特的优势。第一个优势是灵活可控的数据操作。与公有链相比，联盟链可以提供更加灵活可控的数据管理模式。联盟链中的不同节点可以配置有多样化的数据操作权限。此外，联盟链可以在达成共识的前提下对错误的记录数据进行更改，即实现数据的“回滚”。第二个优势是性能与安全性的提高，联盟链的共识过程是由少数预选的授信节点共同完成的，可以理解为一种多中心的分布式共识。联盟链一般不采用纯分布式的工作量证明共识机制，而是多采用权益证明，实用拜占庭容错以及 Raft 等共识算法。与公有链中的纯分布式共识算法相比，多中心的共识算法可以减少共识时间和计算成本，提升系统的响应速度和交易吞吐量。由于对节点进行了准入认证，在安全性上也不会有太大的牺牲。第三个优势是更好的数据隐私性，联盟链具有较好的数据隐私性。联盟链上的信息并不对所有参与节点公开，并且具有一定的权限控制，只有那些具有权限的部分节点才可以对信息进行访问、读取、修改。第四个优势是法律法规的兼容，联盟链的灵活架构能够更好地兼容世界各地的法律法规。公有链的数据保护责任主体并不明确，而联盟链一般具有比较明确的责任主体。最后，公有链一般依赖于内生的虚拟数字货币或通证作为激励机制，这不符合我国的金融监管规定。而联盟链不一定需要有货币化或证券化的激励机制，因此对国家或政府监管更加友好。第五个优势是更低的对账成本与开发成本，在涉及金融、缴费、支付、交易等业务的信息化系统中，对账环节在避免数据篡改、数据出错等方面是至关重要的，不同业务相应的对账复杂程度不一样。在应用联盟链技术的业务中，各方使用统一的数据库，对账需求基本上是不存在的，有效降低了对账的成本。联盟链技术使各方数据库进行统一，两方系统之间不需要进行接口的开发，能有效降低接口的开发与维护成本。

课程任课老师点评

本次课程深入浅出地讲解了区块链技术的核心概念、分层结构、共识机制、智能合约以及联盟链的应用，构建了一个全面且细致的知识框架，对于区块链法治研究提供了技术的方面的基础知识，搭建了区块链模型的底层架构体系。

首先，课程从区块链的基本定义出发，形象地介绍了其分布式账本的特点，强调了数据的同步和不可篡改性，通过成千上万份账本备份的概念，让学生直观感受到区块链的去中心化优势。随后，通过与OSI模型和TCP/IP模型的对比，引出了区块链的五层体系结构，这一部分的讲解有助于学生把握区块链技术的全貌，从数据层的存储、网络层的传输，到共识层的一致性保障、合约层的智能合约实施，再到应用层的链上应用开发，每一层的功能和作用都被明确阐述，层层递进，逻辑清晰。主流共识算法、智能合约部分等技术理论的引入，让学生深刻认识到设计共识算法的复杂性。特别是对拜占庭将军问题的生动比喻，帮助学生理解了在不可靠网络中达成共识的困难，并引入拜占庭容错共识算法的重要性，为后续的共识机制学习打下了坚实基础。最后，课程聚焦于联盟链，针对商业金融和社会治理中的“有限信任”场景，阐述了联盟链相较于公有链的独特优势，如灵活的数据操作、更高的性能与安全性、更好的数据隐私性、法规兼容性以及更低的对账成本。这一章节的讨论不仅理论联系实际，而且具有前瞻视角，启发学生思考区块链技术在现实世界中的实际应用潜力。

本次课程内容丰富翔实，理论与实践并重，不仅覆盖了区块链技术的关键知识点，还穿插了生动比喻和现实案例，使抽象概念易于消化吸收。通过本次课程的学习，学生能够建立起对区块链技术的全面认知，并为区块链法律政策的进一步深入研究或实际应用奠定坚实的基础。

学生听课体会

赵同学：

通过这次课程的学习，我对区块链这一前沿科技有了更加具象的认识和深层次的了解。从最初的分布式账本的神奇魅力，到分层架构的精妙设计，每一层都承担着独特使命，数据层的坚固基石、网络层的信息桥梁、共识层的公正裁决、合约层的自动执行，再到应用层的无限创新，它们共同织就了区块链的强韧之网。了解到共识机制不仅仅是算法那么简单，背后承载的是如何在纷繁复杂、充满不确定的网络中维护数据一致性的智慧，FLP和CAP定理更是让我体会到理论的深度与现实的妥协。智能合约的出现，是规则自动化执行的革命，想象一下合同自己"活"起来的情景，对合同的履行、担保、定金都是一种冲击。而联盟链的讲解，让我看到了区块链技术在现实应用中的巧妙平衡，既能保持去中心化的精神，又能适应特定场景的规则与监管，这无疑拓宽了我对区块链应用前景的视野。总之，这次课程让我对区块链的理解得到了进一步的加深，也为区块链的法律政策研究提供了新的切入点。

马同学：

此次授课，让我从技术和实际应用的角度重新学习了区块链的课程内容，我深刻体会到其重塑信任机制的强大力量。从区块链的分布式账本特性，让我理解到数据不再依赖单一中心，而是众多节点共同维护，确保了信息的透明与安全。对于共识机制，老师生动地举了拜占庭将军问题，展现了在不确定环境中的决策挑战，而PoW、PoS、DPoS等共识算法则像不同的指挥策略，各自解决了信任与效率的平衡难题。智能合约的出现不仅自动化执行协议，还确保了交易的公正无篡改。联盟链作为适应特定场景的解决方案，其灵活性与隐私保护特点，让我认识到区块链应用的广泛潜力。总之，区块链技术不仅是技术的革新，更是对现有合作模式的深刻变革。作为法学生，对于新兴科技的法律政策研究往往受制于专业限制，我们应对不断拥抱科技变化，深入了解新兴技术的特征和产业应用，才能提出有效合理的法律建议，才能保障科技在正确的轨道上发展进步。

第三十七讲　区块链领域中的法律实操问题探究*

讲座嘉宾：

刘磊，律师，北京盈科（上海）律师事务所数字经济法律事务部主任，股权高级合伙人，法学硕士。上海律协数字科技与人工智能专业委员会委员。兼任中央财经大学法学院区块链法治研究中心副主任，同济大学人工智能社会治理协同创新中心研究员，甘肃政法大学人工智能法治研究院研究员、GLG格理集团专家库成员。在法律出版社出版三本书籍：《数字货币与法》《数据合规：实务、技术与法律解码》《反电信网络诈骗——守住你的钱袋子》。

---

* 法学院区块链和法律政策课程讲座。课程名称：区块链和法律政策；开课单位：法学院；授课教师：邓建鹏 教授；课程简介：课程以区块链的应用场景为切入点，深入探讨区块链领域中虚拟货币属性的类型化划分及法律适用等实操问题，具体包括虚拟货币的沿革及分类、法律属性探究、应用场景及利弊分析、虚拟货币相关民事纠纷与刑事犯罪，以及虚拟币领域的监管政策探究等方面。从虚拟货币与区块链大事记出发，剖析区块链的技术内涵，讲述区块链与虚拟币之间的相互依存关系，发现区块链领域的法律问题，进而加深区块链金融法治理论的研究。

一、虚拟货币有什么价值?

从全球来看，截至2024年9月25日，根据CoinMarketCap的报告：在市面上流通的虚拟货币多达2万多种，其总市值高达2.26万亿美金，拥有如此体量的虚拟货币，能够对社会发展带来什么益处呢？在回答这个问题之前，我们首先需要将虚拟货币做一个分类。我结合自己的实务经验和当前虚拟货币的市场应用情况，作出了如下分类：第一类，主流虚拟货币，如比特币、以太坊；第二类，稳定币，如USDT、USDC；第三类，遵循发币所在国证券法及相关法律所发行的使用型、权益型代币。

在清楚了基本的虚拟货币分类后，我们再来回答“虚拟货币对社会的发展有何用”这个问题。我认为，从“有用”这个角度看虚拟货币，主要有以下三点：第一，主流的虚拟货币及稳定币的普遍适用，能够在一定程度上打破美元作为全球贸易结算货币的垄断地位，在一定程度上抑制美国超发货币、向全球“割韭菜”的做法（也就是将其通胀的风险转嫁到全世界其他国家），从而减小其对全球经济的潜在负面影响；此外，在国际政治关系中，虚拟货币及稳定币在一定程度上可以成为有效的对抗工具。2022年3月18日，作为俄罗斯立法者的杜马成员Alexander Yakubovaky就曾指出，加密货币领域是一个难以对俄罗斯施加限制的领域，数字金融资产的有效发展将最大限度地减少对国家制裁带来的损害。第二，虚拟货币被用于国际贸易结算过程中，促进了跨境贸易的便利，在一定程度上减少了进出口相关成本，提高了交易效率，释放了跨境商品贸易的市场活力，促进了全球的市场经济繁荣。第三，项目方遵循发币所在国证券法及相关法律监管规定下发行的使用型、权益型代币，类似于传统企业在交易所上市交易公司股票。这种模式为投资者提供了一种新型的资产类别，同时确保了一定的合规性和透明度。

二、中国虚拟货币交易相关规定

2013年12月，中国人民银行联合三部委下发《关于防范比特币风险的通知》，其中第一条明确：虽然比特币被称为“货币”，但由于其不是由货币当局发行，不具有法偿性与强制性等货币属性，并不是真正意义的货币。第二条则明确了各金融机构和支付机构不得开展与比特币相关的业务，包括为客户提供比特币登记、交易、清算、结算等服务；接受比特币或以比特币作为支付结算工具；开展比特币与人民币及外币的兑换服务。

2017 年 9 月，中国人民银行联合七部委下发《关于防范代币发行融资风险的公告》，其中第一条就明确了代币发行融资（也就是 ICO 发币）是指融资主体通过代币的违规发售、流通，向投资者筹集比特币、以太币等所谓“虚拟货币”，本质上是一种未经批准非法公开融资的行为，涉嫌非法发售代币票券、非法发行证券以及非法集资、金融诈骗、传销等违法犯罪活动。第二条则规定任何组织和个人不得非法从事代币发行融资活动。第五条从风险负担角度强调了代币发行融资与交易存在多重风险，包括虚假资产风险、经营失败风险、投资炒作风险等，并明确了投资者须自行承担投资风险，希望广大投资者谨防上当受骗。

2021 年 9 月，中国人民银行联合十部委下发《关于进一步防范和处置虚拟货币交易炒作风险的通知》，其中第一条明确了几个要点：一、虚拟货币不具有与法定货币等同的法律地位；二、虚拟货币相关业务活动属于非法金融活动；三、境外虚拟货币交易所通过互联网向我国境内居民提供服务同样属于非法金融活动；四、参与虚拟货币投资交易活动存在法律风险。

三、虚拟货币交易所得收益是否应该缴税

由于虚拟货币具有匿名性、虚拟性、全球变现无阻力等特征，虚拟货币理所当然地被视为最佳的洗钱工具以及导致资金外流的换汇工具。不得不承认，虚拟币本身的上述特征使其很容易与违法犯罪挂钩，这也是近年来，电信网络诈骗、地下钱庄总要与虚拟货币扯上关系的根本原因。试想一旦虚拟货币可以缴税，那么，民众炒币再也不用藏着掖着，因为缴税在老百姓的认知里面就是合法的，由此，实际上为民间的加密货币交易提供了一种隐性的认可，缴税就相当于变相地支持了民间炒币行为。

但是，随着炒币行为变多，虚拟货币与人民币之间的买卖行为也将增多，这样一来，老百姓在炒币之后变现出金的环节当中，难免大规模地遇到买家拿诈骗、网赌、传销等违法犯罪资金来买币的情况；另外，还有从老百姓手上买到虚拟货币，在境外交易所变现为外币作为人民币换汇的工具的情况。这一系列连锁反应的结果就是，虚拟货币因为缴税而繁荣发展，诈骗、网赌、传销的犯罪之风也随之助长，尤其是境外网络诈骗，不仅可能会让这些年公安部长期打击电诈的努力毁于一旦，还会让大量的国内高净值人群通过买虚拟币，完成人民币的资金外流。所以，税务机关应当慎重考虑，这也是我们国家屡次讨论虚拟货币纳税问题，最终屡次不通过的根本原因。甚至，纵观全球，也少有国家能够把虚拟币交易纳税真正付诸司法实践中来。

《中华人民共和国个人所得税法实施条例》（以下简称《实施条例》）第六条第

八款，对“财产转让所得”的定义为：“财产转让所得，是指个人转让有价证券、股权、合伙企业中的财产份额、不动产、机器设备、车船以及其他财产取得的所得。”值得注意的是，在上述例举式定义中并没有将“虚拟货币”列入其中。

我认为，对于《实施条例》中的“其他财产”，应当采用同类解释，即“其他财产”所指向的是与“有价证券、股权、不动产等”有着共同特征的财产。然而，虚拟货币作为一种基于区块链和加密技术，使用数字代码作为价值储存和交换媒介的虚拟物品，且被广泛用于投资炒作等非法金融活动，以及违法犯罪的工具，与前述例举的“财产”有着明显不同。税务部门在援用相关行政法规进行征税时，应当严格限定该条款的适用范围，不应当将条款例举之外的任何财产都纳入该条款的范围，否则有类推解释之嫌。

四、《中华人民共和国民法典》对加密货币的扩大解释，并不当然推出行政法体系下也认可虚拟币属于财产性利益的结论

上海市第二中级人民法院研究室副主任黄伯青认为：在当前民法上并没有明确将虚拟货币认定为财产的情况下，刑法不应当突破法秩序的统一性，冲到民法之前。当前监管政策均强调对虚拟货币的监管，刑事诉讼中将虚拟货币认定为财产需要谨慎。将虚拟货币作为刑法的保护对象考虑的实质，就是保护个人财产权益的问题，但是若只将重点置于个人财产利益，则会忽视虚拟货币可能带来的潜在风险，进而可能影响国家金融安全。所以，行政法体系下的税法，更应当注意这个问题！

最高人民法院研究室刑事处处长喻海松认为：第一，虚拟财产无疑具有财产属性，但是否属于财物，前置法尚未明确。目前，除了《中华人民共和国民法典》第一百二十七条规定：“法律对数据、网络虚拟财产的保护有规定的，依照其规定。”似未见其他法律存在相关规定。在前置法律依据不明的情况下，具有财产属性并不必然意味着属于刑法上的“财物”，对相关行为不一定可以适用财产犯罪。第二，关于虚拟财产的法律属性，民法界争议很大。刑法是其他部门法的保障法，在前置法尚未明确的情况下，刑法冲到最前面不一定是最佳选择，应当坚守刑法的二次法属性，尽量秉持谦抑立场。只要民法等前置法率先明确了虚拟财产的财物性质，刑法上适用财产犯罪就没有任何问题。

五、用万事达 U 卡进行境内支付的模式和风险

很多人好奇：用万事达 U 卡来打通境内支付的场景，具体是依靠什么模式来运作

呢？其实，万事达 U 卡的性质就类似于一张可以充值虚拟币并在境内使用的海外银行卡，这么说可能大家还有些陌生。我们举个例子，万事达就相当于我们国内的银联，它们都是银行卡组织，只不过，银联是国内的，万事达是国际的；“万事达 U 卡”的发行方就相当于银联体系下的一家商业银行，比如农行。发行方推出的“万事达 U 卡”相当于农行推出来的一种“联名卡”，特点就是支持虚拟币储值。万事达 U 卡支持存入 USDT、BTC、ETH 等主流加密货币，可以在所有支持万事达的银行 ATM 机取出现金。最神奇的事情是，这张万事达 U 卡完全可以像其他具备 VISA、MASTER 支付功能的国际银行卡一样在中国境内完成消费支付。也就是说，你可以通过绑定境内的支付宝、微信、美团、饿了么等手机 APP，将 U 卡作为支付工具。就像支付宝选择支付通道，选择某张银行卡一样，你在支付时也可以将支付方式选择为“万事达 U 卡”。

这时候就有人会产生疑问了，如果我的 U 卡充值进去的是虚拟币，那么我用 U 卡完成支付，最终是支付宝等 APP 平台收到了虚拟币呢？还是我在境内买东西时，境内的商家收到了虚拟币呢？其实，支付宝和境内的商家都没有收到虚拟币，他们收取的仍然是人民币这一法定币种。其中的逻辑是，U 卡用户充值进去的是虚拟货币，而卡片运营方在自己这一环节，就已经把虚拟货币结算成外币了。之后，用户在境内使用万事达 U 卡消费，就和使用普通的具有万事达国际支付功能的银行卡是一样的。由于存在正规的国际结算协议，境内商家实际收到的是人民币，即在境内商家这一环节中并不涉及虚拟货币。

六、万事达 U 卡发行方或发行方合作机构的法律风险

（一）客观层面

由于大多数除中国之外的国家都不是外汇管制国家，境外 U 卡发行方的“USDT 等虚拟货币—外币”这一环节在境外基本不构成违法犯罪。考虑到后续“外币—人民币”这个环节是有万事达的国际结算协议来背书，因此，发行方看起来在我国境内似乎很难具备法律风险。但是，需要注意的是，我国的刑法评价一个行为是否属于犯罪，并不是完全割裂开来去分段评价，而是进行整体评价。如果这两个行为被办案机关认定为一个整体行为，就存在被追究刑事责任的风险。在中国用户使用 U 卡的模式中，如果境外的中国用户充值进 U 卡的 USDT 是用人民币兑成的，那么，发行方相当于客观上实现了“以虚拟货币为媒介，完成人民币和外币之间的兑换”，办案机关可能会认为前面的合法行为和整体的非法换汇行为，二者属于手段与目的的关系。此时，虚拟币就相当于被用作规避我国外汇监管的一个幌子，该模式本质

上还是侵犯了非法经营罪所保护的法益，属于“变相买卖外汇”。这就好比，在境外从事不碰人民币的“换钱所”或“转换店”，经营外币兑外币、外币兑USDT的业务，单看业务的本身，比如在香港，取得了海关发的换钱所的许可，在香港合法缴税，貌似就没什么法律问题了。但如果找“换钱所”换U的人存在大量的中国内地用户，而且，内地的用户U的取得是人民币换的，有可能就有一定的法律风险了，也就是可能会碰到内地法律的高压线。

（二）主观层面

U卡发行方在“USDT等虚拟货币—外币”这一环节，对于“USDT是由中国用户用人民币兑成的”这件事是否属于“明知”？如果属于“明知”的话，那么U卡发行方就有触发境内外汇管制相关规定，进而构成变相的买卖外汇，构成“非法换汇”的非法经营罪的风险。至于如何去认定这个“明知”，就要综合发行方对于U来源参与程度的强弱，具体的案件案情，发行方收取的费用是否合理等多重因素来进行综合考量。

如果最终可以证明境外的U卡发行方对中国用户充值进U卡的USDT是用人民币兑成的属于“明知”，那么，这就属于实现了“以虚拟货币为媒介，完成人民币和外币之间的兑换”，相当于“变相买卖外汇”。根据《最高人民法院、最高人民检察院关于办理非法从事资金支付结算业务、非法买卖外汇刑事案件适用法律若干问题的解释》（以下简称《解释》）第二条：“违反国家规定，实施倒买倒卖外汇或者变相买卖外汇等非法买卖外汇行为，扰乱金融市场秩序，情节严重的，依照刑法第二百二十五条第四项的规定，以非法经营罪定罪处罚。”再结合该《解释》第三条关于情节的认定，一旦非法经营数额在五百万元以上的，或者违法所得数额在十万元以上的，就属于“情节严重”。也就是说，当达到上述“情节严重”的标准时，U卡发行方就可能构成非法经营罪的正犯。

（三）管辖层面

有个关于管辖权的规定把这些境外公司在我国的法律风险拦在了外面。由于非法经营罪的首档刑期标准为“五年以下有期徒刑或拘役”，不符合“最低刑为三年以上有期徒刑”，不适用《中华人民共和国刑法》第八条保护管辖：“外国人在中华人民共和国领域外对中华人民共和国国家或者公民犯罪，如果按照本法规定的最低刑为三年以上有期徒刑的，可以适用本法，但是按照犯罪地的法律不受处罚的除外。”

所以，根据我国刑法“保护管辖”的原则，对于U卡发行方的“USDT等虚拟货币—外币”行为，可能无法在我们的刑法体系下进行追责。但是，我们国家的刑法，还有“属人管辖”/“属地管辖”，这就意味着，如果是具备中国国籍的人从事U卡发行方的“USDT等虚拟货币—外币”的活动，或者在中国境内包括领海或者领空从事“USDT等虚拟货币—外币”的活动，还是受《中华人民共和国刑法》管辖的。有人可能会好奇：如果发行方不是中国国籍，也不在中国境内从事“USDT等虚拟货币—外币”的活动，是不是中国法律就管不了？从执法层面，还真是这样。不过，我认为，这属于我们现在立法体系的一个BUG，大家想想，那些在境外搞电诈骗中国人钱的外国人，难道因为有些罪的法定最低刑期在三年以下，我们国家都管不了了吗？这岂不是导致民族资金大量外流，我们的办案单位却对此毫无办法，所以，相信未来有关部门也一定会出台相关的法律法规或者司法解释来对这种行为专门予以规制。

七、在我国境内推广、使用U卡存在的法律风险

（一）中国境内推广者的风险

对中国境内的推广者而言，既然很难对U卡发行方进行追责，那么，在境内推广万事达卡会产生什么法律风险吗？

我认为，这个问题真要推敲起来，“变相买卖外汇”构成非法经营罪的帮助行为，是跑不掉的。例如，发行方推出的万事达U卡，第一步就是需要把储户的U变成美金，然后再按照MASTER的国际支付协议，完成合法的跨境支付。这后面一步确实是合法合规，没什么法律风险的；但是，前面“U兑成美金”这个环节，如果大量的U是中国用户以人民币换的，那么从“共犯理论”出发，给U卡发行方推广这些中国用户的人，很可能被办案机关认为对“中国用户用人民币兑换U—U充值进万事达U卡—U卡运营方兑换其他外币币种”的行为属于“明知且参与”，中国境内的推广者也属于整个行为中的一环，那么，这属于帮助他人间接实现人民币和外币的兑换进行买卖外汇的目的。一旦办案机关有证据证明推广者主观上对这种情况是知情的，或者是应当知情的，同时经营数额超过500万元人民币，根据境内的法律及司法解释就达到了“非法买卖外汇”且“情节严重”的标准，推广者就会构成“非法经营罪”的帮助犯了。

（二）中国境内使用者的风险

对中国境内的使用者而言，在境内推广销售万事达U卡，还是有一定的门槛和

风险的。比起在境内推广万事达 U 卡的法律风险，可能大多数的人更为关注的问题是，我个人单纯在境内使用万事达 U 卡的行为，会产生法律风险吗？这种情况就好比你找人把 USDT 兑成了美金，又找人把美金兑换成了人民币，在境内花掉了。显然，将这些流程串起来整体看待的话，被认定为“非法换汇”应该是跑不掉的，只不过非法换汇行为只是为了自用，不属于以营利为目的的经营行为，只属于行政违法行为。一旦在境内使用万事达 U 卡的行为被发现，境内使用者将会面临行政罚款。具体来说，这个属于“资金违规入境”，根据我国《外汇管理条例》第四十一条第一款的规定：违反规定将外汇汇入境内的，由外汇管理机关责令改正，处违法金额 30% 以下的罚款；情节严重的，处违法金额 30% 以上等值以下的罚款。举个例子，如果王某往他的万事达 U 卡里充值了与 1 万元人民币价值相当的 USDT，之后又拿着这张 U 卡，在境内消费了 1 万元人民币。一旦这个行为被发现，王某会被处以 3000 元以下的罚款，要是涉及多次非法换汇、换汇金额巨大等问题，行政机关可能会认为王某属于“情节严重”，对其处以换汇总额 30% 以上比例的罚款，但是罚款不会超过他非法换汇本身的金额。

总而言之，虽然鉴于万事达 U 卡模式的跨境因素，办案机关在处理类似案件时往往采取谨慎态度，但是 U 卡发行方，以及境内的推广者、使用者确实存在触发境内外汇管理的相关规定，被认定为“非法换汇”的风险。

课程任课老师点评

区块链金融代表未来金融创新和演化的一个趋势，但存在不少风险和规制问题，对其进行风险研究和规制研究具有相当的重要性、新颖性和紧迫性。刘磊律师以丰富的法律知识和专业的分析，探讨了虚拟货币的应用场景、法律属性及可能产生的刑事风险，展现了刘磊律师在数字货币领域的专业深度及业务领域的广度。不仅充实了国内关于数字货币领域的学术研究，也强调了法律在促进和引导虚拟货币及相关技术发展中的重要作用。虚拟货币的法律规制是区块链金融研究的核心前沿领域，也是金融法贯彻投资者合法权益保护，兼顾金融安全与效率，守住不发生系统性金融风险的应有之义。有助于推进金融高质量发展，建设金融强国。

刘磊律师通过多年来办理涉虚拟货币的相关案件，在虚拟货币的业务场景之下，厘清了虚拟货币的业务逻辑，进而明确了其中的法律关系，为相关法律的准确适用提供了有益思路。由于学界对虚拟货币的法律属性颇有争议，立法亦未能及时对虚拟货币属性作出精准的界定，因此暴露出了存在的诸多问题，刘磊律师亦在多篇文章对此类问题展开了详尽的分析。刘磊律师认为，将来应当有更多的理论研究者立足于此类问题进行广泛的探讨，以期更好地解决实务中的问题，统一司法实务中的法律适用，通过个案更好地彰显法律的公平与正义。

学生听课体会

韩同学：

随着加密资产市场的蓬勃发展，区块链技术作为其核心支撑与创新驱动力，不仅在金融、贸易等领域展现出变革潜力，更在法学界引发了深度探讨与研究热潮。刘律师的讲座从实务角度出发，讲解了区块链技术在司法实践中的主要争议焦点，包括加密数字资产的法律属性争议、合同效力、刑事犯罪风险、金融风险、司法处置以及加密资产税收等问题，启发思想的同时，也为我们对区块链法治理论的研究提供了新的角度。区块链作为一种底层技术，快速兴起的同时也冲击着我们的法律制度，我们应该密切关注新型技术的发展，结合现行法律制度，从不同的角度出发研究新型技术的应用与风险，确保法律适用的准确与公正，从而在保障社会公共利益的同时，助力区块链技术健康有序发展，充分发挥其在提升经济效率、保障数据安全、推动社会治理现代化等方面的积极作用。

张同学：

刘律师的分享使我们将所学知识更加与现实接轨，让我们了解到了最前沿的虚拟币案例和现实问题。虚拟币的应用场景不仅仅局限于投资，虚拟币目前面临的问题也不仅仅涉及洗钱、销赃。我国虚拟货币的法律属性界定并不清晰，在法律上是否属于财物也并没有统一的认定标准，刘律师分享的典型案例使我们了解到了这些最新的问题。刘律师还分享了刑事犯罪中的虚拟货币争议要点，其中利用虚拟货币引发的跨境换汇问题令我印象深刻，留学生这类群体是换汇行为的主要参与者，在此模式中，卖币一方一旦被认定“明知或应知”买币一方的买币目的系通过虚拟货币完成换汇的，则买币一方系构成非法换汇。

第三十八讲　数字法治中的十个待解之谜 *

讲座嘉宾：

李海英，蚂蚁集团隐私保护研究中心主任、中国法学会网络与信息法学研究会常务理事。

* 法学院行政法课程讲座。课程名称：行政法；开课单位：法学院；授课教师：王世杰 讲师；课程简介：主要围绕行政法的基本原理，如行政法的一般概念、基本原则以及行政行为等。课堂形式多样，除老师传授知识外，也有学生作专题学习报告和嘉宾讲学。

数字经济的发展，促进了数字法学的兴起，虽然从学科的角度，有不同的名称，如网络与信息法学、计算法学、数字法学等，但其主要研究对象和核心问题有一定的重合，甚至也面临同样的挑战。在数字法治的发展中，从概念到实践，也有很多亟待厘清和解决的问题。

一、概念篇

（一）数据与个人信息

其中包含一系列概念，在法律中有所体现，如个人信息，分别在《中华人民共和国网络安全法》《中华人民共和国民法典》《中华人民共和国个人信息保护法》中进行过定义，细节上有所不同；数据，在《中华人民共和国网络安全法》《中华人民共和国数据安全法》中也有规定。在政策层面，数据要素最早的政策体现可能是 2017 年习近平在梅宏院士主讲的政治局集体学习讲话中提到的。在构建以数据为关键要素的数字经济之后，国务院、中办和国办相继出台了许多数据要素相关文件。如今，在讨论数据时，大家首先想到的是要素意义上的数据。但是是否在思考它所指的数据究竟是什么？每次我们都在讨论数据的产权、流通和利用以及交易。那么这些数据又是什么？这些能够流通交易的数据是什么？

对数据分类的角度很多，从主体维度来看，分为政府数据、企业数据和个人数据。其含义应分别是政府收集产生的数据、企业收集产生数据等，其中应该都包含大量的个人数据。在日常生活中，个人信息是非常重要的数据，而且数字经济的发展都是由个人推动的，个人在使用网络或其他服务的过程中留下了许多痕迹，这些痕迹是数据非常重要的组成部分。那么，数据究竟是什么呢？当个人信息作为数据的核心或者大量组成部分时，它的合规应该如何进行？另一个数据维度是许多物联网设备采集了外部空间的数据和物理世界运行数据，这些数据可能不关于个人，也可能关于个人。因此，在数据 20 条中，提到了承载个人信息的数据，以及“个人数据”的概念。“个人数据”并非法律定义，那么这里的个人数据与我们的个人信息保护法中的个人信息有何关系？未来数据政策的实施和合规边界的界定存在困难。

另外一个问题是业界经常提到匿名化处理个人信息，根据个人信息保护法的相关规定，个人信息不包括匿名化处理后的信息。个人信息包括各种与个人相关的数据，这些都是数据要素的构成部分。个保法第 23 条规定涉及收集处理和向第三人提供时的单独同意，这与数据融合使用密切相关。这些都需要遵循个人信息保护法的要求。在这种情况下，数据要素的流通和融合很难进行，后续价值的发挥可能受到一定影响，因此其中的连接点是——个人信息匿名化。那么，匿名化是什么呢？这是在个人信息处理和使用过程中比较困惑的问题。从利用角度来看，我们应该如何处理？例如，能否去掉与个人行为相关的身份标识数据，即成为可以利用的个人数据？

数据的概念是数字法治的一个起点问题。如果能够将其界定得更加清晰，那么无论是对保护还是利用都非常有价值。

（二）重要数据

重要数据来源于我国的数据安全法。根据数据安全法，数据分为核心数据、重要数据和其他数据。重要数据和核心数据需要政府认定。数据安全法中的重要数据目录由各行业主管部门和地区各部门共同认定。目前 TC260 已经发布了数据分级分类的国家标准，并将重要数据识别指南作为附录。重要数据的定义，一旦数据被篡改或泄露，可能直接危害国家安全、经济运行、社会稳定、公共健康和安全数据。但这个“可能危害”使重要数据成为一个难以完全界定清楚的问题。

在 2021 年发布的《网络数据安全管理条例》征求意见稿里，规定网络数据处理者如果处理 1000 万以上的个人信息，那么还要遵循重要数据的一些规定。一些行业主管部门也将一定量以上的个人信息直接认定为重要数据。工信的重要数据是 100 万以上，重要数据有更严格的管理规范。前面提到的数据安全法中有相关规定：内部管理机制、定期安全风险评估报告等。接下来，我们将根据网络数据安全管理条例进行下一步的工作。行政法规对重要数据处理、共享或对外提供有更多要求，需要进行事前评估等，但其中的难点除了重要数据的认定，还有对于一定量以上个人信息的集合作为重要数据，那么在个人信息合规时该如何做？重要数据和个人信息是两套法律规制体系，它们之间的连接关系如何处理？

（三）公共数据

政策中涉及政府数据、企业数据和个人数据，许多地方还出台了公共数据管理条例等。公共属性数据不仅包括政府部门和事业单位，还包括提供公共服务的组织和企业。关于公共数据的范围，目前国家层面的法律中没有相关规定，但一些地方立法已经规定，如上海的数据条例，深圳、江苏、浙江的公共数据条例等。主要是两类，一是政府机构在履行公共管理和服务职责的过程中收集和产生的数据，二是具有公共服务性质的组织收集和处理的数据。但各地对于这些公共服务性质的行业规定并不一致，例如上海仅有供水、供电、供气和公共交通，深圳增加了教育卫生、卫生健康、社会福利、环保等方面的内容，而江苏则更加多样化，涵盖了通信、文化、旅游、体育等领域。这些公共性质的企业、公共企业和事业单位的数据都是公共数据。公共数据目前有公共数据开放和授权运营两种方式。这些企业如何兼顾公共属性和盈利要求是一个问题。

二、实践篇

（一）APP 的基本功能和必要信息

2020 年四部委发布了《常见类型的移动互联网应用程序必须遵循个人信息范围规定》，将常见的 APP 分成 39 类。每类基本功能都有界定，例如地图导航类，基本功能只能是定位和导航，必要信息包括位置信息、出发地和到达地等。在实践中，随着业务的发展和应用形式的增多，现在 APP 普遍承载了越来越多的功能，相关的服务和应用不断衍生和出现。这样的情况下，APP 的基本功能已经很难识别出。必要信息也有类似的问题，必要信息不仅要完成 APP 的运行，还需要确保安全稳定地运行，这些也是在信息处理时要考虑的问题。随着生成式人工智能的发展和各种新业务的出现，我们将面临很大挑战。未来，我们可能不再依赖手机，而是更多地使用终端。可能不是各个 APP，而是一个终端集合了所有功能。我们只需与 AI 对话即可，到时，基本功能和必要信息的要求还会面临新的挑战。

（二）小型个人信息处理者的个人信息保护义务

这个问题实际上是个保法第 62 条要求网信部门针对小型个人信息处理者制定了专门的个人信息保护规则。实践中，已经出现一些地方公安机关依据个人信息保护法和网络安全法处罚了街边小店。这些应该属于个保法中提到的“小型个人信息处理者”。事实上，这些小型个人信息处理者处理个人信息的数量较少，它也不具备相关的专业人员和技术手段。虽然这个规定是想对小型个人信息处理者进行豁免，但是后续的立法尚未出台。从国际角度来看，美国和欧盟都对小型企业的个人信息保护义务有一定的豁免。但从另一个角度来看，APP 治理过程中确实有很多小型 APP，或者大家都不太熟悉的 APP 或者小程序，它可能强制要求位置信息，要求用户提供很多不必要的信息等。在这样的情况下，我们应该如何设定规则？对小型企业设定什么门槛？小型企业的雇员数量、处理个人信息的数量以及豁免义务的范围是多少？所有个人信息保护义务是整体不适用，还是仅限于部分不适用？这是需要研究的问题。

（三）数据交易

从数据需求来看，金融业有较大的数据采购需求，发放贷款需要了解企业的信用能力以及各种行业分析等相关信息；安全风控、广告营销、业务创新以及现在的大模型训练，都需要大量数据支持，包括背后的分析、数据广告和效果评估等。生成式人工智能的发展，高质量的数据集还较为缺乏。从数据供给角度看，公共数据是非常重要且具有价值的部分，但是在公共数据开放和授权运营过程中，还存在许多问题。公开数据也是训练数据的主要来源，在网络上获取大量信息，存在一定的法律限制，如反不正当竞争法、刑法等。根据公开的数据，目前已经有了较多数量的数商和数据交易所，一些数据中介机构可能从多个方面进行数据收集整理，以提供数据服务。目前数据交易分为两种，一种是在交易所内交易，另一种是场外交易。其中，数据中的个人信息是否符合合规要求是数据交易面临的核心问题，包括数据来源的合法性难认定、个人授权难等。

三、监管和立法篇

（一）备案的法律性质

互联网信息服务的备案法律依据是2000年出台的《互联网信息服务管理办法》，互联网信息服务分为经营性和非经营性两类。经营性业务需要许可对应电信业务分类目录中的b25，即信息服务业务。非经营性互联网信息服务需要备案。但20年过去，有很多新的业务形态发展出来，如APP，即移动互联网应用程序；如小程序，且数量非常多。目前APP和小程序都需要进行备案。

技术的发展演进从PC到移动互联网，再到未来各种各样的业务形态。这些业务形态是否仍然属于过去我们所讨论的互联网信息服务，管理方式是否可以沿用？因此，从行政法的角度，来讨论备案的法律性质就很有必要。此外，还有算法备案、生成人工智能大模型的备案，等等。

（二）落实促进发展的立法

在数字经济领域，兼顾发展与安全已经成为立法的原则之一。个人信息保护法的立法目的是规范和促进发展，数据安全法的第二章是“数据安全和发展”，整部法律大概有20%的篇幅都在讲述发展。深圳市人工智能管理办法鼓励深圳市人工智能发展。我们还有中小企业促进法、正在制定的民营企业促进法等。

但是鼓励性条款如何落地实施？例如，我们之前提到的个人信息匿名化条款，如果明确它是促进发展的条款，可能比鼓励个人信息利用更实在。例如，在生成式人工智能的发展过程中。目前的一些立法是否由于技术发展变得不再适用，如果能停止适用或者改变这些条款，是否也是一种促进？

（三）新技术的立法规制

2024 年是网络立法 30 周年，始于 1994 年的第一部行政法规，即计算机信息系统管理条例。而观察网络技术的发展与相应的立法进程，并非出现新技术，就需要针对新技术进行立法，而是针对这些技术发展带来的一些共性问题，如网络安全、个人信息保护等进行立法。

（四）人工智能立法的未来展望

承接前一个问题，人工智能尤其是生成式人工智能的发展是否提出了新的问题？我们是否需要制定新的立法来进行应对？人工智能在当前阶段正在发展，它可能引发很多问题，如关于版权问题，训练数据中的大量版权信息是否可以直接用于训练？Open AI 面临纽约时报的起诉，它是否需要支付费用？关于个人信息保护问题，首先是训练数据中的个人信息保护。有很多是公开抓取的信息，其中很多是个人信息，在训练时无法清理。这些个人信息是否属于我们的个人信息保护法范畴？个人信息公开的合理使用范围，可否用于生成式人工智能训练。在使用生成式人工智能的过程中，用户输入的提示词，输入的信息是否属于个人信息，是否能够投入训练？这些是在新一轮人工智能发展中，对版权和个人信息保护问题提出的新挑战。此外还包括数据泄露、数据安全以及算法歧视等问题。但这些问题，有些使用原有的立法进行规制，然而原有的立法可能需要新的解释。还有一些新问题，导致现有立法中的部分条款难以利用或无法适应。

我们在讨论如何在中国进行人工智能立法时，还应该考虑中国关于人工智能的发展立场和方向。促进发展，以及在未来的国际竞争中取胜，这些立场可能会影响我们在规则设定时的具体考量。同时，技术和法律规则需要考虑技术本身实现的特点。

课程任课老师点评

王世杰：

李海英主任分别从概念、实践、监管和立法四个角度为我们介绍了数字法治的最新动态，几乎全景式地展现了数字法治的前沿问题。这些新的制度和实践既给我们带来了便利，也给行政法的诸多基础概念、制度和理论带来了挑战、发展乃至变革的契机：一、在概念篇提及的数据、个人数据、个人信息、公共数据以及各概念之间的关联，与行政法中的行政信息、政府信息和个人信息保护问题密切相关，但也不完全相同。新技术和现实带来的挑战促使我们重新去思考政府和个人的关系，进而对于政府信息公开制度和个人信息利用制度进行适当调整。二、在监管篇提及的备案问题在行政法中也有讨论。行政法经常面临的一个问题就是如何防止许可的异化，实践中有些行政机关常以备案为名、行许可之实，违法限制私人的权利和自由。这个问题似乎在数字法治中也会存在，就是李海英主任提及的 APP 和小程序的备案。三、关于行政立法。面对迅速发展的数字化和人工智能，立法应该如何采取何种立场呢？李海英主任也给出了自己的立场，也就是首先要在发展、安全等不同的冲突价值进行平衡，避免利益极化，其次则是对立法步骤和规范内容提出的自己的思考。由于立法程序周期较长，行政法中的行政法规实际上充当的就是这样一种灵活化、动态应对社会发展的角色。当然，这对行政机关提出了专业化和规范化的要求。李海英主任的报告，内容丰富，视角独特，对我和各位同学来说都是宝贵的学习机会。

学生听课体会

周同学：

通过学习李老师“数字法治的十个待解之谜”的主题报告，让我对数字法治的相关问题有了进一步了解。李老师列举大量法律、法规以及政策文件，并运用通俗易懂的语言使我明白数据与个人信息之间的关系，尤其是理解数据、重要数据和公共数据的基础概念，又结合日常生活中人们使用APP时所产生的问题，从而引发对小型个人信息处理者是否要承担相应的个人信息保护义务的思考。最令我印象深刻的是监管与立法篇，与传统行政法的知识相联系，对备案的法律性质和未来新技术，特别是人工智能立法进行深层次探讨。总而言之，李老师的讲座让我对数据的认识程度加深，也激发了我对一些数字法治具体问题的研究兴趣，收获颇丰。

张同学：

李海英老师从深耕数字法治实务工作第一线的视角提出了一系列深刻的问题，涉及数据治理、个人信息保护以及技术发展与法律的协调。她强调了技术进步与创新的重要性，同时指出了在数据合规、个人信息保护和数据交易等方面存在的挑战。特别是，她对匿名化技术标准的探讨，以及对数据分级分类的分析，为我们理解数据安全法提供了新的视角。此外，她对公共数据开放和数据交易所发展困境的讨论，引发了对如何平衡数据利用与隐私保护的深入思考。老师提出的这十个待解之问不仅为我们提供了法律与技术融合的洞见，也为我们如何在数字时代维护法治秩序提供了宝贵的研究方向。

廖同学：

李海英老师的授课深入浅出，非常精彩，让我启发很大。李海英老师帮忙解答了数据监管权层面的一些问题，让我对数据监管有了更深刻的认识。分业监管有助于发挥行业监管部门优势的同时，也造成了过于分散化和交叉重叠的弊端。要推动数据监管现代化与实现良善监管，应当逐步克减数据监管体制的缺陷。